"十四五"普通高等院校体育类精品课程建设规划教材

健美操、啦啦操
运动教程

主　编　陈瑞琴　林峻先

副主编　席菲菲　史得丽　陈　松

　　　　庄静洁　张　雯　张文贤

　　　　徐子纯

编　委　陆颖娜　张庆如　王丽燕

　　　　孙程燕　曾　丽　缪　澄

　　　　韩　雅　屠丽芳

苏州大学出版社
Soochow University Press

图书在版编目(CIP)数据

健美操、啦啦操运动教程 / 陈瑞琴，林峻先主编
. — 苏州 : 苏州大学出版社，2022. 6（2025.7重印）
ISBN 978-7-5672-3968-5

Ⅰ.①健… Ⅱ.①陈… ②林… Ⅲ.健美操—教材
Ⅳ. ①G831. 3

中国版本图书馆 CIP 数据核字(2022)第 086135 号

健美操、啦啦操运动教程

主　　编：陈瑞琴　林峻先
责任编辑：刘　海
装帧设计：刘　俊

出版发行：苏州大学出版社(Soochow University Press)
社　　址：苏州市十梓街 1 号　**邮编**：215006
印　　刷：常州市武进第三印刷有限公司
邮购热线：0512-67480030
销售热线：0512-67481020

开　　本：787 mm×1 092 mm　1/16　**印张**：16.25　**字数**：328 千
版　　次：2022 年 6 月第 1 版
印　　次：2025 年 7 月第 4 次印刷
书　　号：ISBN 978-7-5672-3968-5
定　　价：49. 00 元

苏州大学出版社营销部　电话：0512 - 67481020
苏州大学出版社网址　http://www. sudapress. com
苏州大学出版社邮箱　sdcbs@ suda. edu. cn

编写说明

随着我国社会经济的快速发展和人民生活水平的日益提高，青少年的健康成长成为社会关注的焦点，“少年强，则中国强”成为全社会的共识。为了增强学生体质，增进学生健康，我国于2015年提出了“一球一操进校园”的体育发展战略。近几年，健美操、啦啦操运动已经风靡全世界，国内健美操、啦啦操运动员在国际大赛中的不俗表现，充分证明了我国健美操、啦啦操运动的技术水平和在国内的开展状况及重视程度。健美操和啦啦操运动已经成为大中小学校园体育文化的一部分，促进了我国两操水平的提高和项目的可持续发展，规范和引导大中小学健美操、啦啦操专业的发展，也是出版本书的初衷。

本书的编写主要针对大中小学健美操和啦啦操的教学与训练所需，为大学生、中小学体育教师及基层运动队教练员更好地学习健美操和啦啦操提供理实结合的教学内容。编者多年从事健美操和啦啦操的教学与训练，在此基础上，遵循针对性、实用性、科学性等原则，精炼与拓展教学内容，并配以大量的动作示范图和二维码辅学视频，使教材内容更具直观性，更易学、易练。

本书由陈瑞琴、林峻先任主编，席菲菲、史得丽、陈松、庄静洁、张雯、张文贤、徐子纯任副主编。全书由陈瑞琴教授统稿。具体编写分工如下：第一章、第三章至第六章陈瑞琴、林峻先；第二章陈瑞琴、史得丽、韩雅；第七章陈松、孙程燕；第八章席菲菲、徐子纯；第九章林峻先、张雯、缪澄；第十章陆颖娜、王丽燕；第十一章徐子纯、张庆如；第十二章林峻先、张文贤；第十三章史得丽、庄静洁、林峻先；第十四章史得丽、曾丽。

书中视频拍摄由苏州经贸技术学院樊世东老师、中国药科大学林峻先老师、苏州大学体育学院陈松老师、上海体育学院陆颖娜老师和苏州大学传媒学院学生龚俊杰完成。技术动作示范由苏州大学体育学院史得丽老师，学生王鑫雨、袁成杰、朱宇康、吕灏轩；中国药科大学学生朱南茜、都思雨、李思成、郑晴阳、孙诗雅、贾欣宇、任盈盈、黄诗雨、王颖萱、张玉轩；上海体育学院体育教育训练学院学生蓬佳琦；苏州工业园区独墅湖学校相银芝老师等完成。

目录

CONTENTS

上篇　健美操

下篇　啦啦操

上 篇

健 美 操

第一章　健美操概述

【内容提要】

本章主要介绍健美操运动的起源与发展、健美操运动的概念和分类，以及健美操运动的特点与功能。

【学习目标】

了解健美操运动的发展简史、发展现状及发展趋势；掌握健美操运动的概念、分类、特点与健身价值。

健美操是以人自身为对象、以健身健美和身体锻炼为目标、以身体练习为内容、以艺术创造为手段，根据人体的生理、心理特点，融体操、舞蹈、音乐于一体的一项体育运动项目，在国际上被称为“阿洛别克”。它源于生活，源于人类对健与美的追求，具有横跨体育、教育和艺术三大领域的综合性特点。健美操内容丰富、形式多样、动作舒展、热情奔放、节奏明快、优美有力，给人以蓬勃向上、精神振奋、尽情挥洒自我的驱动力，使运动者和观赏者都能感受到健与美结合的美妙境界。目前，健美操已被我国列入学校体育教学大纲，成为学校体育教学的主要内容，健美操也以其特有的魅力和强大的生命力成为人们喜闻乐见的健身运动项目。

第一节　健美操运动的起源与发展

一、国际健美操运动的起源与发展

（一）国际健美操运动的起源

健美操历史源远流长。古希腊人对人体美的崇尚举世闻名，他们认为，在世界万物中，只有健美的人体才是最匀称、最和谐、最庄重、最有生气和最完美的。古希腊人喜欢通过跑、跳、投掷、柔软体操和健身舞蹈等体育项目进行人体美的锻炼，他们提出了“体操锻炼身体，音乐陶冶精神”的主张。

古印度很早就流行一种瑜伽术，它把姿势、呼吸和意念紧密结合起来，通过调身（摆正姿势）、调息（调整呼吸）、调心（意守丹田、入静），运用意识对肌体进行自我调节，健美身心、延年益寿。瑜伽健身，包括站、跪、坐、卧、弓步等基本姿势。这些姿势与当前世界上流行的各种健美操所常用的姿势基本是一致的。古代人对健美的追求，以及提倡体操与音乐相结合的主张是现代健美操形成与发展的基础。

欧洲文艺复兴时期，被遗忘的古希腊、古罗马等古典文化得到振兴，人体美被重新提出。许多教育家认为，古希腊体操是健美人体最理想的体育体系，提出了“人要有科学的头脑，健美的体魄”的主张。意大利医生墨库里奥斯在 1569 年出版的著作《体操艺术》中，详细论述了各种形式的体操动作。18 世纪，欧洲最著名的体操倡导者维特采用游戏和娱乐的形式推广体操，增加了体操的趣味性。19 世纪的欧洲，在法国、德国、瑞典、丹麦、捷克等国先后出现了不同的体操学派。德国人斯皮斯把体操从社会引到学校，并为体操配曲。他的体操是在音乐伴奏下进行的。瑞典体操学派的创始人佩尔·亨里克·林把解剖生理学的知识运用到体操中，强调身体各部位及身心应协调发展，培养健美的体态。丹麦体操家布克创建了基本体操。他把体操动作分成若干类，有身体各部位的动作，有发展身体各种素质的动作，并编成适合不同性别、不同年龄人群的各种体操。

上述各种体操流派都与现代健美操有着密不可分的联系，均注重人体健康和健美，注重自然的全身动作，注重动作节奏的流畅性。这正是健美操发展的初期阶段。

（二）国际健美操运动的发展

随着现代科技的飞速发展，以及人们对物质文明与精神文明需求的日益提高，健身运动在全球范围风靡起来。美国是现代健美操十分盛行的国家，而且对世界健美操的发展有着重要的影响。

现代健美操起源于 1968 年，最早是美国太空总署医学博士库珀为宇航员所设计的体能训练内容。他在专门为宇航员制订有氧体能练习计划的同时，还致力于有氧体操的研究，并发表了《新有氧体操》和《有氧体操有益于大众》等相关研究成果，成为美国著名的群众体育专家，被称为“健美操之父”。他专门创编了一些动作，并选配了音乐，形成了一种新的运动方式——健美操。

随着有氧运动的发展，到 20 世纪 70 年代末，健美操运动逐渐受到大众的欢迎，健美操开始成为一项独立的体育运动项目，其标志就是简·方达健美操的出现。简·方达是 20 世纪 70 年代美国著名影星，她为了保持苗条的身材曾采用多种减肥方法，如节食、呕吐和服用利尿剂等，但最终因有害身体健康而以失败告终。简·

方达在痛苦的失败中吸取教训，她开始认识到健康的美才是真正的美。1981 年，简·方达根据自己的亲身体会——以健美操运动来保持身体健康和体态苗条的成功现身说法，编写了《简·方达健美操》一书，并制作了录像带，这套出版物被译成 20 多种文字，热销世界 30 多个国家。在此基础上，简·方达又创编了踏板健美操。可以说，简·方达对健美操运动在世界范围内的流行与发展起了巨大的推动作用，这也使她成为 20 世纪 80 年代风靡世界的健美操杰出代表人物。

健美操运动在 20 世纪 70 年代末 80 年代初兴起后，以强大的生命力迅速在全世界风靡起来，它不仅在美、英、法等发达国家得到发展，在其他国家和地区也得到了不同程度的发展。相关资料显示，当时法国做健美操的已有 400 万人，仅巴黎就有 1000 个健美操中心；意大利的罗马有 40 处做健身操的场所，而且从早到晚从不间断。1983 年最受欢迎的一档电视节目是年轻的健美操教师埃娃·纳雷主持的“健与美”，有成千上万的西班牙人在电视机前学做健美操。阿根廷电视台每天上午用 30 分钟时间教授健美操，苏联则把健美操列入大、中、小学教学大纲。波兰、保加利亚等东欧国家的健美操开展情况与苏联相似。

在亚洲，健美操开展较早的国家是日本，至今已有 40 多年的历史。日本早期具有代表性的健美操人物是佐藤正子，她于 1977 年开始讲授健美操，于 1980 年在日本开设了健美操学校，并且出版了《自学健美操》一书。由于她对健美操的推广教学正好契合当时日本提倡终身体育之机，因此，健美操运动在日本迅速得到发展，并对周边国家和地区，如新加坡、韩国及我国香港地区等产生了积极的影响。1983 年成立的国际健美操联合会，其总部就设在日本。1984 年，首届远东区健美操大赛在日本举行。1987 年，日本成立了健美操协会。

健美操是一项群众性体育运动，只有比赛才能使其成为一个真正的体育运动项目。竞技健美操的首次国际性比赛是由国际健美操联合会在 1983 年举办的第一届国际健美操比赛，有近百名运动员参加了比赛。可以说，竞技健美操的发展历史只有几十年。其他比较著名的健美操赛事有，国际健美操冠军联合会每年举办一次的国际健美操冠军赛，国际体操联合会从 1995 年开始举办的世界健美操锦标赛。这些健美操赛事均由男子单人操、女子单人操、混合双人操、三人操（性别任意搭配）等 4 个项目组成。此外，各个健美操国际组织还单独或联合举办各种形式的世界健美操巡回赛或大奖赛，且许多比赛都增设少儿项目，以扩大健美操运动在世界范围的影响。2001 年，国际体操联合会决定世界健美操锦标赛每两年举办一次，并增加了六人操（性别任意搭配）的比赛项目。2013 年，六人操项目被改为五人操项目。

现在各种健美操国际比赛的参加人数呈逐年增多的态势。随着健美操的发展，这项观赏性很高的运动受到世界各国越来越多的重视，国际体操联合会正在积极争取使健美操成为奥运会项目。

二、我国健美操运动发展简史

（一）我国健身健美操的产生与发展

我国古代的导引、气功、武术，对我国健美操的发展有着重要的意义。我国最早的医学典籍《黄帝内经》中曾有导引养生功的介绍，可以说这是我国关于强健体魄的身体练习的最早记载。1979 年湖南长沙马王堆三号墓出土的一张西汉时期的帛卷上，彩绘着 44 个不同性别、不同年龄的栩栩如生的人物，他们以站立、蹲、坐等基本姿势做着臂屈伸、弓步、转体、跳跃等动作，看上去和当今的健美操动作相仿。这是迄今为止所发现的形象反映我国体操或者是健美操的最早的历史资料。东汉时期的名医华佗，曾把各个导引动作改编为模仿虎、鹿、熊、猿、鸟等五种动物的五组动作，并称之为“五禽戏”。五禽戏模仿虎的勇猛扑击，鹿的伸展奔腾，熊的沉稳进退，猿的机敏纵跳，鸟的展翅飞翔，其动作造型美观、生动有趣，能使人的机体各部位得到充分的锻炼。所以，有人认为五禽戏是我国早期具有民族特色的人体健美体操的套路。

现代健身健美操运动于 20 世纪 80 年代初传入我国。1981 年，《中国青年报》刊登了陆保钟、牛乾元的特约稿《人体美的追求》。1982 年 2 月，中国青年出版社出版的《美，怎样才算美》一书，刊登了陈德星编制的女青年健美操和牛乾元编制的男青年哑铃健美操，追求人体健与美的“健美操”一词迅速被广大体育工作者所接受。1980 年，《健与美》杂志创刊。中央电视台播放了《减肥体操》，并在北京体育学院师生中传授。我国报刊、电视台对人体健与美和健美操的宣传，强化了人们对健美操运动的认识，就此拉开了我国健美操运动发展的序幕。

1984 年，北京体育学院成立了健美操研究组。1985 年，由北京体育学院创编并推广的青年韵律操等六套健美操，在全国各大院校受到广大青年学生的喜爱。1986 年，北京体育学院编写的我国第一部健美操试用教材出版，北京体育学院正式在本科生中开设了健美操选修课。此后，国内许多高等院校将健美操列入教学大纲，使健美操运动在高校得到广泛开展，由此扩大了健美操运动的社会影响，并使这一新运动项目向社会延伸与发展。1986 年 7 月，在北京由康华健美康复研究所主办了全国首届“康康杯”儿童健美操友好邀请赛。1987 年，我国第一家健美操健身中心“利生健康城”成立。随后，北京、广州、上海等大城市开办了许多健美操俱乐部。与此同时，以增进健康为主要目的的健身健美操比赛活动的开展，对健身健美操的普及起到了积极的推动作用。1987 年 1 月，北京体育学院和北京团市委联合举办了北京市首届青年韵律操比赛；同年 5 月，上海市举办了“达尔美杯”群众自编健美操电视比赛。1988 年 10 月，国家体委（现为国家体育总局）群体司和国家教委（现为教育部）体卫司联合委托中国儿童少年活动中心举办了有 22 个省、市参加的少年儿童韵律体操邀请赛；中华全国体育总会群体部、中国老年人体育协会、中国体育报社等单位联合举办了全国中老年迪斯科健身操（舞）电视大奖赛……这一系列活动将我国健身健美操的发展推向了新的高潮。

1992 年，经民政部注册，中国健美操协会正式成立，随之全国多数行业系统也先后成立了有关组织并举办健美操相关活动。1997 年，健美操项目归属国家体育总局体操运动管理中心管理，各省、市体育局也明确了各自健美操项目的管理部门。1998 年 9 月，国家体育总局推出《全国健美操指导员专业技术等级实施办法（试行）》《全国健美操大众锻炼标准实施办法》和第一套《全国健美操大众锻炼标准》。2004 年 1 月 1 日开始执行《全国健美操大众锻炼标准（第二套）》。2009 年 8 月，推出《全国健美操大众锻炼标准（第三套）》。2011 年 5 月，推出《全国普及性健美操规定动作》。2012 年 4 月，推出《全国全民健身操等级推广规定动作》。

1999 年，中国健美操协会设立了大众健身委员会，对我国健身健美操项目的管理更加具体，每年组织多次健美操指导员培训班，为健美操俱乐部和学校培养了为数众多的健美操教练。为了更好地普及健身健美操，提高健美操水平，从 2002 年起，中国健美操协会每年举办一次“全国万人健美操大众锻炼标准大赛”，并先后举办了 2003 年全国健美操形象大使赛、2006 年“炫舞中华”全国健身健美操明星大赛等。自 2003 年起，中国健美操协会每年与中央电视台共同举办全国街舞电视大赛。从 2012 年开始推出全国全民健身操舞比赛，先由各省市举行分站赛，推荐选拔获胜队伍参加总决赛，总决赛参赛人数由开始的千人发展到近万人。经过多年的发展，赛事模式也由最初的单一健美操模式走向更加开放、融合的“大体操”模式。

以上这些举措都有力地推动了我国健身健美操运动的快速发展，对我国健身健美操的普及与提高具有重大意义。

（二）我国竞技健美操的产生与发展

在我国健身健美操运动发展的同时，以竞技为主要目的的竞技健美操运动也在发展之中。

1986 年 4 月，在广州举办了第一次全国女子健美操表演赛。这次全国女子健美操表演赛，开创了我国健美操比赛的新路，探索了我国健美操的比赛方法。

1986 年 12 月，为了准备首届正式的全国健美操比赛，北京体育学院和康华健美操研究所共同举办全国健美操教练员培训班，来自全国 20 多个省市的 200 多名学员参加了培训。这个培训班培养了一批健美操骨干力量。

1987 年，由国家体委主办，北京体育学院、北京康华健美康复研究所、中央电视台等单位承办，在北京举行了全国首届“长城杯”健美操邀请赛。比赛采用由北京体育学院健美操研究组制订的竞技健美操比赛规则，进行了男子单人操、女子单人操、混合双人操、男子三人操、女子三人操和六人操（三男、三女）等 6 个项目的比赛。其后每年举办一次全国健美操邀请赛，采用国家体委制订的《竞技健美操竞赛规则》，竞赛项目设置为男子单人操、女子单人操、混合双人操、三人操（性别任意搭配）、六人操（性别任意搭配）等5个项目。

1992年9月中国健美操协会成立后，根据我国健美操的实际开展情况，以1992年版《国际健美操联合会竞赛规则》为蓝本，我国的健美操比赛规则进行了较大的修改，采用大分值评分法；同年开始举办全国健美操锦标赛，并举办了首届全国健美操冠军赛。从1992年至今，我国每年举办一次全国健美操锦标赛，并不定期举办全国健美操冠军赛。1995年12月，我国推出了《健美操运动员技术等级制度》。1996年1月，参照国际体操联合会、国际健美操联合会、国际健美操冠军联合会的国际竞赛规则，并结合我国的具体情况，竞技健美操竞赛规则又一次进行了修改。

为了进一步健全中国健美操协会的组织建设，1995和1996年分别成立了健美操裁判委员会和教练员技术委员会。1997年，健美操项目归属体操运动管理中心管理。1998年，举办了全国健美操锦标赛暨全国健美操运动会。1999年的全国健美操锦标赛首次采用了国际体联1997—2000年版《国际健美操竞赛规则》。纵观我国竞技健美操竞赛项目的设置，1997—2000年我国竞技健美操相对国际比赛保留了六人操项目，2001年之后，我国竞技健美操的竞赛项目与国际体操联合会的竞赛项目完全一致。

为更多地获取国外健美操发展的信息，在国内全面普及竞技健美操的同时，我国竞技健美操的国际交往也在逐渐增加。1987年，代表我国竞技健美操发展最高水平的北京体育学院健美操队，首次走出国门访问日本四大城市，进行健美操交流活动。1988年，我国举办了有日本、美国等国运动员参加的“长城杯”健美操友好邀请赛。1995年12月，我国首次派出3名运动员参加了由国际体操联合会在法国巴黎举办的首届世界健美操锦标赛。1999年，中国健美操协会聘请日本专家来华进行国际健美操竞赛规则的讲学，使我们进一步加深了对国际健美操竞赛规则的理解。

为了加快与国际接轨的步伐，提高教练员、裁判员的水平，中国健美操协会多次派人参加国际体操联合会组织的国际裁判员、教练员培训班，并在每个比赛周期派出裁判员参加世界健美操锦标赛的裁判工作。健美操国际交流活动锻炼了队伍，促进了我国竞技健美操运动技术水平的提高，同时也开阔了视野，增进了对国际发展动态的了解。

我国竞技健美操水平提高很快，在2002年世界健美操锦标赛上，我国团体和单项跻身世界前八名，实现了初步突破；2004年5—6月，在保加利亚索菲亚举行的第八届世界健美操锦标赛上，中国首次实现奖牌零的突破——获得成人组六人操的第三名。2005年7月24日，在德国杜伊斯堡举行的第七届世界运动会上，中国队六人操项目勇夺金牌，这是中国竞技健美操队在世界大赛中夺得的第一枚金牌，也是中国竞技健美操运动的历史性突破。2006年5月，在法国举行的竞技健美操世界杯赛中，中国健美操队六人操又获得了第一名，并首次在国际大赛中获得男单、混双、三人均为季军的佳绩。在法国举行的这次大赛首次使用新周期健美操比赛规则，也是第九届世界健美操锦标赛前的热身赛，世界各国强队均参加了此次比赛，这也使竞争异常激烈。2006 年 6 月，第九届世界健美操锦标赛在我国江苏省南京市举行，中国队在自己的土地上获得了男子单人操第一名、六人操第一名、女子单人操第二名、三人操第二名、团体第二名的好成绩。2008 年，在第十届世界健美操锦标赛、世界杯赛上我国成人组六人操卫冕冠军，实现了“三连冠”的荣誉。

2008 年 10 月 18 日，中国健美操队主教练王宏当选新一届国际体操联合会健美操技术委员会副主席。

2010 年 6 月，在法国举行的第十一届世界健美操锦标赛上，中国健美操队获得 1 金、1 银、1 铜的优异成绩。值得一提的是，三人操项目在老将秦勇的带领下，力挫各国对手，以绝对优势获得冠军。这是中国健美操三人操项目首次登上世界冠军的领奖台，为中国健美操事业的发展写下了新的篇章。

2012 年，在第十二届世界健美操锦标赛上，6 名小伙子以绝对的实力，毫无悬念地战胜老对手法国队、罗马尼亚队，将金牌稳稳收入囊中，并获得健美操国际比赛集体项目有史以来的 4 个最高分——最高完成分、最高艺术分、最高难度分和最高总分，扩大了中国健美操的世界影响力，也为世界健美操竞技体育做出了巨大贡献。2016 年，在第十四届健美操世锦赛上，中国队首次获得世锦赛团体冠军，取得了历史性突破。2018 年，在第十五届健美操世锦赛上，中国运动员以 1 金、3 银、1 铜的优异成绩，位居奖牌榜第三位。

三、健美操组织与赛事

（一）国际健美操组织及赛事介绍

1. 国际体操联合会（FIG）

国际体操联合会成立于 1881 年 7 月 23 日，总部设在瑞士，是世界上历史最悠久、规模最大的国际单项体育组织之一，并得到了国际奥委会的承认。中国于 1956 年参加该组织成为正式会员国。国际体操联合会在成立初期有竞技体操、技巧项目，之后增加了艺术体操。1994 年，国际体操联合会成立了健美操技术委员会。1995 年至 1999 年，每年举办一届世界健美操锦标赛。从 2000 年起，改为每逢双数年举办一届世界健美操锦标赛（表 1-1）。目前国际体操联合会管理着大众体操、男子竞技体操、女子竞技体操、艺术体操、健美操、蹦床、技巧、跑酷等八大运动项目。

表 1-1　历届世界健美操锦标赛

届	时间（年）	地点
第一届	1995	法国
第二届	1996	荷兰
第三届	1997	澳大利亚
第四届	1998	意大利
第五届	1999	德国

续表

届	时间（年）	地点
第六届	2000	德国
第七届	2002	立陶宛
第八届	2004	保加利亚
第九届	2006	中国
第十届	2008	德国
第十一届	2010	法国
第十二届	2012	保加利亚
第十三届	2014	墨西哥
第十四届	2016	韩国
第十五届	2018	葡萄牙

2. 国际健美操冠军联合会（ANAC）

国际健美操冠军联合会成立于 1980 年，总部设在美国，每年举办世界健美操冠军赛。国际健美操冠军联合会于 1998 年开始与国际体操联合会建立合作关系，并从 2000 年开始采用国际体操联合会规则。

3. 国际健美操联合会（IAF）

国际健美操联合会 1983 年成立于美国，总部分设在两处，一处在美国，管理北美、南美、西欧事务；另一处在日本，管理亚洲、东欧和大洋洲事务。1989 年，美国总部的职能被接管，总部设在日本。目前，联合会有会员国近 30 个，每年举办国际健美操联合会健美操世界杯赛。1996 年，国际健美操联合会和国际体操联合会签署了一项关于裁判员培训的合作协议，并决定从 1998 年开始在国际健美操联合会健美操世界杯赛中采用国际体操联合会规则。

4. 国际健美操与健身联合会（FISAF）

国际健美操与健身联合会成立于 20 世纪 80 年代中期，总部设在澳大利亚，有会员国 40 多个。国际健美操与健身联合会在亚洲和太平洋地区较有影响力，它除每年举办健美操专业比赛外，还组织各种健美操培训班，并颁发国际健身指导员证书。

（二）中国健美操组织及赛事介绍

1. 中国健美操组织介绍

（1）中国大学生健美操艺术体操协会（CSARA）。

中国大学生健美操艺术体操协会（China Student Aerobics and Rhythmic Gymnastics Association，简作“CSARA”）成立于 1992 年，隶属教育部学生体育联合会，主要负责全国大中小学健美操、艺术体操、动感啦啦队、体育舞蹈、健身健美、健康舞等 6 个项目的全国推广与开展，以及健美操师资培训、资格认证、技术指导及赛事活动的举办工作。协会领导由教育部有关负责人和全国各著名大学校长等担任，协会的委员由全国各知名高校体育行政领导担任。中国大学生健美操艺术体操协会目前在全国各省、市、自治区拥有近500所会员学校，推动健美操在全国大中小学的普及与开展。

（2）中国健美操协会（CAA）。

中国健美操协会（Chinese Aerobics Association，简作“CAA”）成立于1992年，最初隶属于国家体委社会体育中心，办事机构设在北京。1997年初，中国健美操协会并入国家体育总局体操运动管理中心，成为中国体操协会的一个下属机构。这一改革理顺了我国健美操组织与世界健美操组织的关系，以及我国健美操组织内部管理体制。中国健美操协会是中国奥委会承认的全国性体育协会，是中国健美操运动的管理机构。

一直以来，中国健美操协会为健美操运动的普及和发展做了大量的工作，先后制订了《健美操活动管理办法》《全国健美操指导员专业技术等级实施办法（试行）》《全国健美操大众锻炼标准实施办法》，每年举办健美操教练员、裁判员培训班，全国健美操锦标赛等。这些举措对我国健美操运动的普及与提高具有重大意义，对推动我国健美操运动的快速发展起到了积极的作用。

2. 中国健美操主要赛事介绍

（1）竞技健美操。

我国竞技健美操主要赛事包括全国健美操锦标赛、全国健美操冠军赛、全国健美操联赛分站赛。竞赛项目有男子单人操、女子单人操、混合双人操、三人操及集体五人操的自选动作和各年龄组的规定动作，有氧舞蹈和有氧踏板自选动作。竞赛分成年组、年龄二组、年龄一组、预备组。

① 全国健美操锦标赛。

每年举办一次，参赛单位和运动员必须在中国健美操协会进行备案，且在当年全国健美操分站赛中获得晋级资格。一般安排在全国健美操联赛之后6—7日举行比赛。

② 全国健美操冠军赛。

每年举办一次，全体参赛运动员须持有中国健美操协会有效注册登记证；参加竞技组比赛的运动员须是参加任意一站联赛分站赛或按《全国健美操联赛分站赛、锦标赛、冠军赛积分管理办法（试行）》参加承认积分的世界比赛，并且单项积分达到当年规定分数以上的运动员。竞赛主要分为成年竞技组、成年普及组、少年甲组、少年乙组、少年丙组。

③ 全国健美操联赛分站赛。

每年分4站依次举办比赛。参赛单位是在中国健美操协会进行常规备案的组织。联赛的主要任务是：获得全国健美操锦标赛和冠军赛参赛资格。竞赛分成年健将组、成年精英组、年龄二组、年龄一组、预备组。竞赛项目主要有：男子单人操、女子单人操、混合双人操、三人操及集体五人操的自选动作和各年龄组的规定动作，以及有氧舞蹈、有氧踏板自选动作。

（2）健身健美操。

全国全民健身操舞大赛是由国家体育总局立项的全民健身运动赛事，旨在开创中国大众体育赛事的全新模式，提高健身操舞水平和全民参与度，满足全民对健美操舞运动的需求。每年各省先组织进行分站赛，再进行总决赛。2012 年，举办了首届全国全民健身操大赛，此后每年举办一次，名称也由“全国全民健身操大赛”改为“全国全民健身操舞大赛”。项目设置包括有氧健身操（舞）、广场健身操（舞）、时尚健身课程、街舞、民族健身操（舞）等五大类，共计 70 多个小项。到 2019 年为止，全国全民健身操舞大赛已经举办了 8 届，已经成为覆盖范围最广、参加人数最多、年龄跨度最大的单项全民运动赛事。

第二节　健美操运动的概念和分类

一、健美操的概念

健美操是在音乐伴奏下，以身体练习为基本手段，以有氧运动为基础，以增进健康、塑造形体和娱乐为目的的一项体育运动。

健美操源于传统的有氧健身运动，是有氧运动的一种。它通常徒手或采用轻器械进行练习，是在氧气供应充足的情况下，以人体有氧系统提供能量的一种运动形式，其运动特征是持续一定时间的、中低强度的全身性运动，主要影响练习者的心肺功能。

二、健美操分类

健美操运动从产生到发展仅有短短几十年的时间，随着技术的发展，健美操运动的理论也不断得到发展与完善。根据健美操运动的目的、任务，以及当今世界和我国健美操运动的发展状况与未来的发展趋势，健美操运动分为健身健美操和竞技健美操两大类。

（一）健身健美操

健身健美操，通常称为大众健美操，是以公民健身、健美、健心为目的而创编的健美操，适合不同年龄、不同层次练习者的学习与锻炼。健身健美操动作内容简单有效，重复性动作和对称性动作较多，音乐节奏感强，速度在每 10 秒 20～24 拍。练习时间、强度可根据个体情况而随时变化。在练习过程中应遵循健康、安全的原则，防止出现运动损伤。

健身健美操根据人体结构、年龄、练习形式、练习目的分为以下几类：

（1）按年龄结构分为老年健美操、中年健美操、青年健美操、少年健美操、儿童健美操、幼儿健美操。这类操是根据不同年龄阶段练习者的生理、心理、体态、体能等特征和锻炼需要创编的。

（2）按人体解剖结构活动部位分为头颈健美操、肩部健美操、臂部健美操、胸部健美操、腹部健美操、髋部健美操、腿部健美操。这类操具有较强的针对性，对练习者的某个部位进行专门的锻炼。

（3）按练习的形式可分为徒手健美操、轻器械健美操、特殊场地健美操。

徒手健美操：一般健美操、拳击健美操、搏击操、瑜伽健身术、拉丁健美操等。

轻器械健美操：踏板操、哑铃操、杠铃操、橡皮筋操、健身球操等。

特殊场地健美操：功率自行车、水中健美操、固定器械健美操等。

（4）按性别分为男子健美操和女子健美操。

（5）按人数分为单人、双人、三人、六人、八人等健美操。

（6）按目的任务可分为姿态健美操、形体健美操、减肥健美操、热身健美操、医疗保健（康复）健美操。

（7）按人名或动作特色分为简·方达健美操、瑜伽健美操、搏击健美操、迪斯科健美操、拉丁健美操。

（二）竞技健美操

竞技健美操是一项在音乐伴奏下，能够表现连续、复杂、高强度成套动作的运动项目。该项目源于传统的有氧健身运动。成套动作必须通过健美操 7 种基本步伐以及完美完成的难度动作等来展示运动员完成连续动作、柔韧及力量动作的能力。竞技健美操以竞技为目的，有严格的竞赛规则和评分方法，如对参赛人数、比赛场地、参赛服装和成套动作的时间等都有严格的规定。竞技健美操的主要目的就是竞赛、取胜，因此在动作的设计上更加多样和新颖，避免重复性动作和对称性动作。

竞技健美操可按比赛的规模、项目、参赛年龄进行不同的分类。

1. 按比赛的规模分类

（1）国际比赛。

目前国际上规模较大的竞技健美操比赛有国际体操联合会组织的世界健美操锦标赛，国际健美操冠军联合会组织的世界健美操冠军赛，国际健美操联合会组织的健美操世界杯赛。

（2）国内比赛。

我国正式的竞技健美操比赛有全国健美操锦标赛、全国健美操冠军赛、全国大学生健美操比赛、全国体育大会健美操比赛。另外还有非正式的通级赛和各省、市的比赛。

2. 按比赛项目分类

竞技健美操比赛共有 5 个项目：男子单人操、女子单人操、混合双人操、三人操（性别任意搭配）、五人操（性别任意搭配）。

3. 按参赛年龄分

竞技健美操比赛按照参赛年龄分为成年组和少年组两个组级。运动员年满 18 周岁可参加成年组比赛，少年组比赛在成套难度动作的选择上有所限制。

第三节 健美操运动的特点与功能

一、健身健美操的特点

（一）健身健美的实效性

健身健美操的动作及套路是按练习者的需求，以人体解剖学、运动生理学、运动心理学、体育美学、运动训练学、体育社会学等学科的理论为依据，以使练习者保持健康、健美为目的而创编的。健身健美操的动作内容既丰富多样，又具有针对性，练习者通过锻炼能有效地训练身体各有关部位，使形体更匀称，有利于培养健美的体态和风度，塑造健美的体型。健身健美操是一项有氧运动，通过锻炼，练习者的呼吸系统、心血管系统、神经系统的功能都能得到较好的改善。健身健美操是在音乐伴奏下完成动作，练习者能够随乐起舞，愉悦身心，消除疲劳，陶冶情操。总之，练习健身健美操可以达到健身、健美、健心的实效。

（二）广泛的适应性

健身健美操练习的形式多样，内容丰富，适合于不同年龄、不同性别、不同阶层、不同行业、不同体质人群，参加的人数可多可少，练习的时间可长可短，运动量可大可小，易于控制，可以在广场、大厅、娱乐场所、健身房等中进行，甚至可以在家庭的居室中进行，因此具有广泛的适应性。

（三）鲜明的节奏感

健身健美操所有动作均在一定的节奏下进行，而且是通过音乐来实现动作的节奏。健身健美操的节奏表现在以下几个方面：生理节奏（呼吸节奏、心率节奏，反映出一定负荷运动量）；运动节奏（动作技术节奏中的速度快慢、力度强弱、幅度大小、强度的增减）；音乐节奏（也是最重要的节奏）；色彩节奏（服装、灯光的色彩、明暗节奏）。

（四）健身的安全性

健身健美操所设计的运动负荷、运动节奏、运动强度等都比较适合于一般人的体质，甚至体质较弱的人都能承受。健身健美操的练习时间一般为30~60分钟。人们在平坦的地面上，在欢快的音乐声中，跟随快慢有序的节奏进行运动，十分安全有效。

（五）练习的娱乐性

健身健美操以其轻松愉快、生动活泼的运动形式已被大众所接受。健身健美操的动作套路形式多样，动作有难有易，节奏有慢有快，套路有长有短，运动量和运动强度的大小可任意调节，对场地器材、练习时间等亦无特殊要求，非常适合人群集体练习。练习者可根据自身的情况选择适合自身锻炼的场所、内容和时间。如白领人员在持久办公中有疲劳感时，可在办公室选择一些伸展性运动进行练习；又如在工作的闲暇时间，可到室外和同事、朋友边练习边聊天。所以，健身健美操是一种集锻炼与休闲于一体的健身娱乐活动。

二、竞技健美操的特点

（一）高度的艺术性

竞技健美操的艺术性主要体现在其健、力、美的项目特征上。健康、力量、美丽是人类所追求的身体状况的最高境界，竞技健美操运动就很好地表现出健、力、美的特征，包含着高度的艺术性因素。竞技健美操的艺术性使其不同于其他运动项目，这也正是人们热爱健美操运动的原因之一。竞技健美操动作协调、流畅、有弹性，练习者不仅锻炼了身体，增强了体质，而且从中得到了美的享受，提高了审美能力和艺术修养。健美操运动员在比赛中表现出的健美的体魄、高超的技术、流畅的编排和充沛的体力等，无不给观众留下深刻的印象，充分体现出竞技健美操运动的“健、力、美”特征和高度的艺术性。

（二）强烈的节奏感

竞技健美操的强烈节奏感主要表现为音乐速度快、动作速度快、动作节奏变化快。竞技健美操的规则规定其音乐速度必须在 26 拍/10 秒以上，音乐速度太慢，会降低成套动作的难度。健美操动作节奏基本上采用一拍一动，而采用二拍一动的动作节奏较少。由于竞技健美操的动作节奏快，若选用 26 拍/10 秒的音乐节奏，那么在 10 秒内至少要完成 18~20 个动作，这必然会体现出强烈的节奏感。

（三）超强的体能展示

竞技健美操的成套动作要求运动员必须在规定的竞赛时间内展示连续复杂的动作组合和完成高强度动作的能力，并要求所有动作都必须高质量、高规格近乎完美地完成。因此，一名优秀的竞技健美操运动员必须具备超强的身体素质和体能水平，竞赛成绩的提升离不开体能水平的提高。

（四）不断的创新性

随着竞技健美操运动的快速发展，竞技健美操比赛日趋紧张激烈，成套动作越来越新颖，这充分显示出这项运动的强大生命力。竞技健美操作为新兴的体育运动项目，发展变化快，参加人数多，比赛不仅要求准确、高质量地完成动作，还要具有创新意识。竞技健美操教练员、运动员不仅要有精湛的专业技术，丰富的多学科知识，还应具备良好的创新能力。只有不断创新，才能编排出有特色的动作；只有不断创新，才能创造出与众不同的新颖编排，才能适应当今竞技健美操的发展趋势。不断创新是竞技健美操发展的不竭动力。

三、健美操运动的功能

（一）增进健康，增强体质

我国第一位健美操专业博士、北京体育大学教授马鸿韬通过实验发现，经常进行健美操锻炼不仅可以使心肌纤维增粗，心肌收缩力增强，心排血量增加，提高心脏供血能力，促进心血管系统机能的提高，而且能使锻炼者的呼吸肌变得强壮有力，安静时呼吸加深、次数减少，运动时吸氧量大，有效提高呼吸系统的机能水平。经常参加健美操锻炼，可以提高身体各关节的灵活性，对肌肉、骨骼、韧带均有良好的刺激，可提高人体运动系统的功能。另外，健美操锻炼还可加强肠胃蠕动功能，增强肠胃的消化机能，改善消化系统的机能。

（二）塑造健美形体，提高审美能力

人的形体分为体态和体型。体态主要是指身体各部位所表现出的外形姿态，良好的形态给人以美的享受；体型即整个身体从头到脚各部位之间的比例以及各肌肉群曲线的大小。健美操锻炼能帮助练习者消耗体内多余的脂肪，维持人体吸收与消耗的平衡，有益于肌肉、骨骼、关节的匀称与协调发展，有利于改善不良的身体姿态，形成优美的体态，从而在日常生活中表现出一种良好的气质与修养，给人以朝气蓬勃、健康向上的感觉。

（三）缓解精神压力，娱乐身心功能

随着时代的发展和社会的进步，人们在享受科学技术所带来的舒适生活和各种便利的同时，也感受到了社会竞争所带来的精神压力。健美操锻炼是在音乐伴奏下进行的，锻炼者在旋律优美的音乐伴奏下完成自己喜欢的健美操动作，有助于排解紧张和烦恼，尽情享受健美操运动所带来的欢乐，使身心得到全面调节，精神面貌和气质修养等得到改善。

另外，健美操锻炼还增进了人们的社会交往。目前无论是在国内还是在国外，人们在参加健美操锻炼的同时可接触和认识更多的人，扩大自己的社会交往面，提升与人沟通和相处的能力。因此，健美操锻炼不仅能强身健体，还具有娱乐功能，可使人们在锻炼中得到一种精神享受，满足人们的心理需要。

（四）医疗保健功能

健美操作为一项有氧运动，其特点是强度低、密度大，运动量可大可小，容易控制，因此除对健康的人具有良好的健身效果外，对一些疾病患者、残障人士和老年人来说也是一种医疗保健的有效手段。健美操练习者只要控制好运动范围和运动量，就能在预防损伤的基础上达到医疗保健的目的。

【思考题】

1. 简述健美操运动的概念、分类及功能。
2. 简述健身健美操的特点。
3. 简述竞技健美操的特点。
4. 简述我国健身健美操的产生与发展。
5. 简述我国竞技健美操的产生与发展。

第二章　健美操术语

【内容提要】

本章主要介绍健美操的基本术语。

【教学目标】

了解健美操术语的概念及正确运用健美操术语的意义，学习并掌握健美操术语的记写方法。

第一节　健美操术语的概念及其作用

一、健美操术语的概念与作用

术语是指各门学科的专门用语。健美操术语是健美操理论和技术等方面的专门用语，是进行健美操教学、训练、科研和相互交流不可缺少的工具。正确运用健美操术语具有重要的意义。它有助于提高健美操教学训练效果，开展健美操竞赛活动，提高健美操运动水平，促进健美操科学研究，丰富和完善健美操理论。由于健美操运动源于国外，所以常见的健美操动作术语有转义词，也有音译词。例如，弹踢、吸腿就属于转义词；曼波步、依柳辛则属于音译词。虽然各国语言文字不同，但表达的概念应当尽量追求一致。

二、创立健美操术语的基本原则

创立健美操术语都应遵循以下基本原则。

1. 简练：指所形成概念或动作名称的词语应简短。这是最基本的要求。

2. 准确：指用词力求准确，能确切说明动作及动作过程。
3. 易懂：指表达应通俗易懂，便于记录。

第二节　健美操术语的种类

一、基本方位术语

进行健美操练习，首先要有明确的方向概念。为表示人在场地上运动时所处的方位，我们一般借鉴芭蕾舞、中国古典舞中的基本方位术语，把正前方（主席台、裁判席）的一面确定为身体基本方位的第一点，按顺时针方向，每转 45° 为一个基本方位，为了记述方便，用 1~8 的数字分别代表 8 个方向，即 1 点、2 点、3 点、4 点、5 点、6 点、7 点、8 点，共分为 8 个基本方位（图 2-1）。

1 点：正前方
2 点：右前方
3 点：正右方
4 点：右后方
5 点：正后方
6 点：左后方
7 点：正左方
8 点：左前方

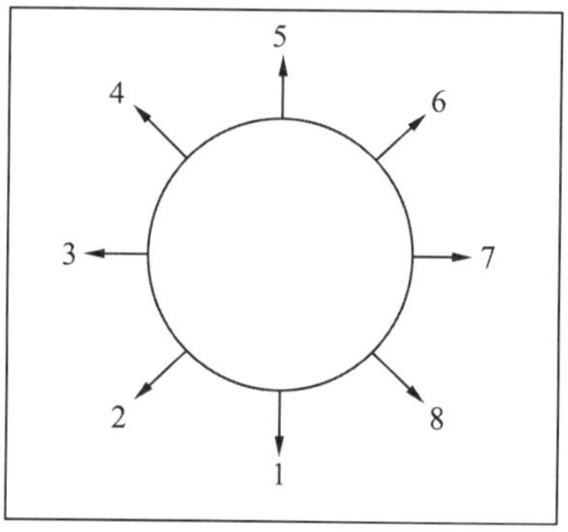

图 2-1　身体方位图

二、运动方向术语

运动方向主要是指身体或身体各部位运动的方向。运动方向一般根据人体直立时的基本方位来确定。

（一）基本方向

向前：做动作时胸部所对的方向。
向后：做动作时背部所对的方向
向侧：做动作时肩侧所对的方向，须指明向左或向右。
向上：做动作时头顶所对的方向。
向下：做动作时脚底所对的方向。
顺时针：转动方向与时针方向相同为顺时针方向。
逆时针：转动方向与时针方向相反为逆时针方向。

（二）中间方向和斜方向

中间方向：指两个基本方向之间 45° 的方向，有前上、前下、侧上、侧下等。

例如，前上是基本方向前与向上的组合。即前和上之间 45°的方向为前上，侧和下之间 45°的方向为侧下。

斜方向：三个基本方向之间形成的中间方向为斜方向。

（三）四肢相对运动的方向

向内：指肢体由两侧向身体正中线运动的方向。

向外：指肢体由身体正中线向两侧运动的方向。

同向：指上肢和下肢向同一方向运动。

异向：指上肢和下肢向相反方向运动。

三、动作中连接过程术语

由：指动作开始的方位（位置），如由内向外等。

接：单个动作之间要求连续完成时用“接”表示。如分腿跳接屈体分腿跳成俯撑。

经：指动作过程经过的位置。如两臂经体侧至上举。

至：指动作达到某一指定位置。如两臂还原至体侧。

成：指在做完动作之后的结束姿势。如两脚跳成开立。

四、完成动作方法的基本术语

（1）立：两腿站立的姿势，有并腿立、分腿立、单腿立、点地立和起踵立等。

直立：与立正基本相同，但五指并拢伸直。

并立：与直立相同，但两脚并拢。

开立：两脚左右分开同肩宽。其他开立（如大、小、前后开立等）应特别指明。

点地立：一脚侧出脚尖点地、重心落在另一腿上的立。有前点地立、后点地立等。

起踵立：两脚跟提起。

（2）蹲：指两膝并拢同时屈膝的一种姿势。蹲的姿势一般指两腿并拢，全脚掌着地，其他蹲应指明。

半蹲：大腿与小腿的夹角约为 90°。

全蹲：大腿与小腿的夹角小于 45°。

（3）弓步：两腿分开约一大步，一腿屈膝，另一腿伸直，身体重心在两腿之间的一种站立姿势。一般常用的有前弓步和侧弓步。

（4）点地：一腿伸直或屈膝站立，另一腿脚尖或脚跟触地的姿势，身体重心在主力腿。如有向前、侧、后的点地。

（5）踢腿：一腿站立，另一腿由低向高做加速有力的摆动动作。如有向前、侧、后的踢腿。

（6）吸腿：一腿站立，另一腿屈膝向上抬起的动作。有向前、侧的吸腿。

（7）平衡：一腿站立，另一腿抬起并保持一定的时间。

（8）举：指四肢移动范围不超过180°而停止在某一部位的动作。有前举、侧举、上举、下举、后举、侧上举、侧下举、前斜上举、后斜下举等。上肢动作做前举、上举、后举，以及中间方向的举时，一般掌心相对；做侧举、侧下举时，一般掌心向下；其他应指明。

（9）屈：身体某一关节弯曲成一定的角度，在某一方位上停止不动的姿势；或者使身体某关节角度缩小的动作，如两臂胸前屈。

（10）伸：指关节角度扩大或伸直的动作，如伸臂、伸腿。若屈与伸依次进行则称为屈伸。

（11）摆动：臂或腿在一平面内，自然地由某一部位匀速运动到另一部位的动作。手臂摆动以肩关节为轴；腿的摆动以髋关节为轴。有前后摆动、左右摆动、上下摆动等。

（12）振：臂或上体做最大幅度的加速摆动作。如振臂。

（13）绕：身体某一部分做180°以上但小于360°的弧形动作。如向外绕至侧举。

（14）绕环：身体某一部分做360°或360°以上的圆形动作。

（15）波浪：身体某一部分邻近的关节按顺序做柔和屈伸的动作。如手臂波浪。

（16）卧：身体躺在地上的姿势。有仰卧、俯卧、侧卧等。

（17）撑：手撑地并承担身体重量的姿势。如俯卧撑、仰撑、蹲撑、跪撑等。

（18）倾：指身体偏离垂直面又不失去平衡的姿势。如前倾。

（19）转体：绕身体纵轴转动的动作。如单腿转体。

（20）交叉：肢体前后或上下交叠成一定角度。如两臂胸前交叉。

（21）跳跃：双脚离地，身体腾空并保持一定的姿势。如开合跳。

（22）梗：下颌内收，颈部伸直的动作。如梗头。

（23）提：由下向上做运动。如提肩。

（24）沉：身体某部分放松下降的动作。如沉肩。

（25）含：指两肩胛骨外开，胸部内收。如含胸。

（26）挺：指胸部或腹部向前展开。如挺胸。

（27）夹：由两侧向中间收紧。如夹肘。

（28）收：向身体正中线靠拢或还原到起始位置。如收腿。

（29）蹬：腿部由屈髋屈膝到伸直发力的过程。如蹬地。

（30）坐：指臀部或大腿着地的姿势。如直角坐。

五、关系术语

（一）运动面与运动轴

（1）运动面：按照人体解剖学的方位，人体有三个相互垂直的基本面。包括矢状面、额状面和水平面。

矢状面：沿身体前后径所作的与水平面垂直的切面。矢状面将人体分成左右两半。

额状面：沿身体左右径所作的与水平面垂直的切面。额状面将人体分为前后两半。

水平面：横切直立人体与地面平行的切面。水平面将人体分为上下两半。

（2）运动轴：人体运动时的三个相互垂直的基本轴，是描述人体转动时的假想轴。包括矢状轴、额状轴和垂直轴。

矢状轴：俗称前后轴，是前后平伸与水平面平行，与额状面垂直的轴。

额状轴：俗称横轴，是左右平伸与水平面平行，与矢状面垂直的轴。

垂直轴：俗称纵轴，是与人体长轴平行，与水平面垂直的轴。

（二）动作间相互关系术语

（1）同时：不同部位在同一时间完成动作。

（2）依次：肢体或不同个体相继完成同样性质的动作。

（3）交替：不同肢体或不同动作反复进行。

（4）对称：左右肢体做相同的动作，但方向相反。

（5）不对称：左右肢体做互不相同的动作。

（6）同侧：指动作开始的方向与做动作的上肢或下肢方向相同。如出左腿、出左手。

（7）异侧：指动作开始的方向与做动作的上肢或下肢方向相反。如出左腿、出右手。

（8）同面：上肢动作和下肢动作的运动面一致。如身体向左侧移动，手臂向左侧摆。

（9）异面：上肢动作和下肢动作的运动面不一致。如向前走、手臂侧举。

（10）单侧：只有一只手臂做动作或只做了一个方向的动作。如侧交叉步、右臂侧举两次。

（11）双侧：两臂同时做同样的动作或下肢依次做相同的动作。

六、移动术语

（1）移动：身体向着相应的方向参考点运动的方式。

（2）向前：向着前面参考点方向运动。注意“前”和“向前”的区别，可以面向前向前移动，也可以面向后向前移动。

（3）向后：向着后面的参考点方向运动。

（4）向侧：向着侧面的参考点方向运动。

（5）原地：无移动，或在 4 拍内回到原来的地方。

（6）转体：身体绕垂直轴转动。转体 360°可以是 4×90°或 2×180°的转体。

（7）绕圆：绕着一个相应的点做转体，经常是向前、向后和向侧移动的结合。

七、动作表现形式术语

（1）弹性：健美操中所指的弹性是指关节自然地屈伸，给人一种轻松、自然的感觉。

（2）力度：指动作的用力强度，通常以肢体的制动技术来体现力度，它是衡量健美操动作质量的重要条件。

（3）节奏：指动作的用力强弱交替出现，并合乎一定的规律。

（4）规范：是对健美操动作完成质量的综合评定指标。

（5）幅度：指身体活动范围的大小。一般是动作经过的轨迹越大则幅度越大，可以充分展示柔韧性。

（6）表现力：是通过面部表情和身体动作来抒发内在情感的能力。

（7）风格：一套动作所表现的主要艺术特色和思想特点。

（8）激情：充满健美操特点的强烈兴奋的情感表现。

八、动作强度术语

人体运动时会对地面产生一定的作用力，而地面同时也给予人体相应的反作用力，这种反作用力被称为冲击力。冲击力随着每一个动作通过人体自下而上传递并逐渐消失。根据冲击力的大小，可以将健美操基本动作分为以下三种。

（1）无冲击力动作：两只脚始终接触地面，身体重心在两腿之间，没有腾空动作。如双腿半蹲、弓步及垫上动作等。

（2）低冲击力动作：总有一只脚接触地面的动作。如并步、踏步、侧交叉步等。

（3）高冲击力动作：两只脚都离开地面，即有腾空的动作，一般是有跑跳的动作形式。如开合跳、弓步跳等。

九、基本动作名称术语

（一）基本步伐术语

步伐是在特定节奏下的脚步运动方法，以下介绍在健美操中常用的一些基本步伐。

（1）踏步：两腿原地交替抬起和落地。

（2）走步：两腿依次向前走或向后走。

（3）一字步：两腿依次向前迈步并拢，依次退回，两脚运动轨迹成“一”字形。

（4）V 字步：两腿依次向侧前方迈步，依次退回，运动轨迹成“V”字形。

（5）A 字步：两腿依次向侧后方迈步，依次还原，运动轨迹成“A”字形。

（6）十字步：两腿依次迈步、交叉，运动轨迹成“十”字形。

（7）曼波步：一腿迈步，另一腿原地踏步。

（8）桑巴步：一腿向侧迈步，另一腿向后交叉做二分之一曼波步。

（9）点地：一腿站立，另一腿脚尖或脚跟触地。

（10）并步：一腿向侧迈步，另一腿前脚掌点地并拢。

（11）恰恰步：一腿迈步，另一腿快速跟进后继续行进一步 。

（12）滑步：一腿迈一大步屈膝站立，另一腿点地滑行。

（13）交叉步：一腿向侧迈步，另一腿向后交叉，再向侧迈步，并步。

（14）迈步后屈腿：主力腿稍屈膝，另一腿向后屈膝。

（15）箭步蹲：一腿向前或向后迈出，双腿屈膝半蹲。

（16）侧踹：支撑腿稍屈膝，提膝腿由屈到伸向侧蹬出。

（17）后屈腿：一腿站立，另一腿后屈，然后还原。

（18）弓步：一腿向前（侧、后）迈步屈膝，另一腿伸直。

（19）吸腿：一腿站立，另一腿屈膝向上抬起。

（20）踢腿：一腿站立，另一腿直膝加速上踢。

（21）弹踢腿：一腿站立，另一腿先屈膝，然后向前下方弹直。

（22）小马跳：一腿向侧跳，另一腿紧随其旁小垫步跳。

（23）跑步：两腿交替腾空、落地。

（24）摆腿跳：主力腿小跳，另一腿由低到高做匀速摆动。

（25）钟摆跳：两腿跳起，依次左右匀速摆动。

（26）并腿跳：两腿并拢跳起落下。

（27）并步跳：一脚向前侧迈一步同时跳起，另一脚迅速并拢成双脚落地。

（28）开合跳：两腿跳起成分腿落地，再分腿跳起并腿落地。

（29）弓步跳：两腿跳成弓步落地。

（30）吸腿跳：主力腿小跳，另一腿屈膝抬起。

（31）踢腿跳：主力腿小跳，另一腿由低向高做加速有力的摆动。

（32）弹踢腿跳：主力腿小跳，另一腿屈膝向前、侧方弹踢。

（33）后踢腿跑：支撑腿前脚掌着地，摆动腿最大限度地向后屈于臀部。

（34）弹动：膝关节有弹性地屈伸。

（35）半蹲：两腿分开或并拢，屈膝。

（36）移重心：一脚向侧方迈一步，经过屈膝重心移至一脚支撑，另一脚侧点地。

（二）上肢动作名称术语

1. 常用手型

掌型：并掌、开掌、花掌、立掌、屈掌。

拳型：实心拳、半握拳。

2. 常用上肢动作

举、屈臂、伸臂、屈臂摆动、上提、下拉、胸前推、冲拳、肩上推、摆动、绕和绕环。

第三节　健美操术语的运用

一、运用术语描写动作的几个方面

（1）动作部位：指头、肩、臂、手、胸、腰、髋、腿、膝、脚等。

（2）动作方向：指运动方向及路线，包括基本方向、中间方向、斜方向及动作所经过的路线等。

（3）动作形式：指身体动作的类别，如侧屈、转体、绕环、弓步等。

（4）动作结束：指在什么部位或成什么姿势。

其中动作部位、动作方向、动作形式是动作术语的主要内容。

二、运用术语描述动作的一般规律

（1）静止状态：应指明支撑条件和身体姿态。

（2）转体动作：应指明支撑部位、转体方向、转体度数和身体姿态。

（3）跳跃动作：应指明跳跃类别和空中姿态。

（4）移动动作：应指明采用的步伐名称、移动方向、路线和移动距离。

（5）躯干弯屈：应指明动作部位、运动方向、经过路线、运动面和幅度。

第四节　健美操动作术语的记写方法

一、健美操动作的记写要求

（1）记写单个动作：一般由开始（预备）姿势、动作部位、动作方向、动作间的关系、动作连接过程、结束姿势等几个要素构成。

（2）记写每节操的动作：注意应按照动作的节拍顺序记写每个动作的做法，一般先下肢，后上肢，再躯干，并明确指出动作的方向、路线、方法及动作的重复次数等。

（3）记写成套动作：一般应按照每一节动作的顺序记写。

（4）记写动作做法：身体各部位先后动作应按照动作顺序记写。若身体各部位同时做动作，记写的顺序是脚（或腿）—臂—躯干—头部。

（5）只记写第一个动作的开始姿势，后一个动作的开始姿势可以省略，因为下一个动作的开始姿势就是前一个动作的结束姿势。

（6）如果后若干拍动作与前若干拍动作做法完全相同，后若干拍动作在记写时可以省略。如果后若干拍动作的方向与前若干拍动作的相反，则必须指出，如：3-4 拍同 1-2 拍，但方向相反。

下面是对一个八拍动作 V 字步转体 90°的记写举例。

预备姿势：直立。

1 拍：右脚向右前方迈一步同时右臂侧上举，掌心向前（并掌）。

2 拍：左脚向左前方迈一步成两脚开立，屈膝，同时左臂侧上举，掌心向前（并掌）。

3 拍：右脚向右后方迈一步，两臂胸前交叉握拳（拳心向内），同时上体右转 90°。

4 拍：左脚并右脚同时两臂还原体侧。

5-8 拍同 1-4 拍，但方向相反。

二、健美操成套（组）动作的记写方法

（1）文字记写法：一般按动作节拍，根据术语记写的要求，详细、准确地写明具体动作和过程。这种方法较为复杂，但具有描述准确性高的特点。文字记写法一般和照片或动作插图一起使用，以达到直观、准确的目的。

（2）图解法：即用图形、图像表明动作的做法和路线等。它具有直观性强的特点。常用的图形有单线条式、双线条式、实体式、轮廓式。常用的图像有各种动作

的照片和动作的电影镜头照片。

（3）图文法：图文法是将简称法和图解法合并起来使用的一种记写方法，能够避免这两种记写方法的不足。具体做法是先将动作的中文名称或英文名称写出来，在动作名称的旁边用简单的单线条简图画出手臂的动作。对那些不容易表达清楚或有转向的动作可加一个或几个简图并标清楚转动的方向和度数。这样记录下来的动作可作为资料长期保存，任何时候都能读懂。这是记录健美操动作和收集相关资料的最好方法。

（4）缩写法：在大部分健美操动作中，上肢动作的变化比较复杂也比较灵活，同时也可被认为是步法的配合动作，因此，通常省略上肢动作不写，而以健美操基本步法名称本身直接记写，只用两三个字就可以表明该动作，如并步、交叉步等。

【思考题】

1. 简述健美操术语的概念。
2. 简述创立健美操术语的基本原则。
3. 请列出健美操的5个基本步伐术语。
4. 举例说明如何区分中间方向和斜方向。
5. 简述健美操动作术语的记写方法。

第三章　健美操基本动作

【内容提要】

本章主要介绍健美操基本动作。

【教学目标】

了解健美操基本动作的主要内容，掌握健美操基本动作的技术要点及练习时需注意的事项。

健美操基本动作是健美操运动的基础和核心，各种健美操组合与成套动作都是在基本动作的基础上变化和发展的，可根据不同的任务和目的，创编出不同风格、不同强度的组合动作和成套动作。因此，学习并掌握好正确的健美操基本动作，有助于建立正确的健美操技术动作概念，培养动作的协调性和健美操专项意识，能更有效地优化身体姿态，使锻炼的效果更加显著。健美操基本动作包括上肢动作、躯干动作和下肢动作。

第一节　健美操上肢动作

健美操上肢基本动作主要包括手型、手臂动作。

一、手型

手型的变化不仅可以使手臂的动作更加丰富多彩，生动活泼，表现出美感，而且有助于增强动作的力度感。常用的手型有以下几种（图 3-1）。

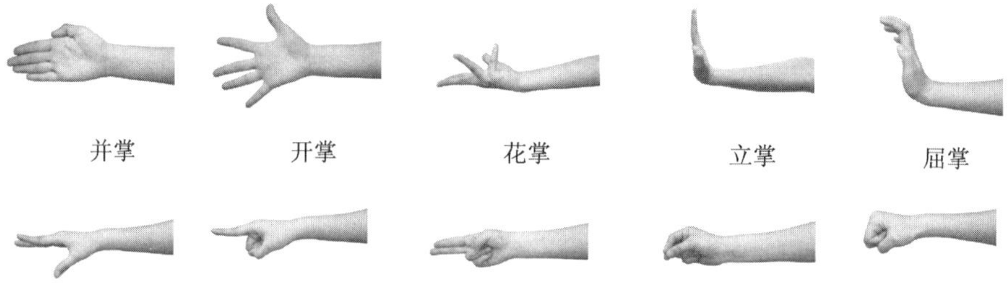

并掌　开掌　花掌　立掌　屈掌

芭蕾手型　一指　剑指　响指　拳

图 3-1　常用的手型

（1）掌。

并掌：五指伸直并拢，大拇指微屈。

开掌：五指用力伸直张开。

花掌：又称西班牙舞手型。五指用力张开，小指和无名指稍内旋，形成一个扇面。

立掌：五指伸直并拢，手掌用力上翘。

屈掌：五指自然弯曲张开，手掌用力上翘。

芭蕾手型：手指并拢，拇指与食指相对，并稍向里扣，手指自然放松，伸展。

一指：拇指与中指、无名指、小指相叠，食指伸直。

剑指：拇指与无名指、小手指相叠，中指、食指并拢伸直。

响指：无名指与小指屈握，拇指与中指、食指摩擦后，中指击打大鱼际处产生响声。

（2）拳。

握拳，大拇指在外，拇指关节扣在食指与中指的第二关节处。

二、手臂动作

手臂动作是健美操上肢动作的重要组成部分，它与健美操的基本步伐组合，共同构成了丰富多彩的健美操动作内容。

（1）举。

以肩关节为轴，臂伸直向某个方向抬起。臂的活动范围不超过 180°并停止在某一部位。

要点：动作到位、线路清晰、有力度感。

动作变化形式：直臂不同方向举（图 3-2~图 3-4）。

两臂上举　两臂下举　两臂前举

图 3-2　举（1）

两臂前下举　两臂前上举　两臂侧举

图 3-3　举（2）

两臂侧上举　两臂侧下举　两臂斜后举

图 3-4　举（3）

两臂上举：两臂伸直经前向上举起，两手同肩宽，彼此平行，掌心相对。

两臂下举：两臂置于身体两侧，向下伸举。

两臂前举：两臂伸直经前举起，与肩同高，两手同肩宽，彼此平行，掌心相对。

两臂前下举：两臂伸直经前至前下方举起，位于下举与前举之间 45° 的方向，两手同肩宽，掌心相对。

两臂前上举：两臂伸直经前至前上方举起，位于上举与前举之间 45° 的方向，两手同肩宽，掌心相对。

两臂侧举：两臂伸直向侧举起，与肩同高，掌心向下。

两臂侧上举：两臂伸直经前至侧上方举起，位于上举与侧举之间 45° 的方向，掌心相对。

两臂侧下举：两臂伸直经侧至侧下方举起，位于下举与侧举之间 45° 的方向，掌心向下。

两臂斜后举：两臂伸直向后举起至极限，两手同肩宽，彼此平行，掌心相对。

（2）屈、伸。

上臂固定，以肘关节为轴，肘关节由弯屈到伸直或由伸直到弯屈的动作。

要点：肩关节自然下沉，肘关节有弹性地伸直。

动作变化形式：两臂胸前屈、胸前上屈、胸前平屈、肩侧屈、肩侧上屈、肩侧下屈（图 3-5、图 3-6）。

两臂胸前屈　两臂胸前上屈　两臂胸前平屈

图 3-5　屈（1）

两臂肩侧屈　两臂肩侧上屈　两臂肩侧下屈

图 3-6　屈（2）

两臂胸前屈：两臂前屈，与肩同宽，小臂向内与上臂成45°角。

两臂胸前上屈：两臂前屈，肘与肩平，与肩同宽，小臂向上与上臂成90°角。

两臂胸前平屈：两臂屈肘，肘与肩平，两小臂在胸前约成一横线。

两臂肩侧屈（手指触肩）：两臂侧屈，肘与肩平，小臂向内与上臂成45°角，手指触肩。

两臂肩侧上屈：两臂侧屈，肘与肩平，小臂向上与上臂成90°角。

两臂肩侧下屈：两臂侧屈，肘与肩平，小臂向下与上臂成90°角。

（3）摆动。

两手握拳，屈肘前后摆动。

要点：屈肘角度不宜过大或过小，以60°左右为宜。

动作变化形式：可同时摆动，也可依次摆动。

（4）绕、绕环。

两臂或单臂以肩为轴做弧线运动。

要点：线路清晰，开始动作和结束动作的位置明确。

动作变化形式：两臂或单臂向内、外、前、后绕或绕环。

第二节　健美操躯干动作

在健美操运动中，躯干主要起连接、保护和固定作用。躯干部位的练习通常是为了发展和平衡躯干前后肌肉而设计的。在躯干中部脊柱和腰腹部周围的肌肉、软组织连接并支撑身体的上下部分，有些人由于前后肌肉发展不平衡、力量不足，造成损伤，形成不良姿态。因此，在健美操练习中发展和平衡腰腹部肌肉力量非常重要。健美操躯干动作主要包括头部、肩部、胸部、腰部的动作。

一、头部

（1）屈（图3-7）。

前屈　　后屈　　左侧屈　　右侧屈

图3-7　屈

前屈：头向前下运动（低头）。

后屈：头向后运动（仰头）。

侧屈：头向左侧或右侧倾斜（倒头）。

（2）转（图 3-8）。

转头：以颈部为轴，头向左或向右转。

（3）绕。

头以颈部为轴心的弧形运动，包括左绕、右绕。

左转　　右转

图 3-8　转

二、胸部（图 3-9、图 3-10）

（1）含胸：收肩（合肩）低头。

（2）挺胸：展肩（开肩）抬头。

（3）扩胸：两臂向后运动。

（4）左右移胸：两手叉腰，胸部左右水平移动。

含胸　　挺胸　　扩胸

图 3-9　胸部动作（1）

左移胸　　右移胸

图 3-10　胸部动作（2）

三、肩部（图 3-11）

（1）提肩：肩胛骨做向上的运动。

（2）沉肩：肩胛骨做向下的运动。

（3）绕肩：以肩关节为轴做大于 180°但小于 360°的弧形动作。

（4）肩绕环：以肩关节为轴做 360°或 360°以上的圆形动作。

右肩上提　　右肩下沉

图 3-11　肩部动作

四、背部

背部肌肉主要包括背阔肌、斜方肌、菱形肌和大圆肌、小圆肌。当背部肌肉收缩时，可使肩关节做外展、下沉、内收的动作。

外展：屈臂或直臂做外展动作，通常与臂的内收结合进行。

上举下拉：两臂由侧上举下拉至髋侧。

五、腰腹部

腰腹部肌肉主要有腹直肌、腹内外斜肌、腹横肌和竖脊肌。腰腹肌肉收缩可使脊柱侧屈、前屈或扭转，使骨盆前倾或后倾，使胸廓向对角线方向屈（图 3-12）。

（1）腰部主要动作：屈转、绕和绕环。

（2）髋部主要动作：顶髋、摆髋、绕髋。

体侧屈　　体前屈

图 3-12　屈

第三节　健美操下肢动作

健美操下肢动作包括基本步伐、下肢肌肉拉伸、下肢力量练习等。

一、基本步伐

（一）基本步伐分类

健美操的基本步伐是组成动作组合的最小元素，也是健美操练习的一个重要部分（表 3-1）。健美操基本步伐的练习，能培养练习者的协调性和韵律感。健美操的基本步伐都是以踝关节、膝关节和髋关节的弹动为基本技术的。根据完成动作以脚接触地面时身体承受冲击力的大小，可将健美操的基本步伐分为三类：无冲击力动作、低冲击力动作和高冲击力动作。而根据动作完成的形式不同，我们又可将健美操的基本步伐分为五类。

交替类：两脚始终做依次交替落地的动作。

迈步类：一条腿先迈出一步，重心移到这条腿上，另一腿用脚尖、脚跟点地或踢腿、吸腿、屈腿等，然后向另一个方向迈步的动作。

抬腿类：一腿站立，另一腿抬起的动作。

点地类：一腿屈膝（或直立）站立，另一腿伸出，用脚尖或脚跟点地后还原到并腿位置的动作。

双腿类：双腿站立、身体重心在两腿之间的动作。

表 3-1 健美操常用基本步伐体系

类别	原始动作形式	动作形式		
		低冲击力	高冲击力	无冲击力
交替类	踏步	踏步	后踢腿跑	
		走步		
		一字步		
		V 字步		
		A 字步		
		曼波步		
		十字步		
迈步类	并步类	并步	并步跳	
		迈步点地	小马跳	
		迈步吸腿	迈步吸腿跳	
		迈步后屈腿	迈步后屈腿跳	
		交叉步	侧交叉步跳	
抬腿类	抬腿	吸腿	吸腿跳	
		摆腿	摆腿跳	
		踢腿	踢腿跳	
		弹踢腿	弹踢腿跳	
点地类	点地	脚尖前点地		
		脚尖后点地		
		脚尖侧点地		
		脚跟前点地		
		脚跟侧点地		
双腿类			并腿跳	
			弓步跳	
			开合跳	
				膝弹动
				踝弹动
				半蹲
				弓步
				移重心

（二）基本步伐动作说明

健美操基本步伐是体现健美操练习者下肢动作基本姿态的主要手段。目前国内外对健美操步伐的分类有许多种方法，本书介绍常用的健美操基本步伐，按照动作的分类，从动作名称、一般描述、技术要点、动作变化等方面进行详细描述。

1. 低冲击步伐

（1）两脚交替类。

一般描述：两脚交替类动作运动强度较低，要求在运动过程中两脚始终做依次交替落地的动作。

技术要点：注意两腿的相对位置及脚尖膝盖的朝向，做动作时注意膝关节、踝关节要有弹性地缓冲。另外，根据动作的需要，躯干部分还要有适当的起伏变化，与基本步伐协调一致。

① 踏步（图 3-13，视频 3-1）。

动作要领：两脚在原地上下起落，抬起时，脚尖自然下垂，离地约 15 厘米，下落时由前脚掌过渡到全脚掌，两臂屈肘前后自然摆动，身体保持正直，抬头挺胸。

技术要点：下落时，踝、膝、髋关节依次有弹性地缓冲，两臂自然前后摆动。

动作变化：踏步转体、踏步分腿、踏步并腿、弹动踏步。有向前、后、斜前的踏步。

图 3-13 踏步

视频 3-1 踏步

图 3-14 走步

视频 3-2 走步

② 走步（图 3-14，视频 3-2）。

动作要领：两腿依次向前走或向后走。向前走时，脚跟先落地，过渡到全脚掌；向后走时则相反。

技术要点：在落地时，膝、踝关节要有弹性地缓冲。

动作变化：向前走、向后走、斜向走、弧形走或向左、转体的走步。

③ 一字步（图 3-15，视频 3-3）。

动作要领：一脚向前迈出，另一脚向前并步，然后依次还原。两脚运动轨迹成一字形。

技术要点：向前迈步时，脚跟先着地，过渡到全脚掌；前后均要有并腿过程；每一拍动作膝关节始终有弹性地缓冲。

动作变化：向前、后的一字步。

图 3-15　一字步

视频 3-3　一字步

④ V 字步（图 3-16、图 3-17，视频 3-4、视频 3-5）。

一般描述：一脚向斜前方迈一步，另一脚随之向另一方迈一步，成两脚开立（比肩宽），两膝自然弯屈，然后再依次收回原位。

技术要点：两腿膝、踝关节始终保持弹动状态，分开后成分腿半蹲，两脚之间的距离略比肩宽，重心在两腿之间。

动作变化：有向前转体的 V 字步和向后的倒 V 字步（A 字步）。

图 3-16　V 字步

视频 3-4　V 字步

图 3-17　倒 V 字步（A 字步）

视频 3-5　倒 V 字步（A 字步）

⑤ 十字步（图 3-18，视频 3-6）。

动作要领：以右脚为例，右脚向左前迈一步，左脚向右前方迈一步（两腿交叉），两腿依次还原，运动轨迹成十字形。

技术要点：脚迈出时重心随迈步腿而移动。

动作变化：有向前、转体的十字步。

图 3-18　十字步

视频 3-6　十字步

⑥ 曼波步（图 3-19，视频 3-7）。

动作要领：一脚向前迈出，屈膝，重心随之前移，另一脚稍抬起，然后原地落下；或者向后撤一步，重心后移，另一脚稍抬起，然后原地落下。

技术要点：两脚始终保持交替落地，身体重心随动作前后移动，但始终在两脚之间。

动作变化：前、侧、后、转体的曼波步。

图 3-19　曼波步

视频 3-7　曼波步

（2）迈步类。

一般描述：一腿迈出一步，重心移到主力腿上，另一条腿用脚跟、脚尖点地或吸腿、屈腿、踢腿等，然后向另一个方向迈步。

技术要点：注意重心之间的转换和跟进。

① 并步（图 3-20，视频 3-8）。

动作要领：一脚迈出，另一脚随之并拢屈膝点地，重心要随之移动，两膝自然屈伸；再向反方向迈步。

技术要点：两膝自然屈伸，有一定的弹性，身体重心随主力腿移动。

动作变化：有向前、后、左、右的并步及斜线的并步，移动的并步（之字步）；转体的并步。

图 3-20　并步

视频 3-8　并步

图 3-21　迈步点地

视频 3-9　迈步点地

② 迈步点地（图 3-21，视频 3-9）。

动作要领：一脚向侧迈一步，经两膝半蹲，随之身体重心移至一侧腿，另一腿伸直，脚尖或脚跟点地。

技术要点：重心移动明显，两膝有弹性地屈伸，上体不要扭转（髋向前）。

动作变化：左、右、前、后的迈步点地。

③ 迈步后屈腿（图 3-22，视频 3-10）。

动作要领：一脚迈出一步，另一腿后屈，然后向相反方向迈步。

技术要点：经过屈膝半蹲，支撑腿保持有弹性地屈伸，后屈腿的脚后跟靠近臀部。

动作变化：侧迈步后屈腿、前后移动后屈腿、转体后屈腿。

图 3-22　迈步后屈腿

视频 3-10　迈步后屈腿

④ 迈步吸腿（图 3-23，视频 3-11）。

一般描述：一脚向前迈出一步，另一腿屈膝抬起，然后还原。

技术要点：支撑腿保持屈膝弹动，大腿上抬超过水平，小腿自然下垂绷脚尖，上体保持正直。

动作变化：有前迈步吸腿、侧迈步吸腿和转体的迈步吸腿。

图 3-23　迈步吸腿

视频 3-11　迈步吸腿

⑤ 交叉步（图 3-24，视频 3-12）。

动作要领：一脚向侧迈一步，另一脚在其后交叉，随之一脚再向侧迈一步，另一脚并第一脚，屈膝点地。

技术要点：第一步脚跟先落地，身体重心快速随着脚步而移动，保持膝、踝关节的弹动。

动作变化：有转体的、加后屈的以及加小幅度跳的交叉步。

图 3-24　交叉步

视频 3-12　交叉步

（3）抬腿类。

一般描述：一腿站立，另一腿抬起的动作。

技术要点：该类动作要求支撑腿有控制地屈膝弹动，另一腿以各种形式抬起，同时收腹、立腰。

① 吸腿（图 3-25）。

动作要领：一腿屈膝站立，另一腿屈膝抬起，落下还原。

技术要点：支撑腿保持屈膝弹动，大腿上抬超过水平，小腿自然下垂，绷脚尖，上体保持正直。

动作变化：有原地、移动和转体的吸腿。

② 踢腿（图 3-26）。

动作要领：一腿稍屈膝站立，另一腿向前或向侧抬起，然后还原。

图 3-25　前吸腿

图 3-26　前踢腿

技术要点：抬起腿要有控制，保持上体正直。主力腿脚跟不能离地，膝关节微屈缓冲。踢腿的幅度应根据自身条件，避免受伤。

动作变化：有原地、移动和转体的踢腿，有向前的、向侧的、向后的踢腿。

③ 摆腿（图 3-27）。

动作要领：一腿稍屈膝站立，另一腿稍抬起，向侧方向摆腿，然后还原。

技术要点：摆腿时要有控制，上体保持正直，腿抬起时幅度不要过大，且要有控制。

动作变化：有原位的摆腿；移动的摆腿；转体的摆腿，有向侧、向前、向斜前方的摆腿。

④ 弹踢腿（图 3-28）。

动作要领：一腿站立，另一腿先向后屈，再向前下方弹踢，还原。

技术要点：腿弹时要有控制，两膝之间要靠拢，弹踢腿的脚尖要绷直，上体保持正直。

动作变化：原地的弹踢、转体的弹踢、移动的弹踢，向前、向侧或向斜方向的弹踢。

图 3-27　侧摆腿

图 3-28　弹踢腿

（4）点地类。

一般描述：此类动作两腿有弹性地屈伸，点地时，一腿屈膝，另一腿伸直。

技术要点：在整个动作过程中，膝盖要有弹性地屈伸，包括动作完毕时，两腿膝盖也应处于微屈状态，而不应过分伸直，以免破坏健美操特有的弹性。

动作变化：脚尖点地、脚跟点地。方向有前点、侧点、后点。

① 脚尖点地（图 3-29，视频 3-13）。

动作要领：一腿稍屈膝站立，另一腿伸出（屈膝或伸直），脚尖点地，然后还原到并腿姿势。

技术要点：两腿有弹性地屈伸；点地时，身体重心始终在主力腿。

动作变化：有脚尖向前、侧、后、斜方向的点地。

前点　侧点　后点

图 3-29　脚尖点地

视频 3-13　脚尖、脚跟点地

② 脚跟点地（图 3-30，视频 3-13）。

一般描述：一腿稍屈膝站立，另一腿伸出，脚跟点地，然后还原到并腿姿势。只可做向前和向侧的脚跟点地。

技术要点：两腿有弹性地屈伸；点地时，身体重心始终在主力腿。

动作变化：脚跟前点地、脚跟侧点地。

脚跟前点地

图 3-30

2. 高冲击步伐

（1）交替类。

① 后踢腿跑（图 3-31，视频 3-14）。

动作要领：两脚依次经过腾空后，一脚落地缓冲，另一腿小腿后屈，两臂前后自然摆动。

技术要点：膝、踝关节有弹动地缓冲，落地时由前脚掌过渡到全脚掌着地。

动作变化：原地跑、向前跑、向后跑、弧线跑、转体跑。

图 3-31　弹踢腿跳

视频 3-14　后踢腿跑

图 3-32　并步跳

视频 3-15　并步跳

（2）迈步类。

① 并步跳（图 3-32，视频 3-15）。

动作要领：以右脚起步为例。右脚迈出，随之蹬地跳起，左脚并右脚，并腿落地。

技术要点：身体重心随身体迅速移动，落地时注意缓冲。

动作变化：向前并步跳、向后并步跳、向侧并步跳。

② 小马跳（图 3-33，视频 3-16）。

动作要领：左脚蹬地跳起，同时右脚向侧迈步落地，随之左脚并右脚点地，接着右脚在原地跳一次，左脚尖点地一次，随后反方向做，动作相同，方向相反。

技术要点：两脚轻快蹬落地，身体重心随之平稳移动，注意膝和踝的弹动。

动作变化：原地、前后、左右、转体的小马跳。

图 3-33　小马跳

视频 3-16　小马跳

图 3-34　迈步侧吸腿跳

③ 迈步吸腿跳（图 3-34）。

动作要领：右脚向前迈出一步，之后身体重心跟进，同时左腿抬起至 90° 时，两脚起跳。

技术要点：跳起时，上体保持正直，收腹立腰。

动作变化：前后、左右、转体的迈步吸腿跳。

④ 迈步后屈腿跳（图 3-35）。

动作要领：一脚向侧迈出一步，另一腿向后屈膝，同时两脚起跳，缓冲落地。

技术要点：两脚起跳时，屈膝腿脚尖绷直，落地时，两腿膝关节微屈，不宜伸直。

动作变化：前后、左右、转体的迈步后屈腿跳。

图 3-35　迈步后屈腿跳

图 3-36　交叉步跳

⑤ 交叉步跳（图 3-36，视频 3-17）。

动作要领：一脚向侧迈一步，另一脚在其后交叉，随之第一脚再向侧迈一步，另一脚并拢同时两脚轻轻跳起，落地屈膝缓冲。

技术要点：第一步脚跟先落地，身体重心快速随着脚步移动而移动，保持膝、踝关节的弹动。

动作变化：前后、左右的交叉步跳。

视频 3-17　交叉步跳

（3）抬腿类。

① 吸腿跳（图 3-37，视频 3-18）。

动作要领：一腿向上跳起，另一腿屈膝抬起，落下还原。

技术要点：支撑腿保持屈膝弹动，大腿上抬至水平，上体保持正直，注意身体的稳定性。

动作变化：向前吸腿跳、向侧吸腿跳、向前侧吸腿跳、转体吸腿跳。

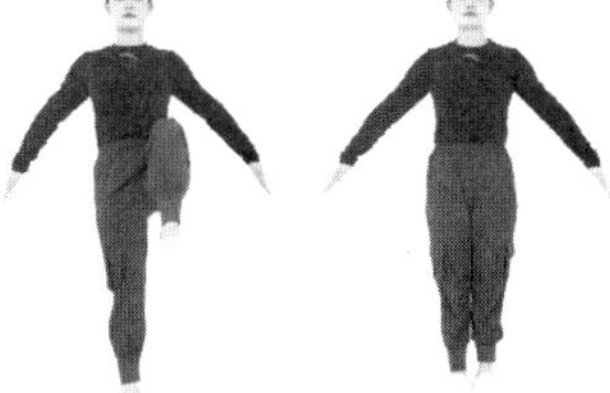

图 3-37　吸腿跳

视频 3-18　吸腿跳

② 摆腿跳（图 3-38）。

动作要领：一腿向上跳起，另一腿稍抬起，向侧方向摆腿，落地时两腿屈膝缓冲。

技术要点：保持上体正直。支撑腿屈膝缓冲，摆动腿抬起时幅度不要过大，且要有控制。

动作变化：向前摆腿跳、向侧摆腿跳。

图 3-38 侧摆腿跳

图 3-39 踢腿跳

视频 3-19 踢腿跳

③ 踢腿跳（图 3-39，视频 3-19）。

动作要领：一脚蹬地跳起，另一腿伸直向前或向侧抬起，然后还原。

技术要点：抬起腿不需很高，但要有控制，保持上体正直。

动作变化：原地的踢腿跳、移动的踢腿跳和转体的踢腿跳。

踢腿方向：向前踢腿跳、向侧踢腿跳、向前侧踢腿跳。

④ 弹踢腿跳（图 3-40，视频 3-20）。

动作要领：两脚跳起，一腿落地，另一腿的小腿经后屈向前踢伸直。

技术要点：腿弹出时要有控制，保持上体正直。

图 3-40 弹踢腿跳

视频 3-20 弹踢腿跳

图 3-41 后屈腿跳

动作变化：原地的弹踢腿跳、移动弹踢腿跳和转体弹踢腿跳。

方向：向前弹踢腿跳、向侧弹踢腿跳、向前侧弹踢腿。

⑤ 后屈腿跳（图 3-41）。

动作要领：一腿跳起，另一腿向后屈膝，然后两腿交换依次完成。

技术要点：支撑腿保持弹性，两膝并拢，脚跟靠近臀部。屈膝腿的膝关节不宜超过支撑腿的膝关节，落地时注意缓冲。

动作变化：左右依次后屈腿跳、转体后屈腿跳。

（4）双腿类。

① 并腿跳。

动作要领：两腿并拢跳起，然后落地屈膝缓冲有控制。

技术要点：起跳时两脚同时用力，落地缓冲有控制。

动作变化：原地并腿跳、移动的并腿跳。

方向：向前并腿跳、向侧并腿跳、向后并腿跳。

② 开合跳（图 3-42，视频 3-21）。

动作要领：由并腿跳起，分腿落地屈膝缓冲，然后再由分腿跳起，并腿落地。

技术要点：分腿屈膝蹲时，两脚自然外开，膝关节沿脚尖方向屈，膝关节夹角不小于 90°，脚跟落地，动作要起伏、连贯、有弹性。

动作变化：原地开合跳、移动开合跳、转体开合跳。

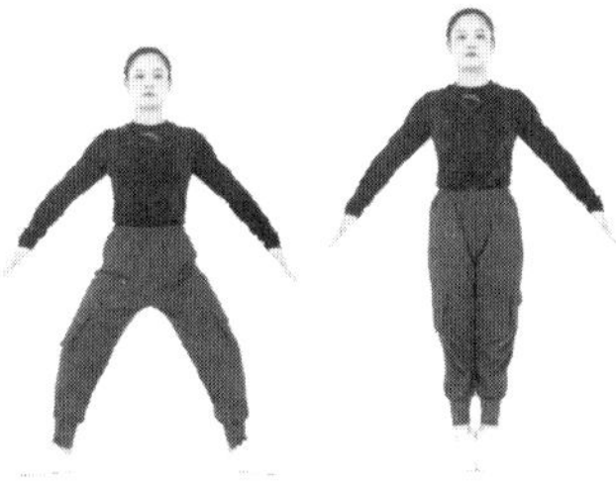

图 3-42　开合跳

视频 3-21　开合跳

图 3-43　弓步跳

视频 3-22　弓步跳

③ 弓步跳（图 3-43，视频 3-22）。

动作要领：并腿向上跳起，前后成分腿姿势落地，接着再向上跳起，并腿落地。

技术要点：落地时，膝关节有弹性地缓冲，分腿落地时双脚尖都朝前方，并且基本都在一条线上。

动作变化：前后弓步跳、侧弓步跳。

④ 分腿半蹲跳（图 3-44）。

动作要领：分腿站立屈膝半蹲（分开稍大于肩或与肩同宽），脚尖稍外开，向上跳起，分腿落地屈膝缓冲。

技术要点：屈膝半蹲时，膝关节角度不小于 90°，膝关节对准脚尖方向，在空中时注意身体的控制。

动作变化：原地的分腿跳、转体的分腿跳。

图 3-44　分腿半蹲跳

3. 无冲击步法

（1）双腿类。

一般描述：这类动作两腿始终接触地面，并且两脚始终并拢，脚尖朝前。

技术要点：膝关节有弹性地屈伸，把握好弹动的技术。

① 膝弹动（图 3-45）。

动作要领：两腿并拢，膝关节有弹性地屈伸。

技术要点：膝关节由弯曲到还原，还原时膝关节应处于微屈状态。

② 踝弹动（图 3-46）。

动作要领：两腿伸直或屈膝，踝关节有弹性地屈伸。

技术要点：脚尖或脚跟抬起时，保持身体的稳定性和踝关节的弹性。

图 3-45　膝弹动

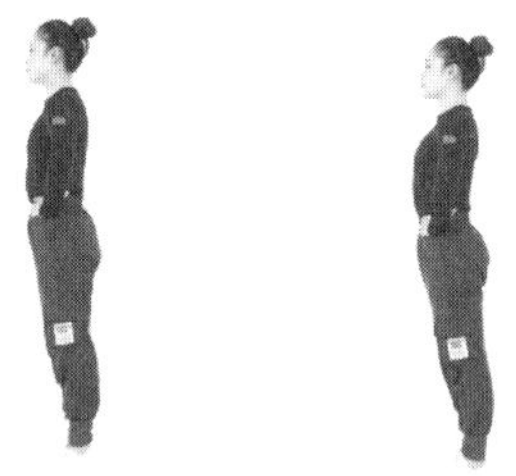

图 3-46　踝弹动

（2）分腿类。

一般描述：这类动作是指两腿分开，膝关节有弹性地屈伸。

技术要点：膝关节屈伸要有较好的弹性，重心移动要平稳自如。

① 半蹲（图 3-47）。

动作要领：两腿有控制地屈伸。可分为并腿半蹲和分腿半蹲。

技术要点：分腿半蹲时，两腿左右分开稍大于肩，脚尖稍外开，膝关节角度不得小于 90°，膝关节对准脚尖方向，臀部向后 45°方向下蹲，上体保持正直。

动作变化：并腿半蹲、迈步半蹲、迈步转体半蹲；向侧一次；向侧两次。

方向：向侧（左右）。

② 弓步（图 3-48）。

动作要领：两腿前后分开约一大步，一腿屈膝，另一腿伸直的姿势。

技术要点：弓步时，重心在两脚之间，前腿膝关节弯曲不能超过 90°，膝关节不能超过脚尖。

动作变化：有前弓步；向侧伸弓步；后撤弓步。

图 3-47　半蹲

图 3-48　弓步

图 3-49　移重心

③ 移重心（图 3-49）。

动作要领：由两腿开立经屈膝半蹲后，身体向右侧（或左侧）移动重心，然后两腿伸直，右腿站立，左脚尖侧点地。

技术要点：身体重心的移动要保持平稳。

动作变化：有原位的移重心；移动的移重心；转体的移重心。

移重心方向：有向前、后、左、右的移重心。

二、下肢肌肉拉伸

下肢的主要肌群有股四头肌、股二头肌和腓肠肌等。

1. 股四头肌拉伸（图 3-50）

动作描述：单腿站立，另一腿的小腿后屈，用同侧手抓同侧脚的脚踝，两膝并拢，背挺直。

两脚前后平行站立，重心在两脚之间，半蹲，髋关节后倾。

2. 股二头肌拉伸（图 3-51）

动作描述：一腿屈膝站立，一腿勾脚尖前点地，上体前倾，背挺直，注意屈腿的膝关节不超出脚尖。

3. 腓肠肌拉伸（图 3-52）

动作描述：弓步站立，两脚前后平行张力，两脚尖向前、后面的腿用力后蹬，脚后跟落地，上体前倾与后腿成一条直线。

图 3-50　股四头肌拉伸

图 3-51　股二头肌拉伸

图 3-52　腓肠肌拉伸

三、下肢力量练习

下肢力量的强弱对完成健美操有极其重要的作用，为了发展臀大肌、股四头肌、股二头肌、腓肠肌等，可以做蹲起、提踵和摆腿动作。

（1）蹲起。

动作描述：下蹲，髋关节屈，股四头肌收缩，站起时髋关节伸，股二头肌和臀大肌收缩。

① 分腿蹲起（图 3-53）：左右分腿站立，两脚平行，屈膝下蹲，臀部坐向后方，

膝关节对准脚尖，但不要超过脚尖，蹲起要匀速；下蹲时髋关节屈，股四头肌收缩，站起时髋关节伸展，股二头肌和臀大肌收缩。

② 箭步蹲起（图 3-54）：前后分腿站立，两脚平行，重心在两脚之间，垂直下蹲，注意下蹲时膝关节不要超过脚尖，蹲起要匀速；下蹲时髋关节屈，股四头肌收缩，站起时髋关节伸展，股二头肌和臀大肌收缩。

图 3-53　分腿蹲起

图 3-54　箭步蹲起

（2）提踵（图 3-55）。

动作描述：前弓步站立，脚尖向前，重心在两脚之间，固定身体，后腿做单腿的提踵，腓肠肌收缩。单脚或双脚站立，脚跟提起，腓肠肌收缩。

（3）摆腿（图 3-56）。

动作描述：身体相对固定，一侧关节外展，腿部外侧肌肉收缩。

侧摆腿：站立或侧卧，一腿固定，一侧髋关节外展，大腿外侧肌肉收缩。注意侧卧时支撑肘关节一定放在肩关节处。

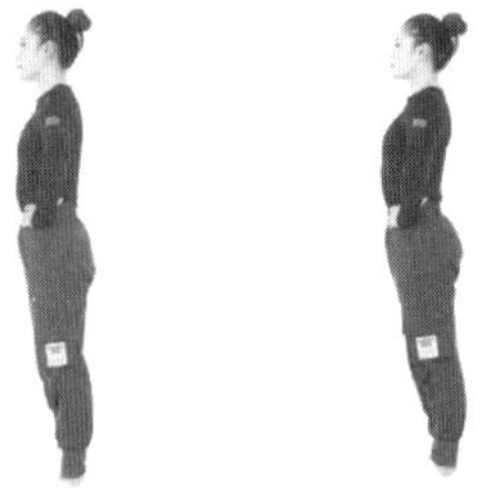

图 3-55　提踵

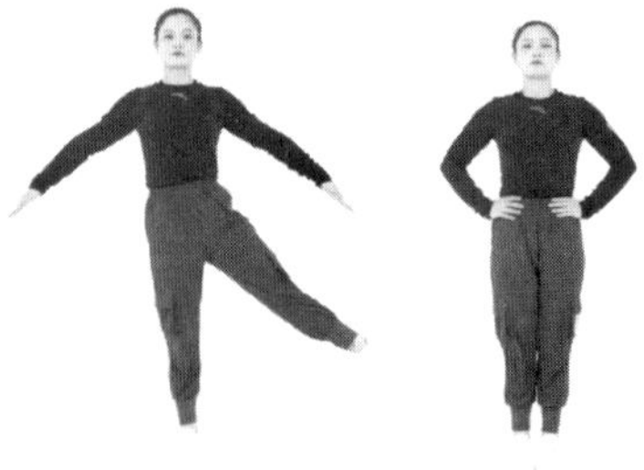

图 3-56　摆腿

第四节　健美操基本技术

健美操的基本技术主要有弹动技术、身体控制技术、半蹲技术和落地技术等，掌握这些技术不仅可以使动作更美观，还可以预防运动损伤的发生。

一、弹动技术

健美操的弹动技术是健美操最重要的基本技术之一，体现了健美操的最基本特征。健美操的弹动技术主要依靠踝关节、膝关节、髋关节由下至上的缓冲实现，其主要作用是减少运动对关节及内脏器官的冲击力，从而减少运动对人体造成的损伤。在关节屈伸的过程中，腿部的肌肉要协调用力才能有效防止损伤，并产生流畅的弹动动作。所以，要完成这个技术动作就要提高踝关节的缓冲能力，即提高踝关节的力量。一方面，可以通过提踵练习来提高踝关节的屈伸能力，即双脚并拢，反复上提和下落脚后跟，这样可以提高踝关节的缓冲能力；另一方面，可以通过半蹲练习提高膝关节和踝关节的屈伸能力，具体做法是双脚分开、半蹲、髋关节稍屈。在提高踝关节缓冲能力的同时，还应加强相应肌肉的协调用力能力，这样才能使整个弹动技术流畅。

二、身体控制技术

（一）身体姿态的控制

健美操的身体姿态是根据现代人的人体与行为美的标准而建立的。正确的身体姿态是身体自然挺拔，头部稍稍昂起，颈椎、胸椎、腰椎处于正常生理曲线的位置，腰腹和背部肌肉始终保持收缩，这样可避免因腰腹部位的摆动和无控制而可能引起的腰部损伤。四肢的位置根据具体的动作要求和练习者的具体情况而定，但无论肢体的位置如何变化都应有所控制，避免“过伸”，尤其是无控制的“过伸”，这是造成运动损伤的重要原因。总之，健美操练习过程中的身体姿态取决于肌肉用力的感觉和强度，总的动作感觉应该是有控制但不僵硬，松弛而不松懈。

（二）操化动作的控制

操化动作的控制是指操化动作的肌肉发力与控制。健美操的每一个操化动作都应该有清楚的开始与结束：动作开始时位置准确；动作过程中肌肉用力使动作产生加速运动，但不要用力过猛，以免使肌肉僵硬；结束时有明显的停顿。肌肉收缩不要求完全强直收缩，只要有控制即可。

三、半蹲技术

半蹲技术对健美操动作的完成有重要影响。在健美操练习的过程中，许多动作都需要有半蹲，因为无论是落地技术、缓冲技术还是弹动技术，实际上都是和半蹲动作联系在一起的。一些常用的力量练习动作，如分腿半蹲、弓步等，也和半蹲动作有很大的关系。

半蹲时，身体重心下降，臀部向后下 45° 方向用力，膝关节不应超过脚尖，腰腹、臀部和大腿肌肉收缩，上体保持正直，重心在两腿之间，起落要有控制。分腿半蹲时，脚尖自然外开，应特别注意膝关节弯屈的方向要与脚尖的方向一致，保持自然关节的正确位置，避免脚尖或膝关节内扣或过度外开，以及膝关节角度小于90°的深蹲。

半蹲又有宽蹲和窄蹲之分。宽蹲是指两腿开度大于肩宽。在有氧操练习中，分腿半蹲一般采取宽蹲的姿势。窄蹲是指两腿开度同肩宽。在轻器械操练习中，尤其是在负重的情况下，一般都采用窄蹲的姿势。之所以会有这一差别，主要是因为宽蹲有助于加大动作幅度，能有效提高运动负荷和无负重状态下的练习效果，而且动作也更好看、更流畅；而窄蹲则更有利于负重，能有效提高负重状态下的练习效果，同时还可避免运动损伤。

四、落地技术

健身性健美操中的高冲力动作对人体产生的冲击力很大，容易使关节、肌肉受到损伤，因此落地技术的正确与否很重要。

落地技术是一种滚动技术，即脚后跟先着地，然后过渡到全脚掌着地；或前脚掌先着地，再过渡到全脚掌着地，紧接着屈膝—屈髋缓冲，从而使冲击力减小。这个技术的最后环节是全脚掌着地，这是因为，如果脚后跟长时间不着地，容易使小腿的肌肉负担过重而产生疲劳，严重时会引起肌肉过度疲劳或拉伤，甚至导致胫骨或腓骨骨膜炎。

【思考题】

1. 请列出5个交替类基本步伐。
2. 请列出5个高冲击类基本步伐。
3. 简述V字步的技术要点。
4. 简述迈步后屈腿的技术要点。
5. 简述健美操的基本技术。

第四章 健美操教学

【内容提要】

本章主要介绍体育教学原则在健美操教学中的运用、健美操的教学方法及健美操教学能力的培养。

【教学目标】

了解体育教学原则在健美操教学中的运用，学习并掌握健美操的教学方法，熟悉健美操教学能力培养的途径，以及提高健美操技能的训练方法。

第一节 体育教学原则在健美操教学中的运用

体育教学原则是体育教师经过长期教学实践积累起来的具有普遍意义的经验总结和概括，它是体育教学客观规律的反映，也是健美操教师在教学过程中必须遵守的基本原则。但原则也不是一成不变的，它会随着体育科学的进步和体育运动技术教育水平的提高不断完善。在健美操教学中，根据该项目运动的特点，正确选择和运用体育教学原则，对进一步明确健美操的教学目的和要求，运用科学的教学方法，完成健美操课的任务，提高教学质量，具有重要意义。

一、教师主导作用与学生主体作用相结合原则

健美操的教学过程是健美操教师与学生结合成整体的双边活动，师生双方必须摆正位置。这样才能调动教师与学生的主动性和积极性，提高健美操教学的效果。其中健美操教师主导作用和积极性的发挥更为重要。只有充分发挥健美操教师的主导作用，才能通过教师的教育、教学和积极的引导、启发，使学生充分发挥主体作

用，自觉、主动地进行健美操学习。可以说，健美操教师与学生的积极性发挥既是独立的，又是相互依存、相互促进和相互影响的，双方共同推进健美操运动的发展。

健美操教师要真正发挥主导作用，就要彻底转变学生只是被动接受者的观念，激发学生自主学习的潜能，既要放手让学生主动去学、去发展，又要有目的、有计划地对健美操教学活动进行调控，指导学生顺利地掌握健美操相关知识、发展自我。总之，在健美操课堂教学中，无论采用哪种教学模式，健美操教师作为主导者，要为学生服务，因材施教，因势利导。具体而言，健美操教师的主导应该是“传道”时指方向，“授业”时教方法，“解惑”时引思路。要贯彻此教学原则应做到以下几点。

1. 教师要有高度的责任感

健美操教师要热爱教育，热爱学生，热爱本职工作，要忠于职守，尽职尽责，教书育人。健美操教师要以严格认真、情切内心的教态和有条理的教学组织，以丰富的知识去启发、诱导和教育学生，并通过向学生讲解健美操的基本概念、内容、特点、学习方法、健身价值，开展这项活动的重要意义等，使学生热爱健美操运动。健美操教师要启发学生感知健美操的形体美、姿态美、动作美、音乐美、素质美及创造美，不断激发学生学习健美操的自觉性和积极性，为自己而学习与锻炼。

2. 教师要全面了解学生情况，做到因人而异、因材施教

健美操教师要不断深入了解学生的身体健康状况及素质情况、个性特征和学习情绪变化等，及时与学生沟通和交流，激发学生学习的积极性和求知欲望，根据学生学习的能力、心理等个性特点，在健美操教学中熟练地运用各种教学方法因材施教，使学生顺利地完成学习任务并达成健美操教学目标。

3. 教师要精通业务，精心指导

健美操教师不仅要深入分析与研究学生的培养目标和健美操教学大纲，从学生实际出发，确定健美操教学内容的量度和深度，钻研教材教法，精心指导学生的学习与锻炼，还要及时了解本专业最新研究成果和发展趋势，使健美操教学内容始终适应社会的需求与发展。健美操教师要有学而不厌、诲人不倦的精神，不断以新的知识充实和丰富自己，不断把新的科学技术成果运用到自己的健美操教学实践中，尽量做到科学化、现代化。健美操教师在精心指导学生的学习与锻炼时，要善于发现学生在学习中表现出的独创精神，并给予积极的鼓励和培养；要善于启发学生的创新思维，强化学生的创新意识，培养学生的创造力，以不断提高健美操教学质量。

4. 教师要努力钻研与创新教学方法

健美操教师要深入研究教学方法，因为教学方法的选择与运用直接影响学生学习的积极性及其效率。在健美操教学中，教师要善于抓住学生学习的难点，及时采取有效的教学方法，帮助学生在短时间内突破难点，顺利地完成学习任务。这将进一步提高教师的威信，增强学生学习的信心和勇气，更好地激发学生学习的兴趣。

健美操教师必须深入研究，不断创新出科学、高效的教学方法，以不断提高健美操教学的效果。

5. 教师要客观、准确、公正地评价学生

在教学过程中，健美操教师对学生的学习行为要客观、准确、公正地给予评价，使学生能正确认识自我，积极表现自我。学生在健美操学习过程中的各种表现，教师要全面观察，收入眼底，好的行为要表扬，不良的行为要制止、要批评。当学生完成技术动作后，教师要及时反馈信息，给予正确的评价，并提出改进与努力的方面，使学生了解自身掌握技术动作的情况。健美操教师只有客观、准确、公正地评价学生，才是尊重学生，也才能使学生尊重教师。

6. 教师要营造民主的课堂气氛

研究表明，良好的教育环境对人的成长十分重要，而封闭、压制、过分强调权威的环境，必然导致学生个性的退化、思维能力的僵化，对学生创新能力的培养十分不利。健美操教师在教学过程中要积极营造民主平等的教学环境，这对学生的学习、锻炼及创新有无形的推动作用。学生在这种环境中坦诚交流，发表观点，积极寻找解决问题的途径，有利于充分发挥学生的主体性，活跃健美操教学氛围，并能起到互帮互学、相互促进、共同进步及教学相长的作用。因此，健美操教师在进行课堂设计时，应努力创设师生间的和谐气氛，建立起师生平等对话、共同探究、相互合作的课堂关系，让学生自由发挥想象和联想，表达对问题的不同看法，进行研讨等。

7. 教师要注重仪表

教师应是学生学习的楷模，在平时或健美操教学过程中，健美操教师应注重自身的仪表及教态，应以“美”为准则，使自己的言行和仪表给学生以直观的美的感受。如饱满的情绪、整洁得体的运动服装、优美准确的动作示范，高雅的谈吐、大方的举止、为人师表的楷模风范等，都可以促进学生的学习，提高学生的学习兴趣。

二、直观感受与思维相结合原则

健美操动作内容丰富，变化多样，对初学者而言有一定的难度。对学生而言，认识、理解和体会学习健美操动作的最佳途径是直观感受，即通过视觉、听觉、触觉和肌肉本体感觉来感知所学动作的技术。在健美操教学过程中，教师要充分贯彻直观性原则，尽可能地利用学生的各种感官，让他们去感知动作，并让学生利用已有的经验进行积极的思维，以建立正确的动作概念，尽快学习与掌握所学内容，然后，通过实际练习，逐步掌握动作，形成动作技能。教师可以通过动作示范、录像、简图结合生动形象的语言来促进学生积极思维，使直观感受与思维相结合，以利于学生更全面、生动、清晰地理解动作概念、动作做法等。直观感受与思维相结合是健美操教学必须遵循的重要原则。贯彻此原则应做到以下几点：

1. 教师的示范动作是最生动的直观教学

“百闻不如一见”，这句话说明了直观教学的重要性。准确、优美的动作示范是健美操教师进行健美操教学时最能调动和激发学生自觉投入学习的重要方法。因此，健美操教师示范动作应力求准确、优美、规范、有幅度和力度，富有表现力。动作示范可以使学生在课堂上直接感受动作的生动形象，对建立正确概念、强化动作要领、迅速掌握动作技术有十分重要的意义。当然，健美操教师还要注意其示范面，必须让学生看得全面、清楚和生动。

2. 教师生动形象的讲解具有直观作用

讲解是健美操教学中最主要、最普遍的教学形式，生动形象的讲解能起到直观作用。学生学习技术动作时，不能完全依靠观察，还需要教师生动、简明、形象的讲解及提示。教师生动形象的讲解语言，不仅能加深学生对学习内容的理解，还能使学生进一步明确动作要领及要求。

3. 教师的讲解和示范利于学生建立动作的正确表象和概念

示范只能使学生看清楚教学动作的表象，而难以看透其动作的内部系统及其相互关系，只有借助教师生动形象的讲解，学生才能全面理解动作。再通过反复的实际练习，通过肌肉本体感觉来感知正确要领、肌肉用力的程度和方法，以及动作的节奏感等，从而对技术动作建立起正确的印象、概念和正确的肌肉本体感觉。

4. 教师要启发学生进行积极思维

在健美操教学中，教师要善于启发学生进行积极思维、独立思考，促进学生仔细观察，再进一步提高其思维质量，从而发展他们的想象力和独创精神。教师要让学生知道看什么、听什么、做什么，以及如何看、如何理解、如何做等。健美操教师要善于启发引导学生通过对动作的比较分析，加深对动作技术、动作各部分之间、动作与动作之间的联系和理解，区分正确动作与错误动作的界限，以更好地掌握健美操运动技术，进而能举一反三，触类旁通。

三、循序渐进原则

循序渐进原则要求在教学实践中，健美操教师根据学生认知活动的特点、人体机能活动与动作技能形成的规律，正确地安排健美操教学的进度、内容、方式和运动负荷，使学生能够系统地学习和迅速掌握健美操动作技能。贯彻此原则应做到以下几点：

1. 健美操教材安排应由易到难、由简到繁

健美操教材安排应由易到难、由简到繁，由单个动作到组合动作，最后到成套动作。安排健美操各类动作练习时，应前后衔接、承前启后，逐步提高。在学生掌握一个动作后就要发展、变化、加难，同时也要考虑各类动作之间的横向联系，使先学习的内容成为后学习内容的基础，不断加大学习内容的深度和难度。另外，还

要考虑各类动作之间的互相促进、动作技能的转移和身体素质的转移等因素，使健美操教学内容具有系统性、科学性和渐进性。

2. 健美操教学步骤由少到多、由简到难

健美操教学步骤一般由少到多、由简到难，由原地站位到移动，由脚步移动动作到配合手臂或躯干动作，由单个动作到组合动作再到成套动作，音乐的伴奏也由慢节奏到正常节奏，是一个循序渐进的过程。只有循序渐进，才能使学生易于学习与掌握，才能起到事半功倍的作用。

3. 对能力培养应循序渐进

在健美操教学中，教师要加强对学生各种能力的培养，就必须循序渐进，将各种能力的培养贯穿在整个健美操教学过程之中，使学生在学习和掌握动作技术、技能的同时，各种能力也逐步得到相应培养及发展。如学生单个动作教学的能力、记写组合与成套动作的能力、创编组合动作及成套动作的能力、组织竞赛与裁判的能力、全课教学组织的能力等的培养均应有计划地、循序渐进地安排在健美操课程教学之中。这些都有利于培养学生终身健美操锻炼的综合能力。

四、一般要求与区别对待相结合原则

一般要求与区别对待相结合原则是指，健美操教师在教学实践中，根据学生的身体素质和技术水平及客观条件，按照健美操教学大纲、教学计划恰当地安排健美操教学。贯彻此原则应做到以下几点：

（1）健美操教学的内容、任务和要求应符合大多数学生的实际水平，使他们都能接受，同时要采用普适性的教学方法，使广大学生都能顺利地、尽快地学习与掌握健美操教学内容并达到教学目标。

（2）教师要在一般要求的基础上区别对待、因材施教。在健美操教学中，由于身体素质、运动技能、心理素质等各不相同，总有少数接受能力强、学习快的学生，也有少数学习差、接受能力慢的学生，这就要求教师实施区别对待、因材施教，应针对不同学生的具体情况，进行个别性指导，既要使好的学生超越一般学生的学习，又要使差的学生不泄气，踏踏实实地向前进步。要充分调动学生的学习积极性，特别对基础较差、掌握动作较慢的学生，要提出切合实际的要求，加强基础训练，布置课外作业，加强个别指导，积极鼓励其努力完成学习任务。

（3）为了更好地贯彻落实一般要求与区别对待相结合的原则，可根据学生的接受能力、技术水平进行分组教学，以利于全体学生的整体学习与进步。

五、身体全面发展原则

健美操教学要贯彻学生身体全面发展的原则。人体各部位及各器官系统的机能之间、各种身体素质之间是相互联系、相互制约的，健美操教学要对学生身体的全面均衡发展产生积极的影响。因此，在健美操教学中应重视学生身体的全面发展，以促进其掌握各种动作技术，保证健美操教学任务的顺利完成。贯彻此原则应做到以下几点：

（1）在制订健美操教学计划时，各类教材的搭配应均衡、全面，使学生身体得到全面发展。

（2）在安排每次健美操教学课的内容时，应考虑到动作的性质、形式、运动负荷及对身体素质等的作用，使身体各部位及各种素质得到全面发展。如在原地动作后面再安排移动动作，在步伐动作后面安排头部、手臂及躯干动作等。

（3）考核项目和内容的确定，要全面衡量身体发展的因素，以及学生能力的培养，使学生通过考核来认识自己的身体机能及全面锻炼情况，促进其自我评价能力的提升，激发其自我锻炼的意识，为养成终身锻炼的习惯奠定基础。

六、巩固和提高相结合原则

巩固与提高相结合原则是根据运动技能形成的规律提出来的，健美操教学也必须遵循这一原则。学生所学到的健美操技术和技能只有通过不断巩固和提高，使其进一步完善和深化，在大脑皮层中建立牢固的动力定型，才能在实践中运用自如。学生能否牢固地掌握健美操理论知识、技术和技能，是衡量健美操教学质量高低的客观标准。为此，贯彻此原则应做到以下几点：

（1）每次上健美操课都要安排一定的时间和次数，复习前次课已学过的有关内容。因为复习巩固已学过的内容是学习新内容的基础，“温故”才能“知新”。同时，复习巩固已学过的内容也是改进动作、提高动作质量、强化动作技能的关键。因此，教师要尽可能精讲多练，只有抓住主要问题进行精细化讲解，才能保证学生多练。

（2）反复练习不能长时间地停留在原有的动作和水平上，因为那样做学生容易产生厌烦情绪。健美操教师应通过改变练习的条件等，不断给予学生新的刺激，以保持学生的学习热情。如可通过改变音乐节奏、改变做操方向、改变组织形式等，复习巩固已掌握的动作技术，提高运动技能。

（3）健美操是以组合或成套动作为表现形式，并用评分来衡量动作质量效果的项目。为此，对已掌握的动作，必须要求学生不断予以完善。如手臂动作尽量要规范、幅度要大，要提高动作的表现力。只有不断提出要求、提高要求，促使学生不断朝新的努力目标奋进，才能使动作质量不断提高。

（4）通过评定成绩、测验、表演和教学比赛等形式，不断巩固和提高所学技术动作的准确性、熟练性与优美性。

第二节　健美操的教学方法

健美操教学方法是健美操教师为使学生更快、更好地掌握健美操教学内容，完成教学任务，提高教学质量，所采用的方法和措施。由于健美操教学内容丰富、形式多样，学生在学习过程中，既要学习单个动作，又要掌握联合动作及成套动作，既要做到肢体动作协调，又要与音乐节奏相吻合，学生学习会有一定的难度，因此，健美操教学方法也应讲究多样化，每一种教学方法对完成教学任务都有它独特的作用，采用哪种方法及如何运用，应根据健美操教学任务、教学内容、学生的实际及场地设备等具体情况来决定。选用的教学方法是否正确，直接关系到健美操教学效果的好坏和教学质量的高低。健美操教学常用的教学方法有讲解法、示范法、带领法、提示法、完整与分解法、练习法、纠错法、记忆法、连接法、线性法等。

一、讲解法

讲解法是健美操教师向学生说明所学动作的名称、技术要点、做法及要求等，以指导学生进行练习的方法，是健美操教学中最主要、最普遍的一种方法。

采用此教法时应做到以下几点：

（1）讲解要有目的性。教师在讲解中应清楚地说明完成动作的技术要点、具体做法及要求等，围绕教学任务、内容，以及教学过程中学生存在的问题有目的地进行讲解。

（2）讲解要准确。健美操教师所讲的内容应准确、清楚，有逻辑性，即概念准确、清楚，言之有理，实事求是，并运用统一规范的健美操专业术语。

（3）讲解要简明扼要，通俗易懂，言简意赅。健美操教师讲解时应力求少而精，抓住关键，尽可能使用术语和口诀。

（4）要把握讲解的时机和效果。健美操教师的讲解可以在示范后进行，也可以边示范边讲解。讲解前要根据学生已有的知识经验来确定所需讲解内容的广度和深度，以使学生更好地理解和掌握技术。

（5）讲解的顺序要合理。讲解的顺序一般是，先讲下肢动作再讲上肢动作，最后讲躯干与头颈及手眼的配合。

（6）讲解要有启发性。在教学中，教师应力求用生动形象的语言唤起学生学习情绪和求知欲的高涨，启发学生的积极思维，使学生的听、看、想、练有机结合。

（7）讲解要有艺术性。健美操教师讲解时的普通话要标准，口齿应清晰，并要生动形象，富有趣味和感染力。这样才能加快学生对动作的理解，使其建立正确的动作概念。

（8）讲解要有节奏和鼓舞性。讲解的语言节奏即讲解语言的声强弱快慢应按特定的顺序和时间间隔交替进行。健美操教师讲解的语言应有激情，以激发学生练习的积极性。

二、示范法

示范法是健美操教师将自身完成的动作作为教学的动作范例，用以指导学生进行练习的方法。这是健美操教师在教学中最常用的一种直观的方法。它可以使学生了解所学动作的形象结构、技术要领和完成方法，便于学生建立正确的动作形象。

采用此教法时应做到以下几点：

（1）示范动作要准确、规范、轻松和优美。这样的示范有利于激发学生跃跃欲试的心理，使其产生练习兴趣，容易引领学生自觉积极地进行模仿，有鼓舞和动员的作用。健美操教师要不断提高示范动作的质量，做到准确、规范、轻松和优美。

（2）示范位置的选择要合适。示范讲究示范面或示范方向，在健美操教学中教师应根据操的结构采用不同的示范面。当动作是围绕人体前后轴运动或左右移动时，健美操教师应采用镜面或背面示范；当身体侧屈或侧移，同时两臂经肩侧屈上举等，或围绕身体左右轴运动时，健美操教师应做侧面示范；等等。健美操教师示范位置的选择要合理，要使全体学生都能一目了然，看清动作。如果学生人数多，则最好在高位置上进行示范。

（3）示范要有明确的目的性。健美操教师的示范要根据教学任务、步骤及学生的学习情况来确定。如新授教材，为了使学生建立完整的动作概念，教师一般可先做一次完整示范，然后结合教学要求做分解示范、重点示范、慢速示范、正常速度的示范等，或综合运用各种示范方式进行示范。

（4）示范与讲解相结合。教师在健美操教学中，只有把示范与讲解紧密结合起来，使两者的优点互补，并克服其缺点，才能获得最好的教学效果。

三、带领法

带领法是由健美操教师或优秀学生带领全体学生进行健美操练习的一种方法。常用于新授课的前一段时间教学或每次课的热身练习。简单的健美操动作由教师在队伍前带领学生做动作就可以实现练习的目的。复杂的健美操动作由于学生经常顾此失彼，记错或忘却，节与节之间的衔接经常难显清楚，这就需要教师在队伍前或最佳位置采用背面示范或镜面示范带领学生共同练习。

采用此教法时应做到以下几点：

（1）根据健美操动作的需要选择正确带领的示范面。结构较简单的动作一般选择镜面示范；身体有前后行进、转体变化或动作较复杂时，宜采用背面示范；身体有左右方向变化的动作时，应根据观察动作的需要，选择镜面或背面示范。

（2）在新授课上，教师常采用背面示范带领学生练习。

此法可使学生在身体部位、动作方法、动作路线、身体姿态等方面，较快地建立正确的动作概念和肌肉感觉（如果场地内配有镜子，效果会更好）。

（3）在复习课上，可由动作优美、成套动作熟练的学生进行镜面或背面示范，带领全班学生进行练习。这样做，一方面为学生树立榜样，有利于提高学生学习的自觉性和积极性；另一方面也可使教师有更多的时间和精力去发现并纠正个别学生的错误动作。

（4）采用镜面示范的比例应比背面示范高。这样有利于教师全面观察学生掌握动作的情况，便于与学生沟通，有利于控制学生的学习进程。

（5）教师在领做动作时，除示范动作必须做得一丝不苟外，还要与手势、口令、语言等提示方法紧密结合，以达到最佳的教学效果。

四、提示法

提示法是教师以提示的方式指导学生进行练习的一种方法。提示可以是语言的，也可以是非语言的。

1. 语言提示法

语言提示法是指用简短的语言或口令，以提示的方式指导学生进行练习的一种有效的教学方法。采用此教法时应做到以下几点：

（1）要用正确、恰当、简练的语言或口令来提示动作的节奏，提醒动作的连续或评定动作的质量，或在容易出现错误的地方及早给予提醒。教师的语言或口令要声音洪亮、发音准确、声调恰当。

（2）提示的语言或口令要有号召性和鼓励性。教师生动而带有鼓励性的口令，可以活跃课堂气氛，调动学生的情绪，使学生在愉快、轻松的心境下学习健美操，激发学生学习的自信心。

（3）提示的语言或口令要密切配合音乐的节奏。教师的提示语言要符合音乐和动作的特点，使之融为一体。在学生学练健美操动作时，教师经常采用边数拍边提示动作的方法，如提示身体姿势时，可呼“1、2、3、4、两、臂、伸、直”；提示动作方向时，可呼“1、2、向、前、5、6、向、后”；提示动作速度时，可呼“5、6、加、快”；若更换动作，可呼“5、6、踏、步”；要求连续进行时，可呼“5、6、再、做”；要求停止练习时，可呼“5、6、7、停”；等等。教师的提示应有一定的“提前量”，给学生一定的反应时间，一般应根据需要提前 4 拍或 2 拍做出。

（4）在引导学生完成动作的同时，要对其动作给予纠正和恰当的评定。在给予信息时语言要简短准确，必须根据练习特点和中枢的反应速度，给出“腿伸直”“臂上举”等信息。教师在学生易出错的地方及早给予提示，对纠正动作有较好的效果。

2. 手势提示法

手势是身体语言的一种。在健美操教学中，教师运用各种手势指导学生完成练习的方法就是手势提示法。其特点是直观、简单、明了，有利于学生连贯完成动作。手势提示方法主要运用于组合动作和成套动作的复习与巩固阶段。教师通过手势指导，提示学生按顺序、方向、要点完成动作，保证学生能将整套动作连贯、完整地完成。常用的提示手语如图（图 4-1）所示。

图 4-1　常用提示手语

运用手势提示法时应做到以下几点：

（1）在健美操教学中，教师手势的运用要果断，要有明确的目的性，对于将要做出什么样的手势，应做到心中有数，要让学生容易明了。

（2）教师运用手势时，要注意时机和效果。在上一个动作没有结束之前，即7~8拍时就应该将下一个动作的要点方向及时地用手势表示出来，帮助学生准确理解并完成动作。

（3）教师应掌握学生完成动作的情况，在易出现问题的地方，提前向学生发出准确信号，如击掌或口头提示等，以引起学生注意，然后给予手势提示。

五、完整法与分解法

1. 完整法

完整法即对健美操的单个动作或成套动作完整地进行教学的方法。这种方法不破坏动作结构，不割裂动作各部分或动作之间的内在联系，所以掌握的速度比较快，但是这种方法仅适用于简单动作或少节拍动作的教学。

2. 分解法

分解法适用于健美操单个的复杂动作、组合或成套动作的教学。具体做法是，把健美操中结构比较复杂的动作、组合或成套动作，按动作技术环节合理地分解成几个局部动作分别进行教学。对于整套操，可以从基本动作练习到单个动作练习再到组合动作练习、整套动作练习循序进行，最终掌握整套健美操，实现教学目的。用这种方法应注意时间不宜过久，同时应与完整法结合运用，以加深学生的记忆。

采用此教法时应做到以下几点：

（1）通常在教学结构简单的动作时采用完整教学法。

（2）在教学较为复杂的动作时，可采用慢速完整练习的方法。等学生建立了动作概念之后，再按正常速度进行完整练习。

（3）对于协调性很高的复杂动作，往往先把它分解成几个局部动作分别进行教学，等学生基本上掌握了分解动作之后，再进行完整动作的教学。如可以把健美操的动作教学分解成先学下肢动作，再学上肢动作，然后练习上下肢配合动作，接着再学习躯干动作，然后完整练习。

（4）采用分解法练习的时间不宜过长，否则易形成分解动作的动力定型而影响完整动作的学习。

（5）采用分解法教学的最终目的还是让学生掌握完整的动作，所以运用分解法时应注意与完整法的合理配合，使两者相互促进，相得益彰。

六、练习法

练习法是有目的、有计划地多次重复练习单个动作、组合动作或成套动作的方法。练习法是学会、巩固和提高健美操动作的重要方法。

1. 重复练习法

通常是指不改变动作的结构、按动作要领进行反复练习的方法。

采用此教法时应做到以下几点：

（1）要防止错误动作的重复。在健美操教学中，教师一旦发现有错误动作出现，就应立即停止重复练习并及时予以纠正。

（2）在动作初学阶段采用重复练习法时，应掌握运动负荷，避免因疲劳而影响动作的准确掌握和质量改进。

（3）练习时要合理安排重复次数。在健美操教学中，重复练习的次数是在保证学生每一次的练习都能达到动作要求的前提下进行的，重复次数少，达不到锻炼效果，也不易掌握和巩固准确动作；重复次数太多，容易造成动作变形，也易使学生失去练习的兴趣。

2. 交替练习法

交替法是指在教学过程中，根据健美操教学任务的需要，把学生分成两个以上的小组交替进行练习的方法。它不仅有利于学生学会和学好健美操的动作，而且对练习的密度、强度、课的负荷量也有一定影响。

采用此教法时应做到以下几点：

（1）根据健美操教学任务和学生身体情况，可把学生分成2~4组进行练习。通常采用的做法是先集体练习数遍后再交替进行练习。

（2）在分组交替练习中，对不练的学生不应放任自流，要给予他们看的任务，即让他们带着问题去看其他同学做，并进行提问，这样安排教学有利于提高这些学生的观察力和认识能力。要让学生把看、想、练、听紧密结合起来，看其他同学练习不但可以培养学生的观察分析能力，还能激励他们练习的自觉性，加强动作的记忆，从而掌握完成健美操动作的技能。

（3）交替练习可按双数分组。此法便于"一对一"，可以互相观察、帮助，交流经验。

（4）采用交替法练习必须有明确的目的性。通常在新授课时为了让学生学习和掌握成套健美操的动作技能并达到一定的负荷量，会采用交替法练习。在复习课上，为了熟悉成套动作、进行身体训练和纠正动作技术错误，也会采用交替法练习。

七、纠错法

纠错法是指教师针对学生在练习中产生的错误，有针对性地选择有效的手段，及时纠正学生错误的一种方法。

1. 纠错法的主要形式

（1）语言纠错：当学生因遗忘动作或不清楚动作要领而出现错误时，教师应及时提示动作名称、讲解动作要领等，引导学生正确完成动作。

（2）正误对比纠错：当学生因不理解动作性质和作用而出现错误时，教师可通过正误动作示范对比的方法，使学生领会正误动作的不同之处，促使学生及时改进动作。

（3）合作纠错：当学生出现错误动作时，教师要引导学生学会观察（观察自己和观察同伴），力求使学生发现自己或同伴的错误，自我纠正错误，或者帮助同伴纠正错误。

（4）区别对待纠错：教师要根据学生的年龄、性别，出现错误动作的性质与特点（共性的、个别的、单一的、多个的错误等），采用区别对待的纠错方法。

2. 运用纠错法的要求

（1）在动作学习的初期阶段，教师可以用语言来提示动作名称、动作要点，以控制学生的动作，帮助与指导学生顺利完成动作，及时纠正错误。当学生因接受能力和协调性较差而出现错误动作时，教师要富有耐心，重复讲解动作要领，剖析动作过程，帮助学生纠正错误动作。

（2）教师应引导学生主动参与交流，通过讨论、评议等形式不断发现错误，对错误动作质疑，让学生自己纠正错误与改正错误，形成互帮互助、共同提高的良好氛围。

（3）对于共性的错误，教师应采用集体纠正的方法，以节约学生的练习时间和教师纠正错误的时间；对于个别的、特殊的错误，教师应采用单个、逐一纠正的方法。教师应根据学生的生理、心理特点，启发引导学生分析错误动作，适时地纠错。当几个错误动作同时出现时，为防止学生无所适从，教师要一个一个地去纠正。

八、记忆法

记忆法是运用心理学原理，让学生通过一系列的心理活动，配合完整练习记忆动作的一种方法。主要有以下几种方式：

1. 念动练习法

念动练习法主要是指学生在练习动作时有意识地、系统地在脑中重复再现已形成的动作表象，心里不停地背诵动作要领及口令以形成心理暗示，从而达到熟练动作和加深动作记忆的目的。采用念动练习法时应注意愉快而不紧张、有意识和无意识统一、暗示相互作用等。

2. 观察模仿法

观察模仿法是指让学生分组进行练习，一组做动作，一组观察并随其模仿练习，指出缺点，纠正错误，加深记忆。这种方法有助于巩固正确动作的动力定型，而且在指出别人错误的同时也改正了自己的缺点。

3. 简图强化法

简图强化法是指让学生在课后把每堂课所学动作的名称、做法逐拍用简图的形式表示出来。在完成图解的过程中，动作的名称、顺序、连接在学生的头脑中多次再现、模仿、分析，可达到强化记忆的作用。这种方法有助于节省体力，提高教学质量，熟练成套动作，增强运动感觉能力。

采用记忆法教学时应做到以下几点：

（1）记忆法一般在学生掌握动作的泛化阶段选用。这个阶段以记忆动作为主，不需要过多讲解或对动作规格提出要求，以保证学生记忆的连贯性和完整性。

（2）运用记忆法时，教师应帮助学生找到记忆动作的捷径，如“一踢二并三转”等简化动作名称的记忆法，以提高学生记忆动作的速度。

八、连接法

这是一种与国际化健美操教学接轨的教学方法。即把所要教的内容分成若干串，每一串为 4×8 拍。首先教第一串动作。其方法是，先教第一个八拍动作，等学生掌握后再教第二个八拍的动作，然后把第一、第二个八拍的动作连起来反复练习。接着教第三个八拍的动作，等学生掌握后再教第四个八拍的动作，然后把第三、第四个八拍的动作连起来反复练习。最后把第一至第四个八拍的动作串连起来反复练习，直至串起所有的教学内容。

采用此教法时应做到以下几点：

（1）运用连接教学法时，应保证从课的开始到结束都使身体处于“动”的状态（脚始终在运动），否则就失去了串连教学法的意义。

（2）运用连接教学法时，音乐的选择最好是连奏或剪接成连奏，这样可以使课程保持流畅、顺通，有利于练习者连续不断地进行锻炼，从而达到良好的健身目的。

（3）为了保证健美操教学的顺利进行，在选用连接教学法进行教学时，教师应根据练习者的运动水平认真准备每一节课，选编组合好每一串动作，尽量使每一串动作的内容类型变化新颖，以便调动练习者的兴趣，提高锻炼效果。

九、线性法

线性法是一种简单的自由式的教学方法，即在把动作按顺序串联起来时，每一节拍的动作只做一个小小的变化。例如，两腿始终做屈伸的重复动作，可配以身体的左右移动—左右提肩—两肩环绕—左右臂绕环—两臂同时绕环—左右臂上下摆动—两臂同时摆动—两臂左右摆等，这些动作都是在两腿屈伸时顺其自然地完成。这种教学方法适合健美操初学者，可以使初学者避免因动作不协调而手忙脚乱、不知所措。

采用此教法时应做到以下几点：

（1）根据练习者的运动水平和协调能力，合理安排协调动作的次数及内容。协调动作过多说明练习单调乏味，协调动作过少则不利于练习者掌握动作。

（2）要灵活采用线性教学法。当练习者动作逐渐协调、适应练习后，要及时变换练习内容，增加串连法，使练习者在短时间内达到最佳锻炼效果。

另外，现代健身俱乐部常采用的教学方法还有金字塔法、递加法、过渡动作法和分解变化法等。

以上教学方法有各自的特点和功能，健美操教师只有熟稔各种教学方法，才能灵活运用，并得心应手。健美操教学实践也证明，无论是新授课还是复习课，都不是用一种教学方法就能完成教学任务的，应根据健美操课的任务需要，灵活地、相辅相成地运用多种教学方法，充分发挥每种教学方法的作用，只有这样，才能很好地达到健美操教学的目标。

第三节　健美操教学能力的培养

一、健美操教学能力的概念

1. 能力

对能力概念的内涵理解有以下几种：

（1）能力就是指顺利完成某一活动所必需的心理条件，它总是与某种活动相联系并直接影响活动的效率。

（2）能力以智力为核心。

（3）能力与人的个性心理特征关系密切，是在个性特征的基础上形成的，并受个性特征的影响和制约。

（4）能力是知识、技能、经验经过类化、概化后形成的。

（5）能力是人的先天身体组织的机能，在一定条件下（通过训练和活动）可以发展到一定的程度。

人的能力分为一般能力和特殊能力。一般能力主要是指对事物的认识能力，即掌握知识、技能的能力；特殊能力主要是指人的行动能力，即运用知识的本领，是从事某种职业活动所必需的专门能力。一般能力和特殊能力的发展也是相互促进的。

2. 教学能力

教学能力是指教师在一定的条件下，经济有效地把知识、技术、技能传授给学生的本领。教师如果不具备教学能力，就无法把理论知识、技术、技能传授给学生，即使是掌握了完善技术的教师，也是枉费心机。教学能力是教师在教学系统中所具有的直接影响学生学习效率，促使学生成功、顺利地完成某种任务的心理特征，以及传授知识、技术、技能给学生的综合能力。教师的教学能力还表现在帮助学生把不知道的变成知道的，把不会做的变成会做的，把不懂得的技术要点变成懂得的技术要点，总之，就是帮助学生将不会的学成会的。教师用已知的知识帮助学生实现对知识的理解、对动作的掌握。

3. 健美操教学能力

健美操教学能力，是指教师在一定的条件下，有效地把健美操知识、技术、技能传授给学生的本领。健美操教学是学校体育和现代社会体育的一个重要组成部分，健美操教学能力是体育教师和未来社会体育指导员必须掌握的基本教学能力。学生将来也要进入社会体育之中进行锻炼，或从事健美操指导工作等，培养学生健美操教学的能力也是健美操教学的任务之一。

健美操教学能力的培养是多方面的，主要包括动作示范能力、讲解技术动作能力、运用教法能力、观察分析和纠正错误动作能力、创编动作能力、组织与裁判能力等。

二、健美操教学能力培养的方法与途径

1. 培养动作示范能力

准确、优美和娴熟的动作示范是教师进行健美操教学时最能调动和激发学生自觉投入学习的积极因素。培养动作示范能力，最主要的是培养学生准确、优美、独立地展示动作，以及准确、灵活地运用示范点、示范面的能力。

培养动作示范能力的主要方法如下：

（1）组织观看健美操教学、表演及比赛的视频，使学生对健美操运动项目有一个初步的了解，对即将学习的内容有一个初步的印象。

（2）学习健美操基本动作并强化其练习。

（3）反复练习组合或成套动作，并尽量使学生完成得准确、熟练、优美。

（4）采用分组轮换表演，以提高学生完成动作的规范性和优美性。

（5）组织相互观察、相互评比。

（6）一个或几个同学在队伍前带领练习，可使学生提高对自己的要求，更规范地完成动作。

2. 培养讲解能力

讲解是传授知识、技术、技能的基本教学能力之一。教师讲解不仅要准确无误地表述完成动作时身体各部位的方向、路线、幅度、速度、节奏和肌肉用力顺序等，还要明确讲解的内容，确定讲解的重点、难点、关键，组织讲解的程序，注重讲解的方法，讲解的语言要明确、简洁、生动。

培养讲解能力的主要方法如下：

（1）在健美操课上，可要求学生将老师示范动作的名称、术语、动作过程等用术语描述一遍，之后，教师按讲解要求为学生讲解，通过教师讲解与学生讲解的比较，使学生认识自己讲解的不足，明确简明扼要、条理清晰的讲解在学习中的重要

性和必要性。

（2）教师可采用课堂提问的方式，让学生讲述完成某个动作的要领、要求、易犯错误及纠正方法等，并及时进行讲评。

（3）在课的结束部分，让学生归纳课中教师所运用的教学方法或教学步骤，或说出教师着重对学生进行了哪些能力的培养，或指出教师在课上存在的不足之处等，以提高学生的语言表达能力和讲解能力。

（4）根据每课的教学任务，让学生评议完成情况。

（5）让学生在课中试教一部分内容，使其真正感受教学中语言表达能力的重要性。

3. 培养运用教法的能力

教法是根据教学内容、教学任务、教学条件和学生情况等来选定的。教学方法是否正确，直接关系到教学效果的好坏和教学质量的高低。因此，培养学生运用教法的能力是非常重要的。

培养运用教法能力的主要方法如下：

（1）让学生了解和掌握常用的健美操教学方法，即传授健美操知识的方法、组织教学的方法等。不仅要了解教法的种类、名称，还要了解运用各种教法的依据包括时机等。只有合理地运用教法，才能达到事半功倍的教学效果。

（2）在课上，教师要求学生注意观察教师运用健美操教法的情况。在课结束前让学生复述教师在课上采用了哪几种教学方法、是如何运用的，使学生加深对教法运用的认识。

4. 培养观察分析和纠正错误动作的能力

培养观察分析和纠正错误动作能力的关键在于培养学生善于发现课堂教学和完成动作时的问题，分析其产生的原因并找出解决问题的方法。教师要有计划、有步骤地在课上为学生创造和提供实践机会。

培养观察和纠正错误动作能力的主要方法如下：

（1）引导学生有计划地观看健美操教学视频。将学生分成2~3组，进行分段练习或完整动作练习，将练习结果录下来，然后让学生观察自己的动作，找出错误动作并及时纠正。

（2）在教学中将学生分成两组，完成较好的为一组，其余的为另一组，然后进行比较，让学生通过直观观察并思考：向完成好的同学学什么？完成差的要在哪些方面做出改进？这样做可以加深学生对学习内容的理解，不但培养了学生的观察能力，还发展了学生的分析能力。

（3）可以请完成动作差的学生出列进行示范，教师组织观察，然后让其他学生帮助纠正，指出错误所在，并提出改进方法。如果学生纠正得不够准确，教师还应补充，以培养学生透过现象洞察本质的能力。

（4）在课上，教师可事先提出明确的观察目的和具体要求，指明观察的顺序，引导学生有目的、有意识地去完成自己的观察任务。

5. 培养创编能力

创编健美操能力是根据需要重新组合动作和创造动作，带有创造性地编排健美操的一种能力。创编能力是在掌握健美操基本动作和创编原则与方法的基础上进行的。健美操创编能力是健美操教师必备的基本能力，是教师创造能力的具体体现。它既是一种高层次的思维过程，又是一种高层次的实践过程，对健美操教学有重要作用。

培养学生健美操创编能力的主要方法如下：

（1）掌握健美操动作创编的原则、方法和步骤，以及应该注意的地方。

（2）在健美操学习中注意积累动作素材。健美操动作素材的掌握是动作创编的基础和前提，很难想象一个不会跳健美操的人能创编出一套健美操的动作。在健美操教学中，教师应尽可能多地向学生介绍动作素材，由单个动作到组合动作再到成套动作，只有掌握了丰富的健美操动作要素，并对健美操有了更多的体验与感受，学生才能对已有的动作素材进行加工、移植、对比和再创造，才能具有创编健美操的能力。

（3）对学生提出创编健美操动作的具体要求和组织实施方法。以小组为单位，分组进行边研究边创编。

（4）以小组为单位，表演所创编的动作，由同学和老师进行评定。

（5）教师统一规定成套动作，学生自由组合，6~8 人为一组，要求学生在完成动作时有队形的变化，并根据动作时间的长短确定队形变化的次数。在编排中每个学生都要积极参与，而且也要跟其他同学很好地合作。在编排队形时，成套动作的内容顺序不变，但方向可以改变。这种参与和合作，不仅培养了学生的创编能力，也培养了学生的团结合作精神。

6. 培养组织与裁判能力

健美操的组织能力主要表现为教法的组织与运用能力，以及组织学生练习队形等的能力，如合理进行队伍的调动、布置场地、器材的使用、组织学生进行比赛和表演等。裁判能力是指以裁判规则为准绳，对学生完成动作进行正确评价的能力。

培养组织与裁判能力的主要方法如下：

（1）让学生轮流负责每次课的集合、整队、调队、报告学生出勤情况等工作，培养学生的组织调动能力。

（2）把全班分成几个小组进行练习，由小组成员轮流组织学生进行练习，教师对各小组的组织情况进行评价，以提高学生组织教学的积极性。

（3）在健美操课上结合裁判规则进行教学，既能使学生学习动作有更高的标准，对深入理解和运用规则也具有重要的作用。

（4）组织各班进行小型比赛，学生互为表演者和裁判者。

（5）组织全校、各系及年级的教学比赛。全校比赛可由教师指挥，选出健美操骨干担任裁判。同一年级的比赛，一部分同学为参赛者，另一部分同学为裁判员。全系的比赛可由高年级同学担任裁判员。

健美操教学实践证明，重视和加强学生健美操教学能力的培养，不但有利于巩固和提高所学健美操的技术、知识及技能，而且能激发学生学习健美操的自觉性和积极性，更有利于推动健美操教学改革，培养具有良好素质的人才。

第四节 健美操课的结构

一、健美操课的类型

健美操课的类型是根据教学目标、教学任务、教材内容及要达到的教学效果来划分的，分为理论课和实践课。每一种类型的教学课程都是为实现整个教学系统中某个教学环节的目标而设计的，这个教学环节对提高课堂教学质量、保证全部教学工作的完整性与系统性有着重要的意义和作用。

1. 理论课

健美操理论课主要是通过课堂讲授、讨论和多媒体教学等方式，向学生传达健美操的基本知识、原理、方法，以及竞赛组织与裁判等方面的系统理论。其教学内容可以根据各院校的培养方案、教学大纲来确定。

健美操理论课的内容一般包括以下方面：

（1）健美操概述。健美操的定义、健美操的分类、健美操的特点、健美操的健身价值、健美操的起源与发展简况。

（2）健美操术语。术语的概念、术语的内容、术语的构成和记写方法、术语的运用及运用时应注意的问题。

（3）健美操基本动作。基本动作概念、基本动作特点与作用、基本动作的主要内容。

（4）健美操动作绘图技法。绘图的意义和作用、绘图的种类和表现形式、单线条图的绘画方法、动作的完整记写方法。

（5）音乐知识及欣赏。音乐知识简述、音乐的基本表现手段、常用的音乐种类、音乐的选择与剪接、音乐欣赏。

（6）健美操教学法。教学的任务、特点、常用的教学方法、手段及运用。

（7）健美操训练法。训练原则、训练内容、过程、训练安排及注意事项。

（8）健美操的科学理论基础。

（9）健美操的创编。创编健美操的因素、创编的目的、原则，健身健美操的创编、竞技健美操的创编。

（10）健美操的裁判方法。裁判总则、评分内容、标准与方法、裁判员的组成与职责。

（11）健美操竞赛的组织。竞赛的意义及特点、竞赛的种类及内容、竞赛的组织、比赛的进行。

（12）健美操运动的科学研究方法。科学研究的基本方法、科学研究的程序、科研论文的写作方法。

2. 实践课

健美操实践课以身体练习为主要手段，使学生掌握健美操动作的方法、要领及练习方法，目的是培养正确的身体姿势、塑造健美的形体，增强身体素质等。在实践课教学中要贯穿理论知识的讲解，并将理论与实践相结合，即以理论指导实践、以实践提高技能。根据健美操课程的具体任务，可将实践课分为引导课、新授课、复习课、综合课和考核课。

（1）引导课。

一般指开课的第一堂课。主要任务是讲授健美操概述及有关基本知识，介绍健美操课程的教学任务、内容、要求、考核标准及有关规章制度等。还可适当播放一些健美操比赛视频，使学生对健美操有个初步的印象，也可适当安排一些健美操练习内容。在进行引导课教学时应注意以下几点：

① 引导课中教师对讲授的不同内容应预先进行归纳，讲解时应层次清楚、重点突出，使学生对健美操项目形成正确、完整的认识，明确学习目的和要求，端正学习态度，积极投入健美操的学习。

② 讲课形式要活泼多样，最好结合电视录像等进行直观教学，以提高学生学习的兴趣。

（2）新授课。

新授课是以学习新教材为主的课。主要任务是使学生学习和初步掌握健美操的新授内容。

在新授课教学时应注意以下几点：

① 教授新动作时应遵循由易到难、循序渐进的原则。教师要遵循教学规律，善于正确运用讲解、示范，以及练习过程中的各种教法措施等，使学生正确地感知动作，建立正确的肌肉感觉，形成正确的概念。

② 选择恰当的教学方法。教师要善于正确运用各种教法，帮助学生更快地掌握所学内容。对于多关节、多部位的复合性动作，通常采用分解法和带领法，使学生更加清楚地了解和掌握身体部位、动作方向、动作路线、身体姿势等的变化。

③ 教授新动作后，应引导学生反复进行练习，使学生承受一定的负荷，但负荷

量不宜过大，应侧重于动作技能的掌握。

④ 教授新动作时，一般先采用口令节拍指挥练习，由慢速到正常速度，待学生基本掌握动作后，再配合音乐进行练习。

⑤ 教师应对新授动作可能出现的错误制订预防措施，一旦出现错误，就要有针对性地进行纠正。

（3）复习课。

复习课是指以复习已经学过的内容为主的课程。主要任务是安排和指导学生复习并逐步提高动作的规格与质量，增强动作完成的协调性和美感。

在复习课教学时应注意以下几点：

① 明确复习课的教学目标与要求。教师应根据学生的掌握情况采取相应措施来实现教学目标。

② 在集体指导的基础上加强区别对待。针对学生具体情况因材施教，比如对基础差的学生要加强指导，帮助他们改进动作，树立信心；对基础好的同学则要注意适当提高要求。

③ 选择恰当的教学方法。在复习课上要注意精讲多练，加大练习的密度，提高动作质量和身体机能。在复习课上可采用分组练习法，这样易调动学生练习的积极性，提高学生分析动作和纠正错误动作的能力，同时还有利于教师实施个别指导，检查学生掌握动作的情况。

④ 复习课上要注意精讲多练，增大练习的密度，以强化动作的熟练程度，提高动作规格和机体的有氧代谢功能。

⑤ 在课中可让一名同学或一组同学进行表演，相互观摩、评比，以激发学生练习的积极性，进一步提高和改进动作技能。

（4）综合课。

综合课是指同一堂课中进行两种以上教学内容的课。在综合课上，既要复习已经学过的内容，又要学习新的内容。它是健美操教学中常用的一种上课形式。

在综合课教学时应注意以下几点：

① 合理安排教学内容的顺序。如先复习已学过的内容，再教授新的内容，身体素质练习内容通常放在课的最后部分。

② 选择适当的教学方法与手段。在复习旧教材时，教师应通过提问、讨论、默想、默练等手段引导学生复习上次课的内容，如对完成动作的方法、动作的规格、技术要点、动作之间的连接等进行回忆和复习，以了解学生对上次课所学内容的掌握情况，为进一步教学做好准备。在复习旧教材时，应进一步强化动作的技术要点及规格，对复习中出现的动作路线、方向或姿势等的错误，教师应采用慢动作领做或固定姿势等方法加以纠正。

④ 合理分配教学时间，确定运动负荷。一般新授内容时间多于复习时间，复习

时的运动负荷大于学习时的运动负荷。

（5）考核课。

考核课是以检查学生的学习效果为主的课。其目的是了解学生对所学知识、技术、技能的掌握情况。

上考核课时应注意以下几点：

① 教师要使学生明确考核目的、考核时的要求和评分标准。

② 考核前要引导学生对考核的内容进行复习，做好准备活动，以发挥最佳水平。在考核课的前一次复习课中，可以适当安排一次模拟考试。

二、健美操课的结构

健美操课的结构是指构成教学活动的相对稳定而又有所区别的基本组成部分，及各部分的活动顺序与时间分配。简单地说，就是一节健美操课由哪几部分构成，各部分的内容安排顺序、组织教法及时间分配等。目前，在学校健美操的教学过程中，主体内容多采用三部分（准备部分、基本部分、结束部分）或四部分（开始部分、准备部分、基本部分和结束部分）的结构。无论采用哪种类型，其实质都必须遵循教师教、学生学的双向活动的教学规律。

（一）准备部分

1. 准备部分的时间安排

准备部分的时间一般占整堂课时间的 20%左右，如 100 分钟的课程，准备部分时间为 20 分钟左右。但是由于课程内容不同、季节和温度不同，准备活动的时间也会有所增加或减少。

2. 准备部分的目的任务

准备部分主要是为了使学生从生理和心理方面尽快进入学习状态，为基本部分的学习做好充分的准备，这是保证健美操教学工作正常有序进行的基本条件。其任务是为了迅速地组织学生，集中学生的注意力，明确上课的内容和要求，调动学生学习的积极性，使学生精神饱满地开始一堂课的学习。

3. 准备部分的内容安排

健美操课中的准备活动一般以热身操的形式出现，主要有以步法配合手臂动作为主的组合动作、各关节活动的热身操、拉伸肌肉的动作，以及一些柔韧性练习等。

（二）基本部分

1. 基本部分的时间安排

基本部分的时间一般占整堂课时间的 70%左右，如 100 分钟的课，基本部分的时间为 70 分钟左右。基本部分时间为主要教学时间。

2. 基本部分的目的任务

学习新内容，复习已学过的内容，使学生掌握健美操的知识、技术、技能，提高身体素质，培养综合能力。

3. 基本部分的内容安排

（1）徒手练习：分为单个动作、组合动作、成套动作的徒手练习。

① 单个动作：身体各部位动作、基本步伐等。

② 组合动作：姿态组合、步伐组合、跳步组合等。

③ 成套动作：大众健美操、有氧舞蹈、搏击操等。

（2）手持轻器械练习：手持弹力带、健身球等轻器械进行的单个组合或成套健美操动作的练习。

（3）借助器械练习：利用垫子、踏板等器械进行的各种练习。

（4）身体训练：有针对性地选择柔韧、力量等身体素质训练内容。

（三）结束部分

1. 结束部分的时间安排

结束部分的时间一般占整堂课的10%，如100分钟的课程，结束部分时间为10分钟左右。

2. 结束部分的目的任务

结束部分应根据基本部分的内容、强度和密度，有针对性地进行全身的整理、放松和肌肉拉伸练习，使学生在生理、心理等方面逐渐恢复到相对安静的状态。最后，教师要简要地进行课的小结，布置课外练习。

3. 结束部分的内容安排

结束部分的内容主要有：拉伸性放松练习；配合呼吸进行的放松练习；以弹动或抖动动作为核心创编轻松活泼的放松操；局部按摩放松肌肉；借用瑜伽的理论，用意念放松身体。

三、健美操课的组织

健美操课的组织是为了完成健美操课的任务而采用的教学组织方式。即根据练习内容、学生特点和教学条件等，对教学进行合理安排所采取的措施。课的组织工作是否严密、合理，直接影响教学效果。井然有序的组织不仅有利于学生掌握动作，而且也能保证课中的安全，避免发生伤害事故。健美操课的组织工作内容包括课堂常规、合理有效的队形及组织形式等。

（一）课堂常规

课堂常规是为了保证健美操教学的正常进行，而对师生提出的一系列要求，包括必须遵守的规章制度。制订课堂常规不仅有利于建立正常的教学秩序、严密教学组织，而且对加强学生的思想教育、培养其文明素质都有十分重要的作用。课堂常规一般包括班长集合、检查出勤情况，师生互相问候，教师介绍本课教学任务及要求，安排见习生等。

（二）合理有效的队形及组织形式

1. 合理有效的队形

合理组织练习的队形是顺利进行练习的保证。科学而熟练地运用队形，能够活跃课堂气氛，调动学生学习的积极性，并能合理地调节课的密度和运动负荷。组织合理有效的队形要做好以下几点：

（1）依据条件定队形。练习队形应根据人数的多少、场地的大小等具体情况来确定。

（2）便于观摩与指挥。所选队形既要便于学生看清教师的示范动作，又要有利于教师的观察和指挥。

（3）间隔距离要适宜。练习的间隔与距离以不妨碍完成动作为宜。徒手练习时一般左右距离为两臂张开的长度，前后为两步距离；进行器械练习时应根据器械的特点和练习涉及的范围适当加大。

2. 组织形式

根据练习的内容及任务，一般可采用如下组织形式：

（1）集体练习。指全体学生同时进行练习。健美操课大多采用这种形式。这种形式便于教师集中讲解和示范，节省组织教学的时间，有利于加快教学的进程。

（2）分组练习。把学生分成两个或两个以上的组，可以做相同的动作，也可以做不同的动作。可把学生分成几个组，每组布置不同的内容。具体采用何种形式应根据教学任务、练习内容、学生人数及场地器材设备情况而定，不能千篇一律。在分组教学时，教师要有目的、有计划地进行巡回指导，同时要注意自己的站位，既要便于指导所在的小组，又要便于观察其他小组的活动。

【思考题】

1. 在健美操教学中应遵循哪些体育教学原则？
2. 健美操常用的教学方法有哪些？
3. 在综合课中，如何运用健美操教学方法？
4. 什么是健美操教学能力？
5. 简述健美操教学能力培养的方法和途径。

第五章　健美操的创编

【内容提要】

本章主要介绍健美操动作的创编方法和健美操动作创编能力的培养。

【教学目标】

掌握健美操动作的具体创编方法，了解健美操动作创编能力培养的具体措施。

健美操成套动作创编是指将丰富多样的单个徒手动作串成组合动作和成套动作，并根据音乐的节奏和旋律的变化，将其合理地连贯起来组编成一套动作。健美操成套动作的创编不是单个动作的简单罗列，而是根据健美操的创编目的，遵循一定的创编原则和方法，注重健美操的本质、特点，将健美操的套路结构，时间、空间运用的方式，风格特点，音乐等诸多因素有机结合起来进行的创编。成功的健美操套路可以使练习者百练不厌，使观赏者赏心悦目，使参赛者尽情表现并获胜。对健美操成套动作创编基本知识的掌握，对健美操创编质量有至关重要的作用。

第一节　健美操创编的原则

创编健美操，创编原则非常重要。创编原则是创编活动客观规律的反映，是对创编实践的经验总结，它对创编实践具有普遍的指导意义，所以，必须根据实际需要，正确贯彻与运用健美操创编的各种原则。

一、全面性原则

全面发展身体是健美操锻炼的宗旨。在健美操创编过程中，选择的内容要使人体各部位的关节、肌肉、韧带得到全面发展，使内脏器官机能得到改善。创编健美操应当考虑动作的时空变化，如方向变化、移动路线的变化（长短、曲直的搭配）等，在动作的幅度、速度、力度方面有大小、强弱、快慢之分，必须全面考虑，系统创编。而丰富的动作时空变化也有助于改善练习者的神经系统功能，提高练习者的协调灵敏素质，进一步促进身体的全面发展。

二、针对性原则

健美操的创编除自始至终要遵循全面性原则外，还要针对不同的任务，不同对象的生理和心理特点，时间、场地、器材条件，以及练习对象的要求等，编制各种形式的健美操，以达到练习者所要追求的目标。也就是说，健美操的创编具有很强的针对性。只有认真调查研究，才有可能创编出针对性很强的健美操。

例如，创编老年人健美操时，应选择简单易学、幅度稍小、速度稍慢、具有牵拉性质的摆动动作和弹动动作。因为老年人学习健美操的目的是使软化、迟钝和缺乏活力的肌肉，重新变得充满活力和具有弹性。根据人老先老腿的规律，要选择一些增强下肢力量及关节灵活性的动作。另外，还要选择一些防治颈椎病、肩周炎、腰腿疼痛的动作。

由于对象和任务的不同，创编健美操时所选动作的形式、难易度、节奏、幅度及表现风格等都应有所区别。

三、科学性原则

健美操的锻炼功效首先取决于该操动作的编选，以及动作顺序设计与运动负荷安排的合理性和科学性。每套健美操动作的创编都应遵循运动的生理解剖规律。编排动作由易到难，速度由慢到快，强度由弱到强，运动负荷由小到大，逐步增加运动负荷，在达到和保持一定运动负荷后，再逐渐减小；心率变化则由低到高，波浪形逐步上升，然后再逐渐恢复到平静状态，从而使心血管系统、呼吸系统、消化系统的器官功能得到改善和提高。

四、艺术性原则

健美操既是锻炼身体的手段，又是形体艺术。因此，在单个动作设计上，要健美、大方，力求使体操动作艺术化、舞蹈动作体操化，并在吸收现代舞、民族舞动作元素的同时，结合健美操的特点进行再创造，使动作活而不乱、美而不花，注意多方向、多角度、多层次地展开动作。在成套动作的艺术处理上，要讲究抑扬顿挫、起承转合，还要注意动作的大小搭配、左右回旋、上下起伏、快慢交替。动作与动作的连接有时不要填得太满，要留有余地，给集体练习时的队形变化留有空间。另外，健美操的艺术性还体现在动作与音乐的一致性，即音乐和动作表现高度统一，其动作须随着音乐的启动而开始，随着音乐的变化而变化，随着音乐的结束而终止，音乐旋律和风格与动作形象和风格融为一体，给人以一种声形难离的感受。

五、创新性原则

创新是健美操的生命，没有创新就没有健美操的发展，因此，创新是健美操创编的一项重要原则。健美操的创新应从多方面着手，如操化动作的创新、难度动作的创新、连接和过渡动作的创新、音乐的创新、移动路线和方向的创新等。为此，作为创编者，首先要丰富自身的健美操理论知识，深刻理解健美操的精髓，精通健美操规则，然后才能根据健美操的特点及编操的对象，创编出既有锻炼价值又有美学价值，既有观赏价值又有表演价值，新颖、独特的健美操。

第二节　健美操创编的方法

一、健身健美操创编的基本方法

（1）录像法：录像法是指通过观看录像而获取相关项目感性材料的方法。这是最常用也是简便易行的一种方法。

（2）观察法：观察法是指在日常生活中，创编者通过细心观察，捕捉生活中的动作信息并将之运用到健美操创编的一种方法。通过这种方法，可以把一些有趣的动作提炼、加工成动作素材。

（3）实践法：实践法是指创编者亲身体验各种项目以获取技能，从而进行健身健美操动作创编的方法。这是一种比较实用的方法，但要视条件而定。

（4）记录法：记录法是指创编者将自己通过各种途径获取的健身健美操创编素材，用图画或文字的形式记录下来，以比较深刻地认识素材的内涵，从而更加合理地创编出丰富多彩的健身健美操。

在健身健美操的创编过程中，动作素材的积累是关键，这与创编者的能力有很大的关系，要求创编人员必须具备对健美操事业的热爱和执着，具有钻研精神与创新精神，在掌握专业理论的基础上多了解相关学科知识，从其他项目中找寻相关内容并将之融入健身健美操的创作，使健身健美操更加多姿多彩。

二、竞技健美操创编的基本方法

（1）联系想象法：就是把一事物的形象和另一事物的形象联系起来，产生新的设想的思维方法。在我国健美操近 30 年的发展创新过程中，处处体现着联想创新思维法的运用，如将花样滑冰中的双人滑配合动作联想运用到健美操双人操套路的创编，从芭蕾、舞蹈的单腿转体创新出健美操的单腿支撑转体720°技巧动作等。健美操教练员的联想思维主要体现在对动作技术及技巧的广泛吸纳，通过由此及彼的思维方式，将不同技术进行联系与想象，从而拓展思路并实现动作创新的目的。

（2）动作叠加法：这是单个动作编排创新中最常用的一种方法。它是在原有动作基础上为提高动作难度和动作的编排技巧而递进增加另一动作，或增加更多时间、次数，或加高、加大的方法。如分腿十字支撑递进增加接水平支撑，使原有动作加难变新，从而提高动作的技术性、技巧性和艺术价值。

借助这种创新思维形式，既可以在原有技巧性动作基础上递进增加另一个技巧性动作，形成技巧串；也可以是技巧性动作与过渡性动作或舞蹈等特色性动作的连接，以增强动作的艺术感；还可以是动力性动作加静力性动作的连接，以改变动作的快慢节奏。

（3）逆向思维法：即突破思维定式，从对立、颠倒或相反的角度去思考问题，也就是生活中人们常说的“反过来想一想”。如正—反，前—后，左—右，上—下，横—竖，快—慢等。健美操动作的完成要求快速、有力，但在成套动作中适当增加一些慢节奏的静力性动作或平衡性动作，往往会收到意外效果。

（4）借鉴移植法：指将某一运动项目的技术动作移植到另一个项目中，并通过一定的改造而获得新技术的创新方法。健美操吸纳了迪斯科、爵士舞中的许多髋部动作，融体操、舞蹈、音乐于一体，它的许多动作技术都与其他体育项目和艺术领域存在着相互联系与转化的关系，由此形成了健美操独特的健身和艺术魅力。借鉴移植法在竞技健美操动作创新中被广泛运用，具有巨大潜力。如竞技健美操的难度动作自由向前倒地俯卧撑、高锐角支撑等就是从竞技体操中的自由体操动作部分移植而来。而健美操成套动作中许多开始动作和结束动作的造型，就是从技巧运动或舞蹈、花样滑冰等项目中移植而来。因此，健美操创编者不但要熟悉、精通专业技术知识，还应了解并熟悉其他相关项目、学科的知识，力求从表面上看来完全不相关的两个项目、两个动作中发现彼此的联系，并将之移植、借鉴到健美操技术动作中。

（5）想象法：这是在过去感知的基础上进行加工改造，形成新形象的一种心理过程。每年全国各类别竞技健美操比赛都会有许多新的动作出现并流行，这都源于创编者丰富的想象力和创新能力。想象虽然是新形象的创造，带有“超前现象”，但任何想象都不可能凭空产生，都是以客观现实为基础的。

（6）动作整合法：指按照竞技健美操动作编排原则和方法，将两个或两个以上独立的技术动作通过巧妙的结合或重组，形成新的技术动作或成套组合动作。健美操的动作组合既可以是同一类型动作变化为多个不同特色风格的动作，也可以是不同类型多个单独动作进行适当重组，最后完成成套动作的编排。

健美操动作创新组合不是简单的动作技术堆积，更不是简单的拼凑，而是要形成形式多样、技术独特、动作新颖、结构合理并与音乐风格相协调的动作创新组合，这对教练员的组合创新思维能力提出了更高的要求。

第三节　健美操创编的步骤

一、创编前的准备

在创编健美操前应该做好充分的准备，如明确创编的目的、任务、要求；了解练习者的基本情况，包括性别、年龄、职业、文化水平、身体状况、运动基础等；了解场地、练习时间、器材设备等条件；学习有关健美操创编的文字和音像资料等。

二、制订方案

制订方案时，应在多方面了解情况的基础上，确定所编健美操的类别（健身健美操、竞技健美操、表演健美操）、风格（民族或爵士、街舞或拉丁、活泼或刚劲）时间、速度（N 拍/10 秒）、难度（大、中、小）、连接、过渡动作，设计操的结构顺序等。

三、选择音乐与编排动作

创编成套动作时，要选择合适的音乐，通过剪辑和制作，使之符合总体设计方案要求。在熟悉和理解音乐后，根据整套操的创编原则，实施编排整套操的具体动作，使所编动作与伴奏音乐和谐统一，并用速记或图解的方法记录下来。

四、练习与调整

按设计好的动作进行练习，检查成套操强度的适宜性、结构顺序的合理性、动作设计的艺术性，检查连接动作、过渡动作及难度动作是否合理，队形变化是否流畅，根据检查结果及练习者的反馈信息，对整套操进行反复修改和调整，最后确定全套动作。

五、撰写文字说明与绘图

文字说明应简明扼要，术语运用应规范、正确，绘图应尽量做到形象逼真、方向清晰，以便长期保留、教学、研究、交流。

第四节 健美操队形的创编

队形变化是健美操集体项目比赛和表演的重要内容，队形的设计与创编直接关系到比赛成绩和表演的效果。新颖、独特而有创意的队形及巧妙流畅的变化令健美操比赛和表演更具艺术性与可观赏性。在健美操集体项目的比赛和表演中，不同的队形会给整套操的表现力增添不同的效果。在比赛或表演中，人们可以看到，同是一套规定动作，由于队形设计与创编的不同，竟会产生截然不同的效果。因此，除可根据动作的内容设计队形外，还可根据比赛与表演的人数或需要表达的主题来确定和运用队形。如横直线队形给人以线条修长、整齐划一、平稳庄严、肃穆、流畅的感觉；竖直线队形有横直线队形的优点，同时又给人以延绵不断、神秘、逼近、压迫的感觉；斜直线队形给人以不平稳的感觉，同时视觉上还能给人以放射之感；正三角队形给人以棱角分明、力量集中、前赴后继的感觉；倒三角队形给人以集中凝练、气势雄伟的感觉；大圆圈或小圆圈队形则给人以柔和流畅、川流不息、延绵不断的感觉；正八字形队形给人以宽阔大气、无限延伸的感觉；倒八字形队形既有正八字形队形的好处，又给人以层层叠叠、永无止境的感觉；而梯形队形给人以递进、向上、层出不穷的感觉；正十字交叉形队形有层层叠叠、前行不休的感觉，在视觉上给人以放射之感；斜十字交叉形队形与正十字交叉形队形有不同的效果，并且在视觉上给人以扑朔迷离、美不胜收之感；T 字形队形在视觉上给人以放射之感，有大收大放、力不可挡的强烈气氛；菱形队形立体感较强，给人以集中力量的感觉。

一、健美操队形的分类

1. 成型队形

根据队形是否相对稳定划分为成型队形和过渡队形两大类。若队员位置相对固定成清晰而明确的视觉映象，则为成型队形，成型队形是队形编排最基本的图形，也是进行其他队形重组的基础。

2. 过渡队形

在由一种成型队形转换成另一种成型队形的动态过程中，瞬间出现并随即消失的队形称为过渡队形。过渡队形对于增强队形的流动性、增强编排的艺术效果有着举足轻重的作用。过渡队形与成型队形这两种队形的流畅转换使比赛更具有艺术价值和观赏性。

3. 流动队形

指参与者在完成动作的同时进行位置的移动和路线的变化所形成的队形。流动队形的使用能够增加队形变化的色彩，使队形变化看起来不呆板，而具有流动美。

流动队形的运用给人以如同齿轮般环环相扣的感觉，有一种一气呵成的艺术美。为了提高成套动作的观赏性，教练员在设计队形变化时，往往会增加流动队形变化的次数，通过自然流畅的队形变化，给裁判员和观众一种美的视觉享受，与此同时，展现健美操表演的艺术美。

4. 层次队形

指队员在不同的高低空间完成动作所形成的高低层次队形。在健美操比赛规则中只要求队形的数量，对层次队形没有做出明确规定，但它仍对成套动作的艺术性有至关重要的作用，对比层次的运用在丰富成套内容的同时也满足了观众和裁判的视觉需求，使观众和裁判有耳目一新的感觉。

5. 有效队形和重复队形

根据队形是否唯一分为有效队形和重复队形。有效队形是指一套操中首次出现的队形。有效队形是相对于重复队形而言的，也就是说，成套队形中除去重复队形，其余都可以认为是有效队形。根据队形前后对比鲜明和丰富新颖的原则，重复队形应尽量少用甚至不用。根据专家的意见，在编排队形时应尽量避免重复队形。

6. 规则队形和不规则队形

根据队形是否对称可以把队形分为规则队形和不规则队形。规则队形即对称队形，不规则队形即不对称队形。对称的事物、对称的队形给人以美的享受，规则队形在移动过程中比较容易成型，构图也较为简单，容易给人整齐划一的感觉。规则队形主要包括直线形、三角形、圆形、菱形、梯形等。不规则队形多为不对称图形，给人以新鲜、活泼的感觉，相对来说较为复杂，移动过程增加了一定的成形难度，有一种特殊的美。

二、健美操队形创编的原则与方法

1. 构图清晰可见

健美操队形设计最基本的也是首要的要求：队形构图要清晰。如果构图混乱难辨，就难以产生美感。而要使队形构图清晰就要注意“字间距小，行间距大”的道理，同时队形图案中的“各部分”必须“内密外疏”，即每部分本身站得密一些，各部分之间距离大些，只有这样，图案的结构才会更加明晰。

2. 丰富、新颖、独特

新颖独特的队形和丰富多彩的变化是优化成套编排的重要手段。如果健美操队形只是几种常见基本队形的不断重复，就会枯燥乏味。因此，设计者应在队形的创新上下功夫。队形不仅可设计成对称的、相称的、对照的，还可以设计成成比例的；不仅可以是一个整体性的队形，也可以是几组队形相互呼应。基本队形是有限的，基本队形的不同组合却会产生丰富多彩的队形变化。

3. 对比鲜明突出

一套健美操的队形一般都有十来个，设计健美操队形时应注意队形图案要有鲜明的变化，尤其是相邻的队形不应为相似队形。只有对比鲜明才能显示出队形的丰富性，产生队形变化的节奏感。

4. 变化合理流畅

好的健美操队形设计不仅在于队形本身的丰富新颖，还在于队形变化的方法多样而巧妙，队形之间过渡自然、转换流畅。尤其是双人、三人健美操的队形种类比较有限，只有队形变化巧妙、流畅，才能产生丰富多彩、令人目不暇接的队形变化效果。

5. 充分展示动作

健美操的队形最终是要为展示动作服务的，因此，队形设计要与动作创编密切配合，要使所设计的队形能充分展示动作的面、动作的美。

6. 移动中求变化

移动性队形的产生，是由于在队形的转换中，采用不同的运动路线、不同的速度、不同的方向，人们可以通过思维和想象感受到它们所蕴含的感情倾向，受到不同的艺术感染。如一列横队，正面向前直线移动，有强健有力的感觉，像是一股洪流滚滚而来。一路纵队，以笔直的竖线向前移动，有距离由远而近的感觉。斜线移动，有延续和纵深感。弧形和S路线的移动，则呈现出柔和、连绵不断的美感。

三、健美操成套队形编排范例

（一）竞技健美操集体项目队形编排范例

1. 混双队形（图5-1）

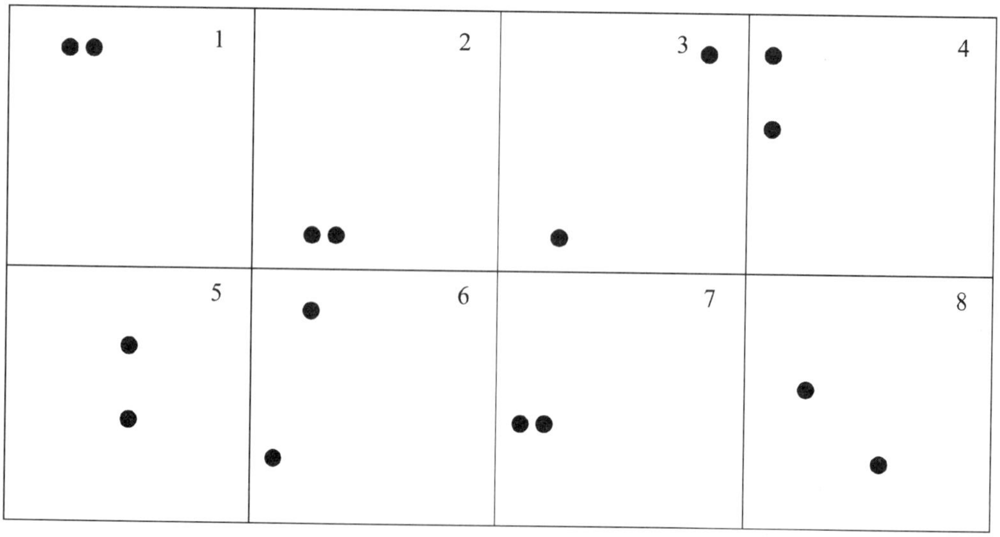

图5-1 竞技健美操混双队形示意图

2. 三人操队形（图 5-2）

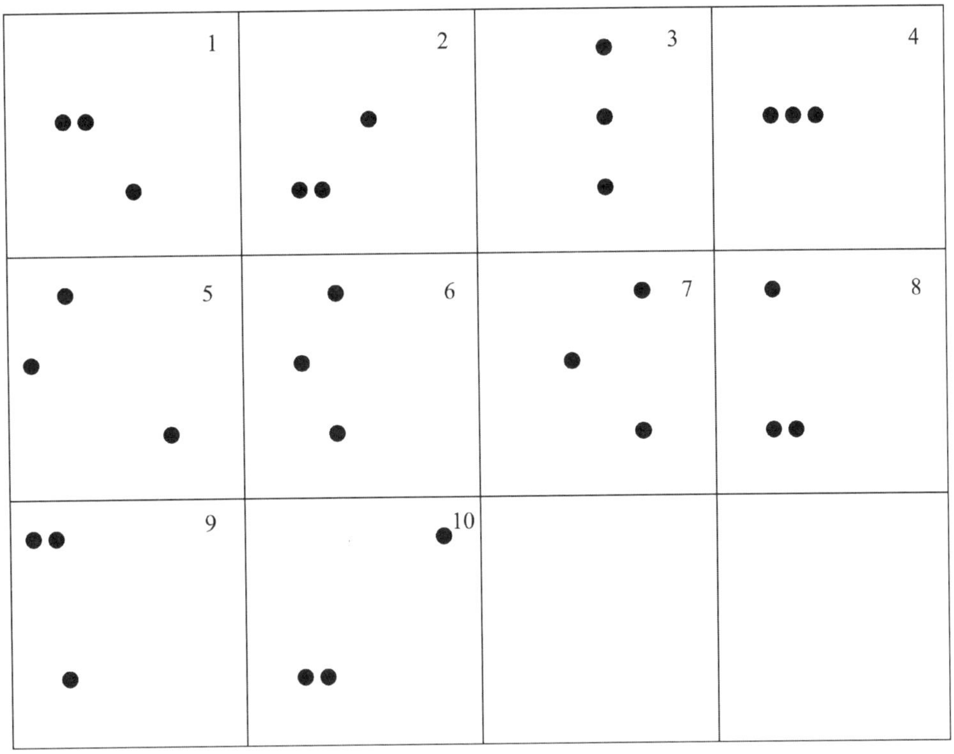

图 5-2　竞技健美操三人操队形示意图

3. 五人操队形（图 5-3）

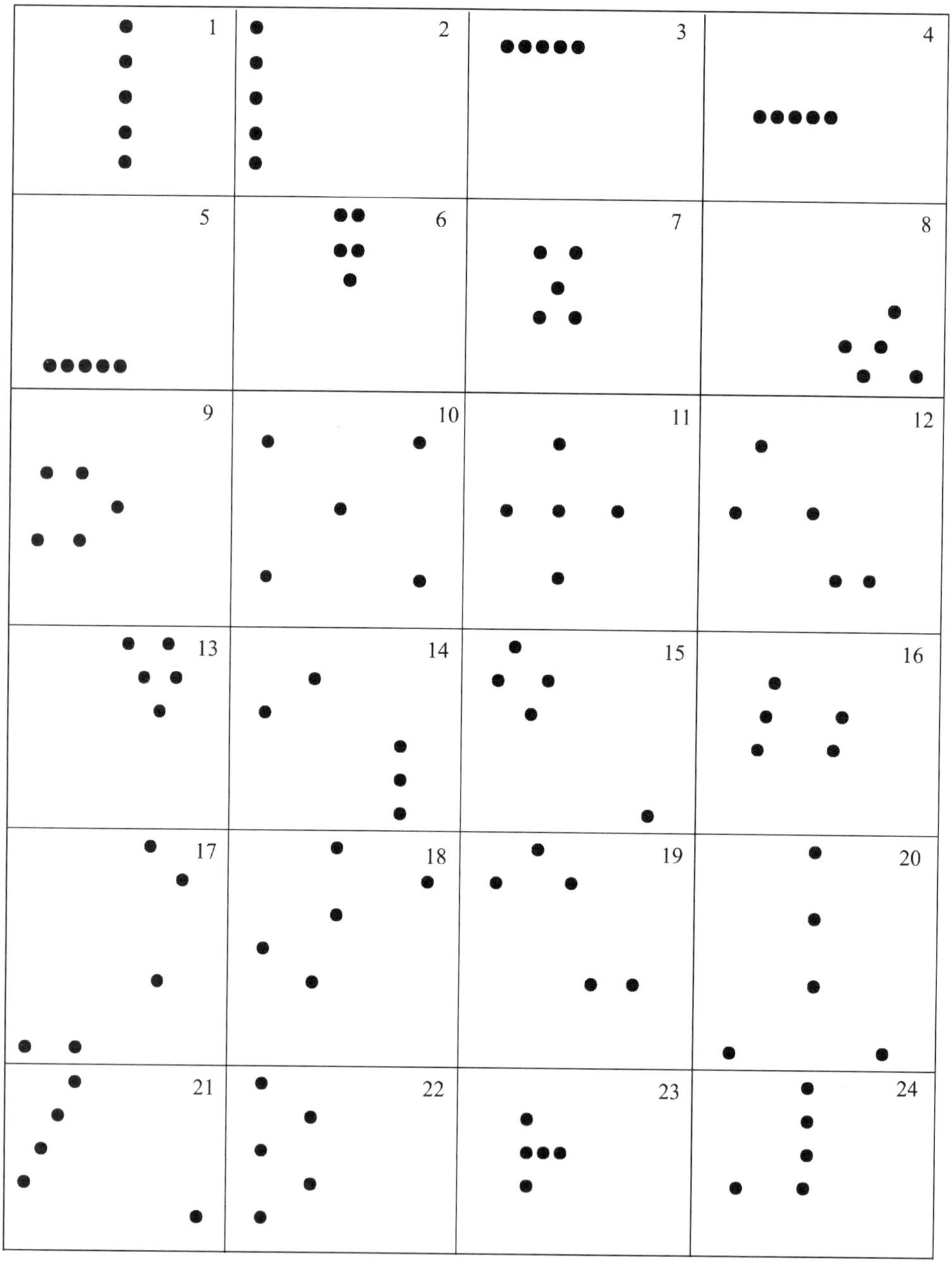

续

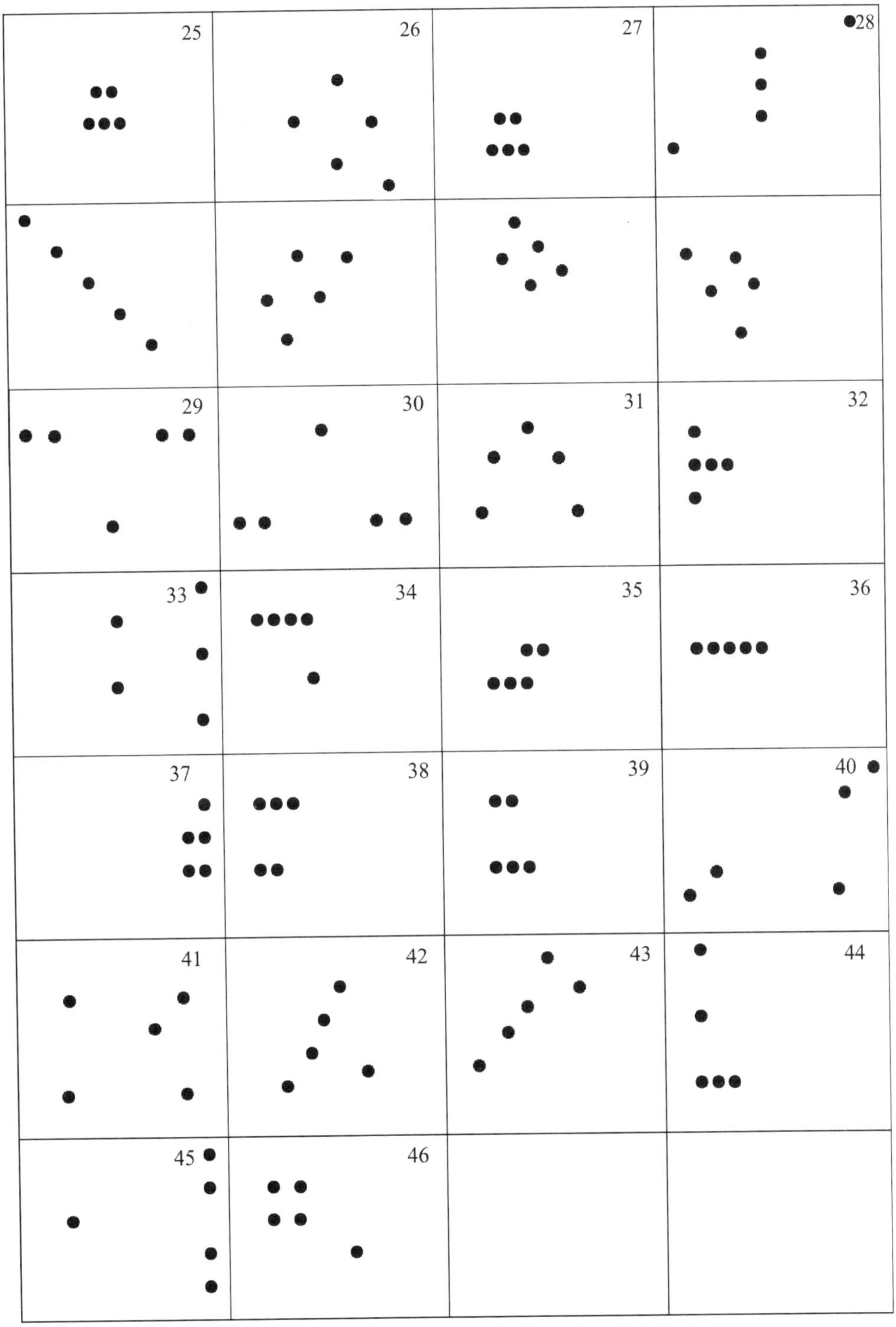

图 5-3 竞技健美操五人操队形示意图

（二）健身健美操队形编排范例

1. 6人队形（图 5-4）

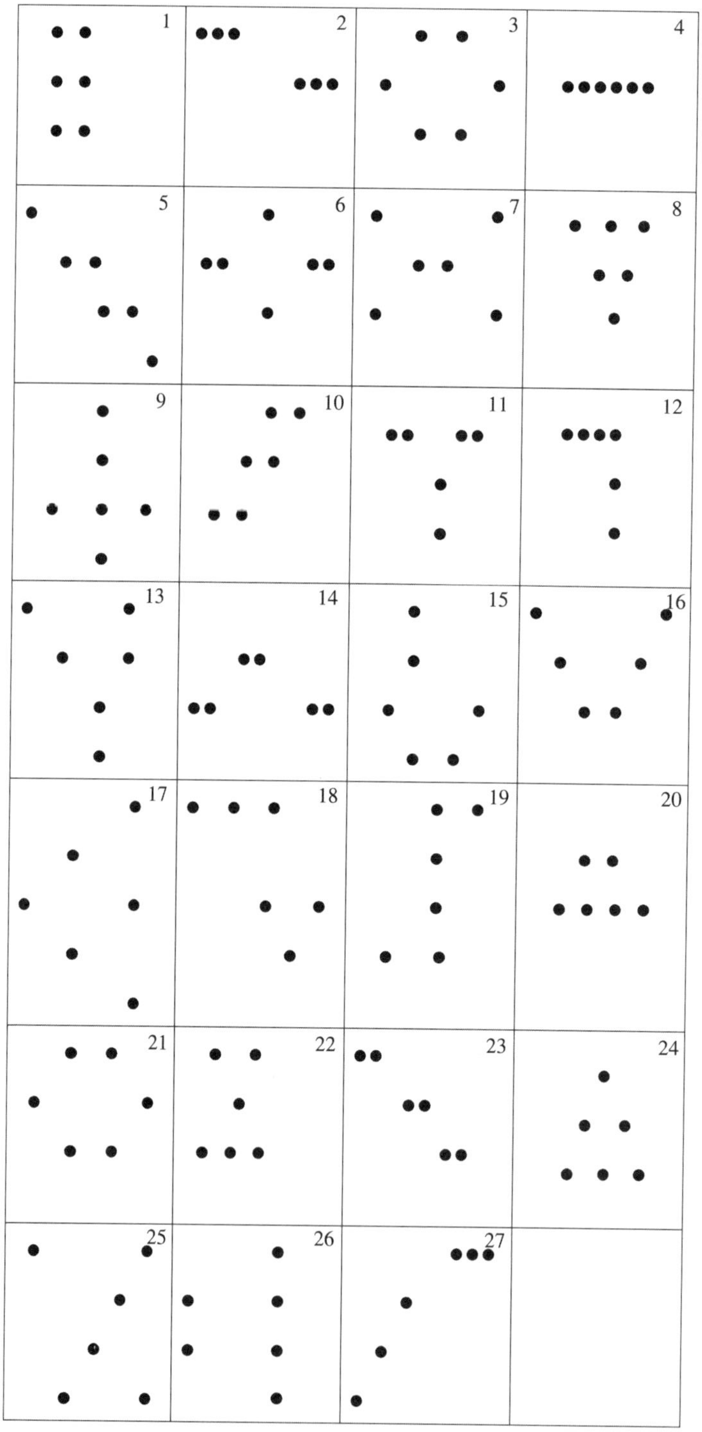

图 5-4　健身健美操 6 人队形示意图

2. 8 人队形（图 5-5）

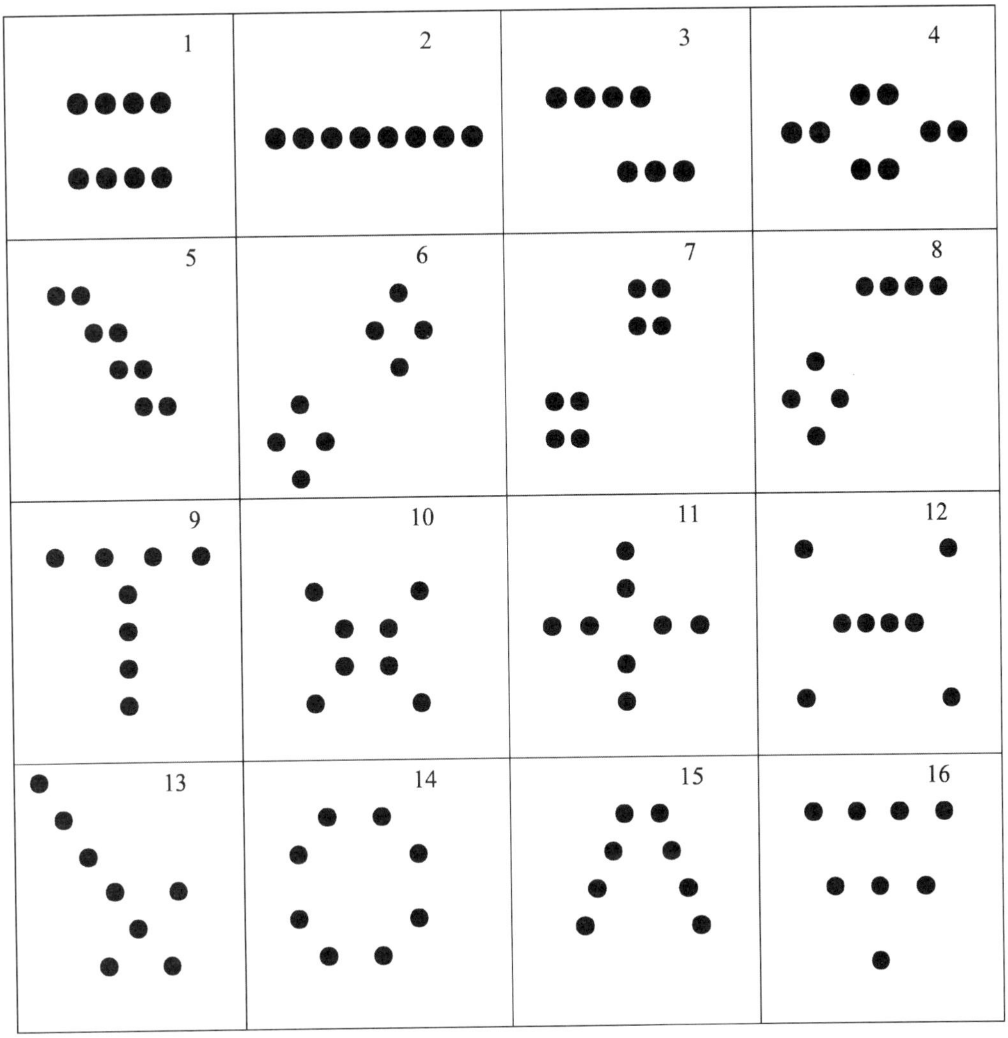

图 5-5　健身健美操 8 人队形示意图

3. 10人队形（图5-6）

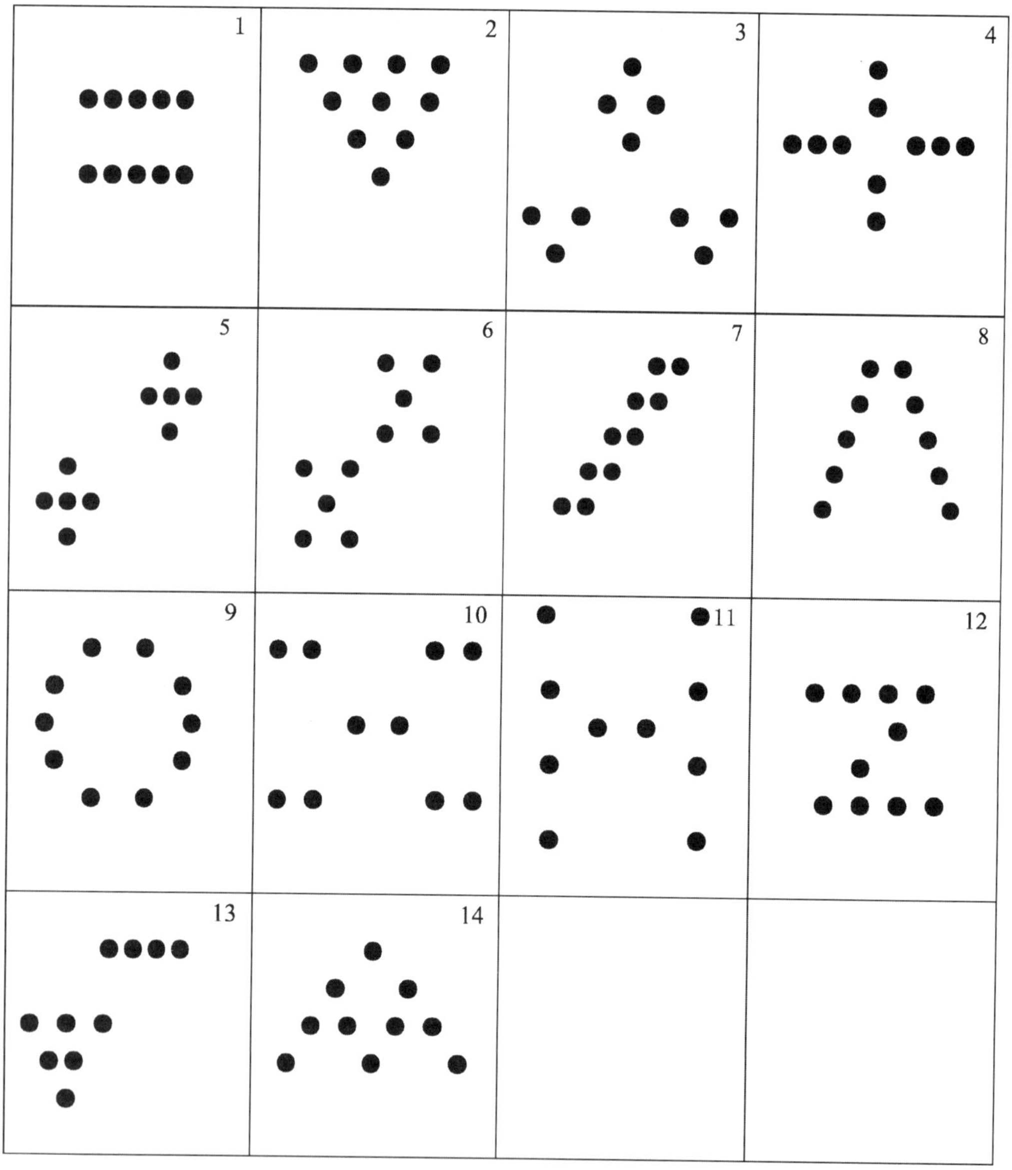

图5-6　健身健美操10人队形示意图

4. 12 人队形（图 5-7）

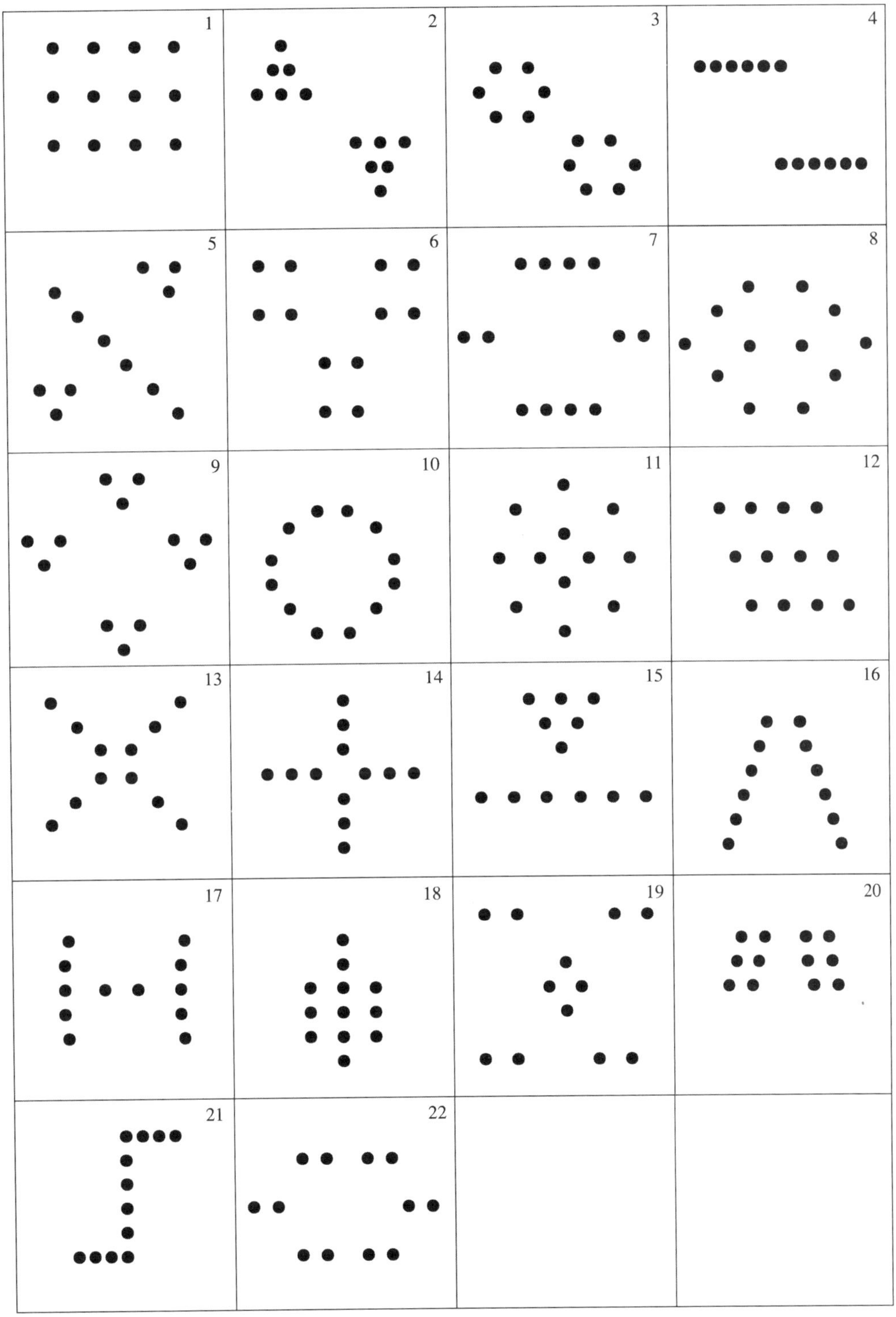

图 5-7　健身健美操 12 人队形示意图

5. 16 人队形（图 5-8）

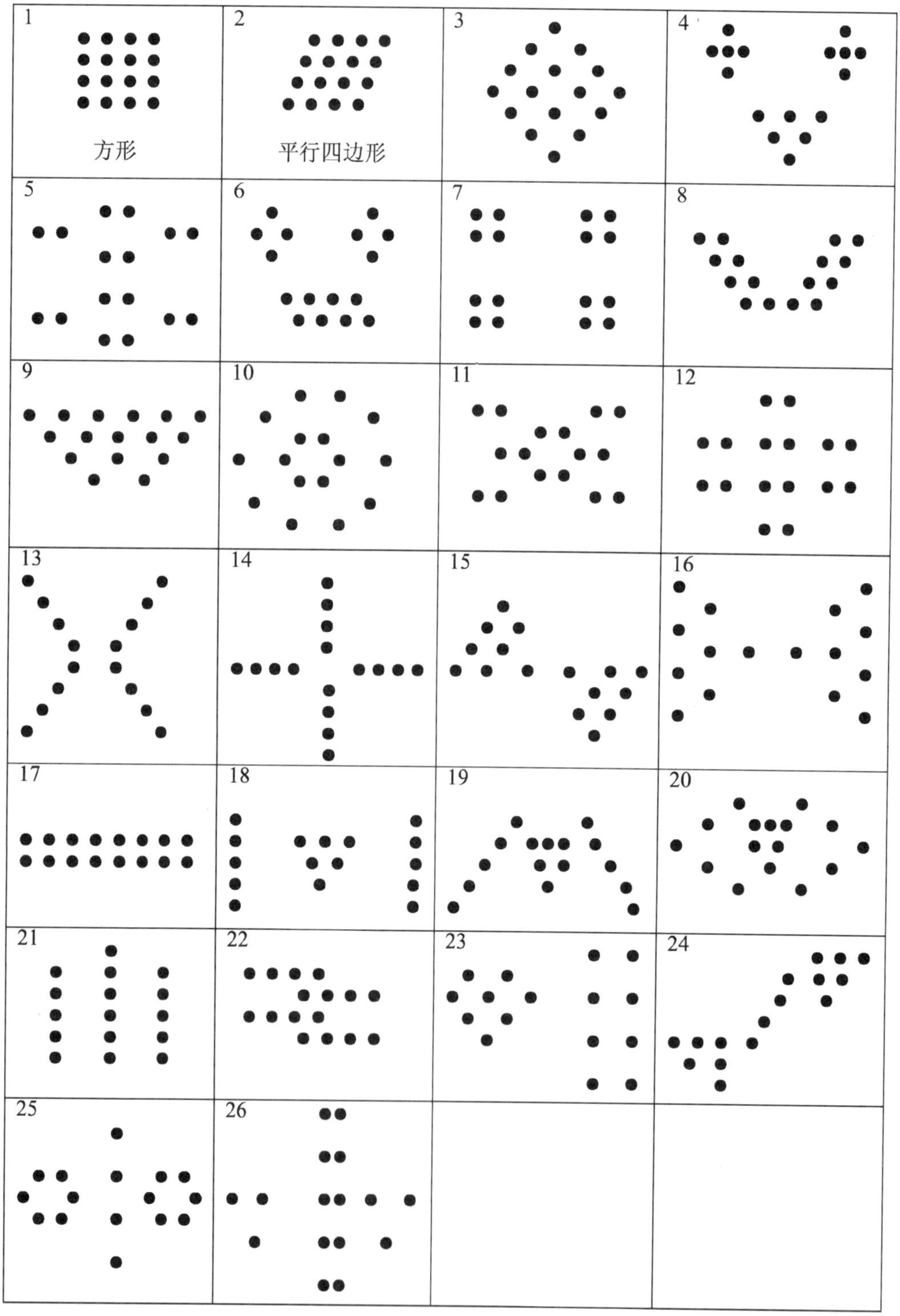

图 5-8 健身健美操 16 人队形示意图

在创编过程中，教练员可以根据参与者人数的多少进行不同类型的队形编排。在队形变化中，同样的队形通过表演者面朝向的改变也能产生不同的视觉效果。因此，教练员在队形变化创编的过程中要大胆地进行创新动作的设计，使队形变化丰富多彩，队员在完成成套动作队形变化的过程中思想要高度集中，对自己所走路线必须清楚，准确地运用音乐节拍，在规定的时间内较好地完成队形的变化。队员通过脚下动作的变化、身体面向的变化和运动路线的变化形成新的队形图案，表现出齐心协力的精神。

第五节　健美操创编能力的培养

为使健美操教学与社会群众健美操运动有机结合起来，使健美操更好地服务于全民健身运动，教师在健美操教学中应根据健美操运动的特点，将理论与实践相结合并传授给学生。同时，在学生已掌握基本知识、基本技术和技能的基础上，教师应以培养学生能力和智能发展为出发点，积极引导学生进行独立思考，通过观察、想象和分析，开发学生的创造性思维，努力培养学生的健美操创编能力。

一、创编健美操必须考虑的因素

1. 健美操基本动作的掌握程度

教师掌握的健美操基本动作越多，类型越丰富，在进行创编时就越能游刃有余，动作的新颖性也就越强。因此，要培养学生的健美操创编能力，首先要在健美操教学中把基本动作练习贯穿始终，使学生了解并掌握健美操的各种基本动作，其次要培养学生的动作协调性，为健美操创编能力打下坚实的基础。

2. 健美操动作的选择与编排

动作组合形式的选择及组织编排是培养学生创编健美操能力的核心部分。不同动作相互组合可产生多种多样的变化形式，正是因为创编者所选择的动作组合形式不同，才出现了形式各异、风格不同的健美操。选择较好的、有价值的、合理且适合学习对象的动作，并将其组织成一套健美操，需要经历由感性认识→理性认识→创编实践→认识升华→能力形成的综合过程。只有对学生加强这方面的认识教学和实践教学，才能使学生逐步掌握选择与编排健美操动作的基本原则和方法。

3. 动作细节的处理

动作细节的处理关系到整套健美操动作的优美与否。每个动作及组合都是由不同的节奏、方向、路线、幅度及姿态构成的，对这些因素处理得恰当与否，直接影响整套动作的创编质量，甚至是制约质量的关键因素。因此，在教学中教师应将动作节奏的变化、方向和路线的安排、动作幅度的伸展及姿态的设计多层次、全方位地介绍给学生，以培养学生创编健美操的综合意识和能力，这是非常重要的。

4. 音乐的感受能力

音乐的感受能力是影响学生创编能力的另一个重要因素。所谓音乐感受能力，是指创编者对乐曲节奏、旋律、意境等的感觉程度。音乐是健美操的灵魂，动作创编的“灵感”有时是来自音乐方面的感受，动作节奏的变化、组合形式的选择，以及组织编排都是依据音乐的特点并结合创编者对音乐的感受而进行。创编者对不同的音乐会产生不同的情感，也会创编出不同的健美操。因此，音乐感受能力将直接影响健美操的创编能力。

5. 了解健美操运动的现状和发展趋势

如果创编者了解国内外健美操的现状和发展趋势，洞察其创编的趋向，既能深刻理解健美操的精髓，又能把握时代的脉搏，就能根据健美操的特点和练习者的特点创编出既有健身价值又有美育价值的时尚性健美操。

二、创编前期的学习阶段

健美操创编能力的形成是一个复杂的过程，其培养要建立在多学、多记、多看、多想的基础上，此阶段需要较长时间的学习。学习内容包括基本动作、基本姿态动作和理论知识。教师应合理安排教学步骤，有针对性地采用相应的教学手段。

（一）学习动作，培养乐感

1. 基本动作的学习与基本姿态动作训练

基本动作是健美操动作创编的核心和基础，健美操所有动作的变化和创新都是在此基础上产生、变化和发展的。基本动作的学习主要是让学生掌握头颈、上肢、肩、胸等部位的基本动作，体会动作的发力部位、动作的受力点和动作的力的传递等基本感觉，培养动作的协调性和对动作的控制能力，建立健美操动作的基本感觉。

基本姿态动作训练主要是让学生进行身体各部位姿态和动作的表现力训练。教师要根据不同动作，严格要求学生的身体姿势，同时要告诉学生动作应如何表现才是最好的。教师可通过简单易懂的语言，将动作的肌肉感觉、动作的神态、动作的激情等形象地描述出来，引发诱导学生去想象和模仿，将动作有意识地表现出来，从而培养学生动作的表现力。

2. 组合动作和套路动作的学习

在学生掌握基本动作的基础上，首先进行组合动作的学习，同时不断增加动作难度，在动作的速度、幅度、方向等方面进行变化。如踏步练习，同一种动作可采取不同形式的踏步，如原地踏步、移动踏步及转体的踏步；有不同方向的踏步，如前、后、左、右走的踏步；最后再学习套路动作（以短套路动作为主）。学习时可选用不同节奏、风格的音乐，动作要新、易、美，不应追求学生能力难以达到的动作及表现。此阶段学生有了一定的动作基础，短套路学习可采用分段教学。对于简单慢节奏的动作，可直接采取单个动作重复演示法，让学生模仿。对于较复杂的动作，在讲解示范后，可采用动作重复法和循环法教学。这样学生就不会感到学习困难或学习不了，也不会因此产生厌烦感而影响学习兴趣。此阶段是学生对健美操建立感性认识的阶段，目的是让学生掌握一定数量的动作语汇，认识动作形态及特征，了解动作一般变化的规律等，为创编工作积累素材，以确保创编活动的顺利进行。

3. 乐感的训练

乐感是完成健美操动作的重要因素，也是基础训练的要素。在健美操教学中，教师可结合学生的实际水平，在课前反复播放跟健美操教学内容有关的音乐，也可选择不同旋律、不同节奏、结构简单的乐曲让学生多听并要求学生进行对比和鉴别，以加深其对音乐语言的理解能力，建立对音乐的初步感觉。此外，还要加强对音乐及动作节奏的讲解，使学生随着音乐节奏的快、慢、强、弱做出力度不同的动作。要让学生在不同节奏音乐的伴奏下进行身体练习，并要求学生耳听音乐、心数节拍和身体动作同时进行，以此体验健美操的节奏感和韵律感，将讲、听、动三者紧密结合起来，强化学生的乐感。

（二）理论知识的学习

在健美操的创编活动中，要想认识健美操的本质和规律，就必须从感性认识上升到理性认识，这是创编健美操能力形成过程中关键的一环。其中健美操理论知识的学习是必不可少的，它是学生创造性思维的催化剂。健美操理论知识的学习内容包括健美操创编理论和音乐知识。

（1）加强健美操创编理论的学习，使学生了解健美操的特点，掌握创编的原则、方法和步骤，为创编健美操实践活动奠定必要的理论基础。

（2）提高学生的音乐素养，使之掌握有关乐理知识，认识乐曲结构，了解音乐与动作的关系，加深对健美操结构的理解，懂得如何选配、处理和制作音乐，提升自身的音乐素养。

三、创编实践阶段

创编实践健美操是从理论到实践的关键阶段，也是对学生健美操知识运用能力的检验。学生在创编健美操过程中会遇到许多问题，可以通过解决问题不断积累经验，从而加深对所学知识的理解，达到认识上的升华。

1. 直观的电化教学

电化教学可以为学生提供直观的健美操信息资料，使其思维过程由感性认识向理性认识转化，加深对健美操理论知识的理解，从而引导学生开动脑筋、开阔视野、拓宽思路、增强自信，形成良好的心理上的增力情感。

2. 分组创编

在乐曲分组创编健美操时，应做到人人参加，分工合作。在分组之前，教师要准备3~5首节奏和结构不同的乐曲，让学生自己选择，并根据所选乐曲节奏和风格的需要，按照热身、主体、整理三段式结构进行健美操的创编。

学生可在所学健美操动作的基础上，通过想象和联想对内容进行加工、改造，并写出动作名称、重复次数、动作要点，画出简图。教师利用第二课堂的时间，对每个学生创编的健美操动作进行分析、讲评，使学生进一步加深对健美操动作的理解。

3. 组成成套动作

各组将每个人所创编健美操的动作有机、合理地进行排列连接，构成节、段，然后组成成套健美操动作。教师有针对性地对每组创编工作进行指导，重点解决动作与动作之间、节与节之间的相互连接问题。

4. 自编操的修改和定型

此阶段创编工作基本完成，每组将创编的健美操动作不断付诸实践，相互学习、交流、切磋、琢磨，在熟练健美操动作的基础上，反复推敲各节之间连接是否和谐，音乐风格和动作风格是否一致，整套健美操动作质量能否反映出健美操的艺术性、连贯性和科学性，然后进行最后的修改和定型。

5. 创编完成阶段

为使学生熟练灵活地创编健美操，增强竞争意识，教师可利用第二课堂让学生进行自编操比赛，选出最优秀的自编健美操在全班进行推广。比赛不仅能够提高学生的组织能力，培养学生团结进取的拼搏精神，而且可以提高学生的表现力和审美观。同时，学生也可在互相观摩和学习中共同进步，增强创编健美操的自信心。这样有利于提高学生的积极性和主动性，养成自觉锻炼的习惯，形成终身体育思想。

【思考题】

1. 简述健美操创编的原则。
2. 简述健美操创编的方法。
3. 简述健美操创编的步骤。
4. 简述健美操队形创编的原则和方法。
5. 如何培养学生的健美操创编能力？

第六章 健美操运动的规律与训练方法

【内容提要】

本章主要介绍健美操运动的规律和提升健美操技能的训练方法。

【教学目标】

了解健美操运动的基本规律，学习并掌握提升健美操技能的训练方法。

第一节 健美操运动的规律

规律通常是指事物之间内在的必然联系，它决定着事物发展的必然趋向。健美操运动的规律就是指健美操运动过程中固有的、本质的、必然的联系。健美操运动的基本规律是使健美操区别于其他运动项目并决定健美操运动发展方向的若干本质的体系。每项体育运动都有其运动特征和规律。健美操是以徒手体操或持轻器械以操化动作组合为主体的运动项目。由于其以健、力、美为主要特征，因而其内在运动的规律就以刚健有力、动静分明、节奏感强、协调整齐、姿态优美、表现力强为支撑，凸显其运动特色（图 6-1）。

健美操运动规律就是做好健美操的基本规律，这也是评价与衡量其质量高低的重要方面。一套健美操，无论是大众健美操还是竞技健美操，都必须体现出刚健有力、动静分明、节奏感强、协调整齐、姿态优美、表现力强这些基本规律，只有遵循这六方面的规律进行教学与训练，才能抓住质量，不断提高健美操运动技术水平，凸显健美操运动的魅力，凸显健美操的健、力、美特征。一套好的健美操，从操化组合、难度动作、过渡连接、队形变化、各种造型到音乐配合等，无不表现出刚健有力、整齐划一、姿态优美、均衡对称、对比协调、和谐统一、节奏感强等特征，并且是高度吻合的一个整体。因此，只有遵循健美操运动的基本规律，才能不断提高其教学与训练的质量。

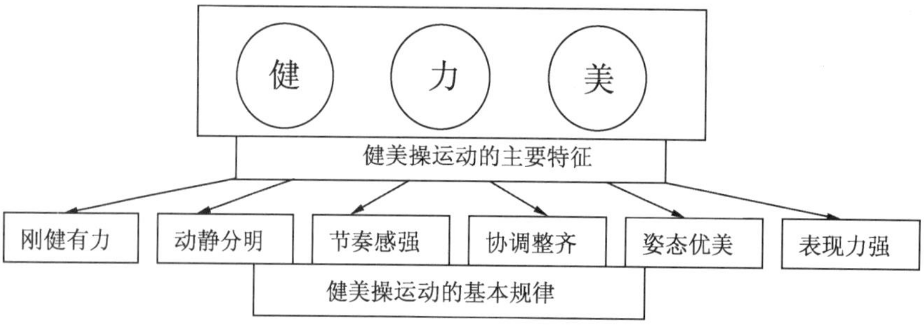

图 6-1　健美操运动特征与规律的关系

一、健美操运动各规律的内涵

健美操有着自身运动、变化和发展的内在规律，健美操的教学与训练，只有遵循其基本规律，才能获得较为理想的效果。任何规律都是事物运动过程本身所固有的联系；任何规律都是事物运动中的本质联系；任何规律都是事物运动过程中的必然联系。只有充分认识健美操运动的规律，以及各规律之间的关系，并落到实处，才能全面掌握健美操教学与训练的真谛。

1. 刚健有力

健美操运动的规律——刚健有力。健美操运动以操化动作为主，就其动作的用力性质论，大部分属于爆发性用力，对肌肉用力要求较高，要求动作快、在短时间内完成，并且连续不断地进行，即便是竞技健美操穿插的许多难度动作，也是以爆发性用力为主；有一小部分是逐渐加速用力动作，即动作由慢到快逐渐加速用力，使肌肉、韧带得到充分的扩展和拉伸，如扩胸、体侧屈、体前屈、体转等动作；只有少数动作是静力性用力动作。健美操不像艺术体操，后者的大部分动作是匀速用力，所以艺术体操的特征是柔和、飘洒、优美等，而健美操以健、力、美为主要特征，正是由于健美操的大部分动作是爆发性用力，动作过程快速，动作结束停顿时也以爆发性用力加以制动与控制，并以各种形式快速变化，因而显示出动作刚健有力、生动活泼、充满活力的特色。相对而言，健美操动作爆发性用力越强，控制力越强（制动力），就越能体现其刚健有力。

2. 动静分明

健美操运动的规律——动静分明。动静分明是指健美操操化动作动与静的交替过程界限清晰，一般每个节拍动作都是动静结合，可谓静如处子、动如脱兔，动静分明。动静分明是健美操的运动规律之一（图 6-2），也是健美操的根本要求。做操化动作时，总是动静相配合、动静相结合或连接。一般在一个节拍中要完成一动一静的动作，动则快、静则长，动与静的转换非常明显、清晰，即动静分明，这样完成动作的质量就高；反之，动则慢、静则短，动与静的转换不明显、模糊，即动静不分明，则完成动作的质量就差。要做到动静分明，做健美操者就必须有良好的身体素质和控制能力，使肢体动时快速，静时制动及时、有力、干脆利落，且位置准确、姿态良好。健美操操化动作动静分明，更能凸显健美操运动的节奏感和韵律感。动静分明是衡量完成操化动作质量的重要方面，练习者必须加以刻苦训练才能达成。

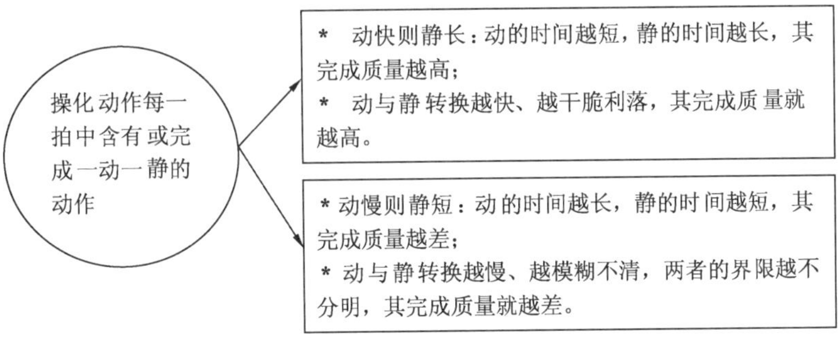

图 6-2 健美操运动规律——动静分明

3. 节奏感强

健美操运动的规律——节奏感强。健美操动作的节奏感是随着音乐的节奏通过身体动作及动作的组合来实现的。不同的音乐旋律表达不同的情境，不同的音乐节奏表达不同的情感。健美操的音乐热情奔放，冲击力强，其所表现出的快与慢、疏与密、屈与伸、高与低、动与静等，无不给人以遐想的空间，展现出动作是无声的音乐、音乐是无形的动作之美。健美操节奏是身体运动在节奏中韵化了的动律，是人体肌肉在紧张与放松交替过程中表现出来的健美操情韵。健美操是节律性运动项目，其动作具有很强的节奏感，每个动作都必须按照设定的节奏完成。例如，一个难度动作必须在 4 拍完成，这就不仅要控制动作的开始、动作的过程，而且要控制动作的结束部分（这 4 拍的合理分配）。节奏感强，是健美操运动的基本规律（图 6-3）。如果做动作的时间有长有短而不合节奏，缺乏韵律感，就如同跳舞踩不

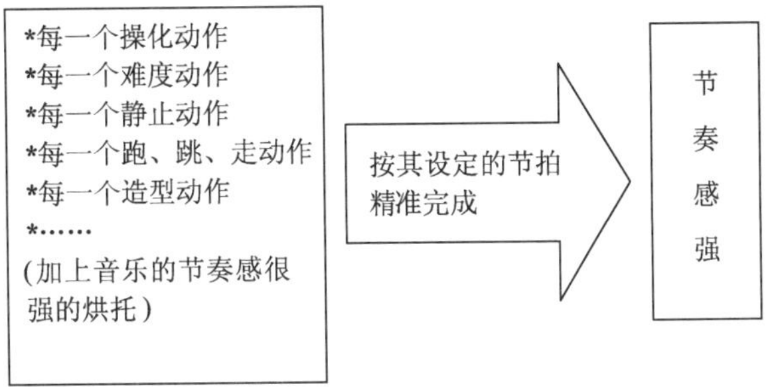

图 6-3 健美操运动规律——节奏感强

准点，非常难看。要控制好健美操动作的节奏，就必须准确掌握做操的节拍感。如大众健美操一般的音乐速度是每 10 秒 18~24 拍，而竞技健美操的音乐速度则是每 10 秒 26~30 拍。做操者只有严格、精准地遵循节拍做动作，才能展示出健美操运动的节奏感。

4. 协调整齐

动作协调整齐是健美操运动的基本规律之一。健美操运动要求动作协调整齐，单人要做到上下肢动作的配合、四肢与躯干的配合、四肢和躯干跟头的配合、跑跳走与上肢及躯干的配合、三个空间的利用、对场地的利用等都必须得当，和谐一致。比如，上肢与下肢动作的协调配合或两上肢的动作要整齐一致，在要求同时动或静时，上肢与下肢或两上肢就不能再做动作；有的动作尽管两臂所走的路线不同，有长有短，但也必须同时完成、同时制动等。集体动作的协调整齐是指，在单人达到上述要求的基础上，每个人的身高和体形应趋于一致，动作配合须协同一致、整齐划一，队形变化要丰富多彩、对称协调，集体的各种造型要配合一致、协调得当等（图 6-4）。只有协同一致、和谐一致、配合得当、整齐划一，才能显示出健美操运动的特点、价值和精神气质。

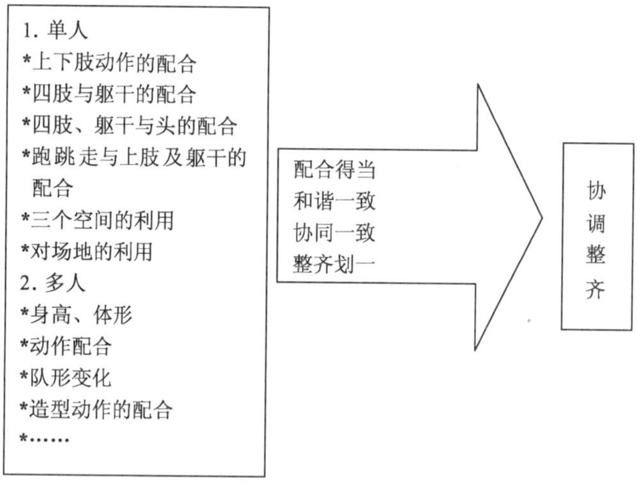

图 6-4　健美操运动规律——协调整齐

5. 姿态优美

健美操运动的规律——姿态优美。健美操运动非常讲究做操姿态，做操姿态优美不仅增加了健美操运动的美感，使健美操运动的观赏性和价值性得到提升，还可展现做健美操者的良好精神及风格。做健美操者要保持良好的姿态，身体要挺拔有气质，操化动作无论是并掌、开掌还是花掌等都必须规范。如并掌时五指并拢掌微屈，大拇指微屈紧贴食指；开掌时五指用力伸直，充分张开；做花掌时四指用力伸直而无名指屈；等等。一般做下肢动作时，脚一离地就应绷直脚尖，如同做体操动作一样。做四肢动作时，屈直要清晰、规范。由于健美操脚步移动时采用弹动技术，所以做健美操者步伐应轻巧自然。做操化动作时要做到位，动作幅度要大（动作舒展大方）。做健美操者要实现姿态优美（图 6-5），必须做到以下几点：首先，整个身体姿态要挺拔有气质；其次，四肢做动作要保持良好的姿态；最后，动作要规范、幅度大。

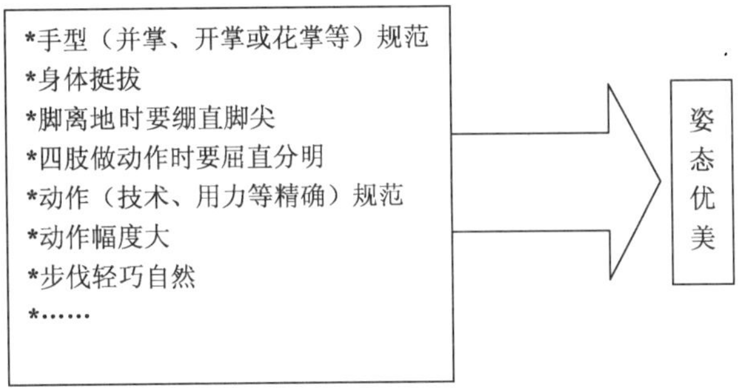

图 6-5 健美操运动规律——姿态优美

6. 表现力强

健美操是集舞蹈艺术、体操艺术、人体艺术精华于一体，通过肢体语言塑造各种生动活泼和优美的感性形象，展现出人的活泼、激情和对美好生活的向往与追求的意境，表现人的思想境界和精神世界的一种运动形式。出色的表现力能给健美操注入生气和活力。

健美操运动的规律——表现力强。健美操的表现力是指，运动员通过自身所具备的认知力、理解力、观察力、想象力、自信心，把动作和音乐的内涵转化为自身内在的情感，借助身体姿态、技术动作及面部表情等外部形态持续地表达出来，用以吸引和感染观众的一种能力。它是运动员内在精神气质和外在动作表现的完美统一。事实上，健美操表现力是一种综合表现能力，做健美操者的脸部表情是表现力的聚焦点，脸部表情包括笑容、目光、眼视方向等，而身体形态、身体姿态、精神面貌、服饰装备、技术规范、音乐节奏感、运动技术水平和艺术风格等都是直接、系统烘托其表现力的重要因素，每个因素都会影响表现力的强度；而支撑这些因素的隐性因素（间接因素）则有对健美操的认知力、理解力、观察力、想象力等，以及具体的身体素质、心理素质、运动心智能力、运动自我控制能力、音乐素养等（图 6-6）。可以说，健美操表现力是练习者的综合素质、能力、运动技术水平的聚合显示力，其间接因素影响直接因素，而直接因素又影响着表现力。这是系统的整合体，任何因素的不良都会影响到整体——表现力。因此，只有重视并全面培养或全面训练（系统训练），才能形成很强的表现力。

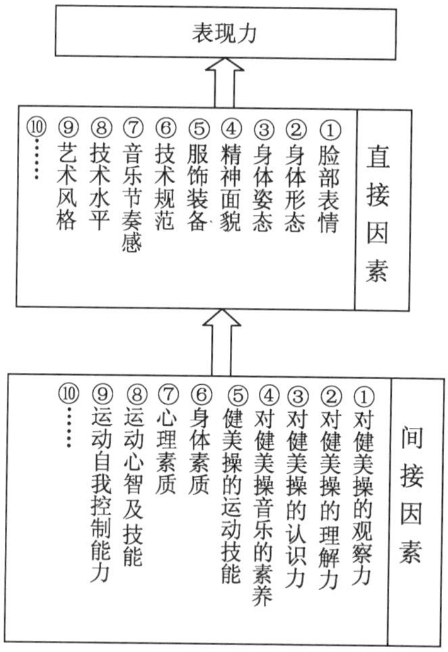

图 6-6　健美操运动规律——表现力强

第二节　提高健美操技能的训练方法

一套漂亮、优美的健美操，无论是大众健美操还是竞技健美操，都必须刚健有力、动静分明、节奏感强、协调整齐、姿态优美、表现力强，凸显健美操的健、力、美特征，凸显健美操运动的魅力。要实现此目标，抓好健美操技能的训练是关键，只有采用针对性、实用性、科学性的训练方法，才能不断提高健美操动作质量及其运动技术水平。下面介绍几种基本的健美操技能训练方法。

一、提高做操准确性的训练法

根据健美操常用的操化动作，编成一套基本部位的徒手操（包括下肢动作）进行反复训练，以使动作及动作部位准确、动静分明。要做到动静分明，健美操运动员必须有良好的身体素质和控制能力，如此才能使肢体动时快速、静时制动及时、有力、干脆利落，且位置准确、姿态良好。

基本部位徒手操的反复训练要在基本动作做准确的前提下进行，只有做准确基本部位徒手操，并反复练习，才能形成正确的动作技能，才能达到动静分明的要求。其训练方式为，开始可在慢口令指挥下做操，用一套徒手操反复进行训练，在做准确徒手操的前提下，逐步加快口令，以训练技能并不断提高做操的质量，同时还要达到一定的巩固程度。在这一基础上，可改变某节操或几节操，从而增加做操的内容或逐步增加难度，同样必须以做准确徒手操为前提或基础，这样才能不断提高做操的技能。尽管健美操技术学习简单，但也蕴涵着动作技能形成的规律性，只不过显示三个阶段的过程短些而已。因此，健美操训练也必须遵循动作技能形成的规律，才能提高做操的质量与技能。

二、提高做操用力准确性的训练法

做健美操操化动作时，手臂的各种举、绕、摆、绕环等，应该以手的远端发力做动作，以使动作达到最大幅度，从而展示健美操的力度美和姿态美。其训练方式为，练习者手持筷子，注意力集中在筷子远端，做动作时以筷子远端先行带动整个上肢进行各种练习，即远端发力并尽量拉长整条手臂，以使动作达到最大幅度。这样训练可以避免犯耸肩或肩部先用力等毛病，使上肢动作用力准确并达到动力定型。下肢的各种踢腿动作等也同样，脚一离开地就要绷直脚尖，如果是大踢腿，也是以脚尖（远端）发力，只有这样才能保持优美的动作和良好的姿态。然而，无论是上肢做动作还是下肢做动作，或者上下肢同时做动作，都必须以良好的身体姿势为基础，要梗头立腰、身体保持挺拔的姿势做各种上下肢动作，才能显示动作用力的准确性，使整体与局部的用力关系清晰、协调。

三、提高做操与音乐配合度的训练法

多采用基本部位徒手操与音乐配合的节拍训练法，先用口令指挥训练，在基本部位徒手操反复训练的基础上，可利用音乐的节拍进行训练，以后过渡到健美操实际练习。先采用节奏慢但节奏感非常强的音乐进行练习，这样有利于运动员听清楚音乐的节奏，要求动作必须按照音乐节奏并与之相吻合；然后再配快节奏的音乐进行练习。为了使运动员很好地掌握动作的节奏，可采用超规范练习的音乐节奏，通过快节奏音乐的训练，使练习者熟练、精准地掌握音乐节奏。

要使练习者精准地掌握音乐节奏，就要对其进行专门的音乐节奏感训练。可对运动员播放各种节奏的音乐，先用节奏慢且节奏感强的音乐，要求练习者听着音乐的节奏打拍子或击掌，在练习者打拍子或击掌达到一致的基础上，再逐步播放节奏快但节奏感并不强的音乐，同样要求打拍子或击掌达到一致。只有这样训练，才能使练习者按照音乐节奏做操，从而达到整齐一致。初学者往往会因为听不准音乐节奏只会跟着别人做而慢半拍，只有提高感知音乐节奏的能力，才能完全跟着音乐节奏做动作，使动作与音乐节奏吻合一致。

四、提高做操力度的训练法

健美操具有健、力、美的特征，这就要求做操要有速度力量或力度。尽管健美操以操化动作为主，但大部分动作是爆发式用力，即做动作是快速用力与快速制动，这就要求练习者必须具有良好的身体素质，特别是手臂必须具有一定的速度力量及控制能力。因此，可以在对一套徒手操进行反复训练的基础上，以手持不同重量的哑铃，由轻至重（0.5~1 千克）进行训练。仍以口令进行指挥，由慢至快，进行反复训练。但须强调，其手臂必须在用力准确、身体姿态控制良好的基础上进行训练，以提高其快速完成动作的速度力量素质；否则，由于手持重物会改变用力顺序，也容易导致耸肩或肩部先用力等毛病，反而会破坏之前建立的准确动作定型。这种训练方式开始时不宜采用过多，在臂力下降时也不宜采用，否则容易造成错误动作或用力顺序变错，以及错误动作定型。另外，还可以采用其他一些速度力量训练的专门性方法，以提高运动员上下肢的速度力量素质。

五、提高腿部弹动技术的训练法

做健美操，腿部的弹动技术非常重要。腿部弹动技术掌握得好的练习者，步伐轻巧、协调、有弹性、节奏感强、优美，且膝踝关节不易受伤。在训练腿部弹动技术时，可结合身体基本姿态进行训练，一举两得。如在进行专门性的弹动技术腿部动作时，可两手叉腰，保持身体挺拔或上肢配合做简单的动作，进行弹动技术的步伐训练。在训练时，可对着镜子进行，这样有利于清晰反馈自我信息，及时改正与提高动作质量。这样既训练了腿部的弹动技术，又训练了身体的基本姿态，有助于提升表现力。另外，还可跟着音乐的节奏进行弹动技术的训练。在进行弹动技术训练时，可先从慢节奏的音乐做起，逐步采用稍快的音乐节奏，再过渡到快节奏的音乐，其前提是必须吻合音乐节奏。这样训练，是为了不断提高腿部弹动技术。

六、难度与造型动作训练法

一般无论是大众健美操还是竞技健美操的成套动作，或多或少都会有一些有一定难度的造型动作，对于这类动作，应该采用技巧和团体操方面的相关训练方法。先训练难度动作与造型动作的准确性、规范性及熟练性，然后，严格按照应有的节拍来完成动作。如根据某一难度动作设定音乐的节拍是 4 拍，那就必须将这一难度动作的过程严格划定节拍并按节拍完成；造型动作也同样设定是 4 拍，从造型的开始到造型成功，也必须严格按照预定的节拍完成各个过程及整个造型动作，即第一拍完成到哪一程度，第二拍完成到哪一程度，第三 3 拍完成到哪一程度，第四拍达到造型成功，要有精细的规定与做法设计。只有这样，才能高质量、高标准地完成难度动作与造型动作，才能无缝对接到操化的成套动作中，达到协调、统一、优美的境界。

七、提高成套动作技能的训练法

提高成套动作技能的训练法，可以从简单组合动作开始逐步增加动作，以过渡到成套动作进行训练，其要求仍要以动作准确、确保质量为前提。或由一套简单动作过渡到较复杂的成套动作进行反复训练，最后以健身健美操或竞技健美操比赛或表演的成套动作进行反复训练。或将成套动作分成几段，分段进行训练，在达到准确、熟练程度后再串成整套动作加以训练，然后再抠技术细节、节奏等，以不断提高健美操运动技能。

在训练成套动作技能时，其做健美操动作的节奏可由慢到快，逐步达到比赛或表演的正常音乐节奏，甚至可以超出正常音乐节奏的速度进行训练，以提高其技能的应变力。如大众健美操一般的音乐速度是每 10 秒为 18～24 拍，而竞技健美操的音乐速度为每 10 秒 26～30 拍。做操者必须严格、精准地根据节拍做动作，才能显示出健美操运动的节奏感，使动作有力度并整齐划一。而且只有循序渐进地进行训练，才能使健美操技能不断提高。

八、提高脸部表现力的训练法

健美操表现力是运动员通过自身所具备的认知力、理解力、观察力、想象力、自信心，把动作和音乐的内涵转化为自身内在的情感，借助身体姿态、技术动作和面部表情等外部形态持续地表达出来，用以吸引和感染观众的一种能力。它是运动员内在精神气质和外在动作表现的完美统一。事实上，健美操表现力是一种综合体现能力，脸部表情是表现力的焦点，脸部表情包括笑容、目光、眼视方向等，而身体形态、身体姿态、精神面貌、服饰装备、技术规范、音乐节奏感、运动技术水平和艺术风格等都是直接、系统烘托表现力的重要因素。因此，提高运动员脸部表现力是非常重要的。微笑的训练方法为：首先，教练员要求运动员进行各种微笑训练，并进行摄像，从美学角度调整运动员的微笑姿势，以确定（定格）每个运动员的最佳微笑姿势并将之储存在运动员自己的手机里。然后，要求运动员定时拿着手机对着镜子进行微笑训练，使镜子里的微笑姿势与手机里的微笑姿势达到一致并能保持一定时长。这样的训练可使确定的微笑姿势保持的时长逐步达到比赛所需时长。同时，要求运动员在微笑姿势状态下做操化动作，从镜子里监控并保持这一微笑姿势加以训练。或者让练习者在嘴里微含一根筷子（横含）（这一动作容易做到微笑姿态），以训练其微笑姿势。要训练到将筷子拿掉后，运动员仍能保持这一微笑姿态。

综上所述，抓好健美操技能训练是根本，其关键在于训练方法。要由易到难、循序渐进地进行训练，而且必须综合运用各种训练方法才能凸显训练效果。另外，还要抓练习者的身体素质训练，只有速度素质、力量素质（包括臂力、腿部爆发力、腰腹肌力量等)、柔韧素质和耐力素质等共同支撑，才能提高健美操技能训练的质量，最终提高练习者的运动技术水平。

【思考题】

1. 简述健美操运动的特征和基本规律。
2. 简述提高健美操技能的训练方法。

第七章　健美操与音乐

【内容提要】

本章主要介绍音乐与健美操的关系、音乐在健美操教学中的作用、健美操音乐的种类与特点、健美操动作与音乐选配的方法。

【教学目标】

了解音乐与健美操的关系、作用，以及健美操音乐的种类与特点，初步掌握健美操动作与音乐选配的方法。

第一节　健美操音乐

音乐是健美操的灵魂，没有音乐伴奏的健美操不能称为完整的健美操。健美操只有与音乐融为一体，才能淋漓尽致、完美无缺地表现它独特的健与美。健美操动作只有与音乐的内在形式达到高度统一，才能完美、准确地表现出动作的刚健、连接的巧妙、起伏的柔美，以及动作套路的艺术性和创造性，并通过各种音乐旋律的烘托，突出健美操的运动表演形象，使健美操声色并茂，达到操中有乐、乐中有操浑然一体的优美境界，从而给人带来美的享受和美的陶冶。

健美操音乐是指为了配合健美操的练习而选用的专用乐曲，多取材于迪斯科音乐、爵士乐、摇滚乐等现代音乐或民族乐曲。它以健美操动作为依据，经过专业的选择、剪辑、调速制作而成。

健美操音乐的节奏与速度，严格地控制着健美操动作的节奏与速度，因而在很大程度上控制着运动负荷的强度。仅就节奏与速度而言，时长相同的音乐，节奏越复杂、速度越快，健美操的强度就越大，反之则越小。

音乐的风格决定动作的风格。音乐风格受时代、民族、地域、环境、作者等因素影响，因此我们应当尊重音乐的风格，因为唯有这样，动作与音乐才能协调，音乐才能有力地支撑起动作。

音乐的强弱变化为健美操动作的力度与起伏创造了内在的条件，使动作与音乐在结构上产生联系。曲调与节奏的变化加上动作起伏会使健美操产生韵律感，增加健美操的韵律美，使健美操的美学价值更高。

音乐有控制健美操动作和使人脑细胞兴奋的作用，在音乐伴奏下进行健美操锻炼可以延缓疲劳的产生。同时音乐的情绪可以影响人的情绪，这也是健美操多选择曲调欢快、节奏强劲的乐曲作为伴奏音乐的重要原因。节奏明快的音乐可以更快地调动起人的情绪（表 7-1）。

表 7-1　音乐与健美操动作的关系

音乐	健美操动作	联系	作用
节奏与速度	节奏与强度	正向	控制强度
风格	风格	文化	强化特点
结构	套路结构	段落与过渡	结构完美
情绪	表达	脑细胞	抑制疲劳

正如苏联健美操专家在《健美操》一书中指出的，音乐能激发练习者的情绪，并使其在练习过程中获得乐趣，只有在音乐的伴奏下做动作才能培养练习者的节奏感和韵律感。

第二节　音乐在健美操教学中的作用

健美操教学需要在音乐的伴奏下进行，没有音乐，学生就难以掌握健美操运动的节奏。借助音乐伴奏，不仅能够培养和发展学生的节奏感、韵律感及动作的协调性，调节肌肉用力和放松的交替节奏；而且能鼓舞和激励学生的学习情绪，提高学生学习健美操的积极性，提高健美操教学的质量；同时，还是培养学生的音乐素养，对学生进行美育教育的行之有效的手段。音乐在健美操教学中的作用主要体现在以下几个方面。

一、激发学习兴趣

在心理学中，兴趣是指人们力求认识某种事物和从事某项活动的意识倾向。它表现为人们对某件事物、某项活动的选择性态度和积极的情绪反应。兴趣在人的实践活动中具有重要意义，可以使人集中注意力，产生愉快紧张的心理状态。如果一个人对某种事物产生兴趣，他（她）就会把注意力集中于该事物，并对该事物产生一定的情感，而音乐最能使学生大脑皮层产生兴奋，激发学生的学习兴趣，使学生全神贯注，情绪饱满，在动作理解和掌握上反应迅速，从而达到充分表现自我的境界。

二、激发练习者的情感

健美操音乐具有鲜明的节奏感、韵律感和时代感，健美操动作的力度、激情、表现力等都是在接受音乐的刺激之后产生的，音乐更能激发学生的丰富情感，从而达到健美操教学的目标。在不断变化的音乐旋律伴奏下，连续不断地重复和变化健美操练习动作，可使学生的兴奋程度不断增强，进而达到锻炼身体、陶冶情操的目的。

三、具有号召力和感染力

健美操音乐能消除练习者神经上的疲劳和紧张，使健美操动作充满活力。无论练习者处于怎样的心境，健美操音乐都会给练习者带来良好的效果，帮助其祛除疲劳、消除烦恼，在精神上得到极大的解脱。对于旁观者来说，他们也会在音乐的感染下，产生跃跃欲试的感觉。

四、加快技术动作的掌握

音乐旋律的节奏与动作形象可在大脑皮层中形成一定的联系，引起联想和动作的自然反应。当动作达到一定熟练程度时，练习者根本不用再想，就会在音乐的旋律中脑海中不断出现动作形象，从而更快地记住动作，掌握动作的要领，使动作更加优美、协调，并增强对健美操的理解。

五、对身体产生积极影响

实验证明，健美操的音乐能与练习者的心跳频率产生节奏共鸣，即当音乐节奏加快时，练习者的心率也相应升高，反之则心率减缓。在有音乐伴奏和无音乐伴奏的情况下练习，每分钟心率可以相差 10~20 次，两者差异 $P<0.05$。其原因是音乐的节奏会使练习者的大脑皮层中枢神经产生兴奋，给情绪带来良性刺激，从而促进血液循环，使呼吸加快，心跳频率增加。

六、强化对动作美的烘托作用

健美操的音乐是服务于健美操动作的功能性音乐。音乐可以烘托健美操的气氛，表现健美操的特点，使健美操有声有色，增强感染力。和谐优美、节奏感强的音乐与健美操动作相结合，能增强健美操的表演效果，使人们得到健与美的享受。

七、激发练习者的表现力

音乐是“心灵的体操”。优美动人的音乐可以提高练习者的乐感、美感及动作的表现力，丰富练习者的想象力和创造力，从而达到增进健康、培养正确体态、塑造美的形态、陶冶情操的目的。

八、对创编和设计健美操具有诱导作用

音乐本身凝聚着艺术家的创造成果，一首或一段激进奔放、富有创意的乐曲可激发人的想象力，启迪人的思维。具有一定创编经验的教师或教练员听到一首或一段好的乐曲就能想象出各种相应的动作或构思出成套操的粗略结构，健美操的创作灵感往往是在音乐的激发下产生的。健美操一般是根据音乐来编排动作的，因此，音乐的选择尤为重要，音乐赋予健美操创作的灵感也是最为珍贵的。音乐能激发创编者对健美操动作的想象力、创造力，激发健美操动作创作的灵感，使创编者更好地创造出与音乐相融合的健美操动作，最大限度地表现音乐的内涵。

第三节　健美操音乐的种类与特点

一、健美操音乐的种类

健美操音乐的种类，从大类上可划分为迪斯科音乐、摇滚乐、爵士乐、轻音乐和民族音乐等五种类型。

1. 迪斯科音乐

在旋律上继承了爵士乐的切分节奏，更强调打击乐，节奏感强，表现出一种旺盛的精力。

2. 爵士乐

旋律由连续不断的切分节奏组成，即兴性强且运用强有力的打击乐，节奏变化多，音色鲜明而强烈，和声丰富，适于表现喜乐氛围。

3. 民族音乐

具有浓郁的地方特色和民族风格，丰富的调式色彩和音乐色彩，同时具有强烈的时代气息。音乐形象多样化，舞蹈性强，节奏鲜明、热情、刚健、明快，旋律亲切、优美抒情。

4. 摇滚乐

继承了爵士乐演奏的即兴性，有快有慢，以一种节奏模式反复出现且带有一种

摇摆的感觉，属于激情音乐。表现形式有重金属及与其相对的柔摇滚、混合型的乡村摇滚、流行摇滚等。

5. 轻音乐

轻松愉快、生动活泼而又浅而易懂的音乐，不表现重大的主题思想，轻松活泼。如电影音乐和戏剧配乐、通俗歌曲和流行歌曲、舞蹈音乐和民间曲调等。

二、健美操音乐的特点

健美操与舞蹈、艺术体操相比更强调动作的力度，因此，它的音乐更倾向于节奏鲜明强劲，旋律悦耳动听，热情奔放。健美操音乐多取材于迪斯科音乐、爵士乐、摇滚乐等现代音乐和具有上述特点的民族音乐，这些音乐能够使健美操表现出鲜明的现代韵律感。

成套健美操的音乐讲究韵律的变化要此起彼伏，节奏有强有弱，有快有慢，有抒情、有奔放。好的音乐能给人以感染，能给健美操锦上添花。

健美操音乐是为了配合健美操的练习而选用的，因此，它的选择必须以健美操动作为依据。健美操动作是一种对身体具有特殊功效的练习，它具有自身的动作节奏，要求有一定的力度，动作幅度有小有大，动作有慢有快，动作姿态不仅要优美还要具有一定力度，动作连贯、无间隙，如行云流水、一气呵成。因此，要充分发挥健美操的效用，除按要求完成动作之外，还必须配合相应的音乐。健美操音乐通常具有以下特点：

1. 音乐节奏鲜明强劲、清晰有力

音乐节奏的快慢强弱、音调的优美和谐，关系到健美操动作的快慢，动作的力度、幅度的大小，动作的高低起伏及运动负荷的大小等。

音乐是健美操练习的口令，是健美操动作的节拍。在乐曲中周期性出现的节奏系列，包括二拍、三拍或复合成四到八拍等，其中一拍为强，其余为次强或弱。强拍和弱拍反复出现就形成了有规律的、强弱交替而又富有感情色彩的旋律表现。由此可见，健美操的动作节奏与音乐的节奏必须相吻合才能协调一致。音乐节奏清晰能使练习者轻松地分辨节拍的强弱交替，使动作的力度效果更强烈地反映出来。

2. 音乐旋律优美、热情奔放、健康向上

健美操音乐不仅是完成动作的节奏和节拍，还应具有欣赏价值，能够陶冶情操，提高美的欣赏能力。因此，它的旋律应是轻快、优美或浑厚、沉稳、热情、奔放的，而不应是哀怨、消沉、伤感的颓废之音。

音乐曲调的健康、活泼能振奋精神，消除身心紧张和疲劳；能提高练习的效果和欣赏价值；更能激发练习者的情绪，使其获得心理和生理上的平衡。

3. 音乐韵律此起彼伏、颇具感染力

音乐的旋律能使健美操练习更具有感染力，动作和音乐旋律协调一致，就会激发练习者的积极情绪，给练习者带来愉悦和美的享受，可以延缓疲劳的产生，达到健身和陶冶情操的目的。据测定，当音乐速度达到每分钟 138~180 拍时就能形成一种明快而强烈的跳跃性节奏，具有催人起舞的巨大吸引力，使健美操动作的韵律感、节奏感更加强烈，进而感染效果也随之加强；练习者随着音乐的旋律进入意境，此时一切烦恼皆可忘却；旁观者则身心受到感染，跃跃欲试，情不自禁。

4. 具有时代感

节奏明快、强劲有力的健美操音乐旋律，与人们现在快节奏生活的内心倾向是十分吻合的，可以使人感受到强烈的时代气息。有些创编健美操音乐的专家用当年家喻户晓的音乐选配健美操动作或表演套路，具有一定的时代感，取得了良好的效果。如全国全民健身操等级动作五级轻器械操就选用歌曲《最炫民族风》作为配套音乐。

三、健美操音乐的基本要求

音乐是健美操区别于其他运动形式的一个主要方面。健美操正是由于含有了音乐的元素，才在运动之外展现出了强烈的艺术之美。

音乐赋予了健美操艺术的灵性。健美操的动作节奏、力度，以及人们在练习健美操时所怀有的激情和表现力很大一部分都来自音乐。音乐是否能够激发起人们的热情，能否表现出健美操潜在的韵律是至关重要的。正因为此，健美操对于音乐的选择有严格的要求。

（1）健美操音乐是服务于健美操动作的功能性音乐。富于表现力的音乐不仅能激发练习者操练的热情，使其在短时间内便可沉浸到锻炼的境界，同时还有助于他们牢固地记忆动作顺序，把握动作要领，起到提示和引导的作用，这些都体现出了健美操音乐的功能性。

此外，音乐还是一种思想和情绪的表达方式。好的健美操音乐能够与肢体语言融为一体，两者之间和谐自然，传递出一致的情感内涵，从而增强健美操的表演效果，丰富其艺术感染力。

（2）选择健美操音乐时，要使音乐风格与健美操动作风格相吻合，这样才能使音乐更好地服务于健美操。对于自娱自乐的健身健美操，可以选择人们耳熟能详并具有一定民族特色的音乐。对于以年轻人为演出主体的健美操，可以着意选择一些突出时代特征的音乐，这类音乐在力度、节奏、情感表达等方面更适合年轻人的口味，也更能与健美操的整体风格相贴合。如果是竞技健美操，则需要考虑运动员的特点，以便通过音乐突出运动员的个性特征。同时，音乐还必须与健美操的特点相符合，并能够突出健美操健、力、美的特征，在旋律上要做到节奏鲜明，富于变化，使音乐的衬托作用得到充分发挥。

（3）音乐的速度，也是健美操音乐选择的一个重要方面。通常情况下，健美操音乐是以10秒钟为单位作为设计动作速度的标准。健美操音乐分为慢、中、快三个速度标准：慢速一般为每10秒钟16~20拍；中速一般为每10秒钟20~24拍；快速一般为每10秒钟24拍以上。竞技健美操为了表现健美操的特点与风格，音乐速度通常能达到每10秒钟26~30拍。而健身健美操的音乐速度为每10秒钟20~24拍，这种速度所带来的锻炼强度和力度，是可以被大多数人所接受的，能够起到良好的健身作用。

第四节　健美操音乐的选配

对于健美操创编者来说，音乐是健美操的灵魂，如果能够选配一段合适的音乐，健美操的创编也就有了一半的成功把握。健美操音乐的选配方式主要有两种：一种是根据音乐制订具体的动作和套路；另一种是根据已经成形的健美操动作来选择或制作音乐。有经验的创编人员，会根据不同情况进行健美操的音乐选配。

一、健美操音乐选配的要求

根据音乐制订具体的健美操动作时，要仔细分析音乐的结构和特点，并将音乐的风格、旋律、节奏作为创编动作的依据，将音乐中的每一个起、承、转、合都看成动作的口令和指挥，每一个具体动作的编排都要在音乐中得到规范，这样才能获得一套富有乐感、节奏鲜明的健美操套路。

根据健美操动作选配音乐时，主要涉及音乐的选择、音乐的处理、音乐的制作等三个方面。一般来讲，成套动作大多选择节奏鲜明、结构完整、旋律优美、健康向上的民族音乐、爵士乐、摇滚乐、迪斯科音乐等，在选择时要把握好音乐的整体基调，使其能够起到很好的烘托作用。

由于客观原因被选中的音乐在长度、速度、风格等方面很难与健美操的动作完全统一，在这种情况下就要对音乐进行处理。音乐剪辑是处理的重要环节。剪辑时应注意使音乐前后的旋律保持相同或近似，尽量做到“天衣无缝”。在对音乐的速度进行部分调整时，要特别注意保持音乐的连续性和连贯性，让其听起来自然顺畅。

对于一些成形的套路动作，如果较难选配到个性鲜明的音乐作品，也可以有针对性地制作成套音乐，这样制作出的音乐更能与健美操动作相辅相成。在进行成套动作音乐的创编和制作时，要根据成套动作的风格、每节动作的特点及某个动作的特殊性，来考虑音乐的具体风格和结构。此外，还可以结合动作加一些特殊效果，这对提高练习者的积极性和表现力很有成效。这些特殊效果还有助于加强练习者对具体动作细节的记忆，使健美操的锻炼更具指导性。

二、健美操音乐选配的特征

音乐是健美操运动的重要组成部分。健美操动作只有与音乐在内在形象上达到高度统一，才能完整准确地表现出动作的刚健、衔接的技巧、起伏的柔美，以及动作套路的艺术性和创造性。通过音乐的烘托作用，可突出健美操的存在，达到“操中有乐，乐中有操”，浑然一体的境界。选配健美操音乐时，要突出以下方面：

1. 时间的准确性

时间是健美操运动的生命线。由于健美操直接受伴奏音乐时长的制约，所以在选择健美操的音乐时，对音乐时长的要求非常严格。做健美操的时长就是伴奏音乐的时长，健美操结束时，音乐也必须停止。因此，为了在有限的时间内集中展示健美操表演者的最高水平，健美操的动作内容必须准确、简练、集中、典型，具有概括力和较强的艺术感染力。无论以何种类型的音乐结束，都要以合理、自然为原则，不能给人突兀和牵强的感觉。

2. 音乐富有通感性

音乐的通感性是指健美操动作的外在节奏变化必须通过音乐内在节奏的力度（强、弱）、速度（快、慢）来体现，同时，音乐的内在节奏也应能适应已变化了的健美操动作。成功的健美操音乐能带动表演者的内在感觉，使他们在气息、力度和神态方面发生细腻而明显的变化，自然地形成健美操所特有的内在节奏感，这种节奏感恰恰是构成健美操韵味的重要因素。只有伴奏音乐与健美操高度统一并有机结合，才能反映出这套健美操的精华。

3. 音乐旋律必须形象化

旋律的形象化泛指一套健美操的全部音乐要体现完整的艺术形象。要达到这个目标，健美操音乐必须有系统的结构，包括开始、发展、节奏的变化、高潮、结束等。如当男子运动员在做仿直升机状的难度动作时，配以飞机在天空盘旋的特殊音效，可以形象地把男子操化动作的特点（力度）凸显出来。音乐的旋律越鲜明，定位越准确，健美操创编者的才华和表演者的水平就越能有效而准确地表现出来。

三、音乐选配的方法

优美动听的音乐能使人心情愉快，情绪高昂，精神振奋，积极向上。因此，对健美操创编者来说，选对了音乐就成功了一半，再加上富有表现力的动作，二者融为一体，就可使成套动作大放光彩。

1. 根据音乐选择动作

音乐是健美操的重要组成部分，起着语言的指挥作用和练习中的口令作用。对精心选择的乐曲，要分析音乐的结构特点，根据音乐的风格特点、节奏和旋律来设计创编健美操的成套动作。动作的节奏必须与所选音乐的风格相一致，与节奏相统一，才能达到良好的健美操效果。一般成套动作的音乐应选择节奏明显、旋律优美、结构较完整、具有较强感染力且格调健康的迪斯科音乐、爵士乐、摇滚乐或民族音乐。

2. 根据动作制作音乐

当选择的乐曲在时长、速度或风格等方面与动作不相符时，必须对音乐进行再加工。

（1）音乐的剪接。剪接的形式有两种，一种是同一首乐曲的剪接，另一种是两首或多首乐曲的剪接。无论是哪一种剪接都应注意，剪接的部位放在乐曲有停顿、空拍或乐曲的结尾处效果较好，剪接处前后乐曲的旋律应做到相同或相似。特别是两首或多首乐曲的剪接，其乐曲的速度和旋律必须相同或相似，避免在节奏和旋律方面出现不自然的现象。

（2）音乐的调速。乐曲的调速有两种，一种是整首乐曲的调速，另一种是部分乐曲的调速。对部分乐曲进行调速在实际制作过程中比较困难。实践证明，乐曲由慢到快听起来很自然，但由快突然放慢听起来就不自然了。在具体操作时，采用以下方法效果要好一些：将调速后的音乐放完之后稍加停顿（停 4 拍）再录制减速的音乐，或在调速的音乐后面剪接有特殊效果的乐曲，如海浪或其他一些声音等，但停顿不宜过长，不能超过 8 拍，不然会影响乐曲的完整性。

（3）成套音乐的制作。为提高成套动作完成的效果，培养练习者健美操的表现能力，可对成套动作的音乐进行制作，即根据成套动作的风格、每节动作的特点及某个动作的特殊性，进行成套动作音乐的创编和制作。还可在一些特殊动作中加一些音乐效果。实践证明，结合动作特点在伴奏音乐中加一些特殊效果，能有效地提高练习者的表现力和练习的积极性，对培养美感意识等极为有益。

【思考题】

1. 简述音乐在健美操教学中的作用。
2. 简述健美操音乐的种类。
3. 简述健美操音乐的特点。
4. 简述健美操音乐选配的特征与方法。

第八章 健美操运动之美

【内容提要】

本章主要介绍健美操的形式美、内涵美，以及健美操运动员身体美的体现。

【教学目标】

了解健美操形式美的构成因素和构成法则，正确认识健康的身体美，学会欣赏健美操运动的美。

健美操是融体操、舞蹈、音乐于一体的一项体育运动项目。它源于生活，源于人类对人体健与美的追求。健美操不仅秉承了体育中的“健”和“力”，更展示了艺术中的“美”。竞技健美操中连续、复杂、高强度的动作，新颖变幻的队形图案，动感的旋律，五彩缤纷的服饰和优美的造型，无不散发着强烈的艺术感染力，令观赏者心旷神怡。而大众健美操则以独特新颖的编排，充满活力、动力、趣味和快乐的外在表现，运动员与众不同的动作风格和肢体语言，将人体肢体语言艺术和体育美学融为一体，充分扩展和丰富了体育美的内涵，使健美操成为一项极具审美价值的体育运动项目。

第一节 健美操运动的形式美

健美操的美具有直观性。在健美操运动中，对动作、造型、姿态、线条、音响、色彩的审美，一般是在具体事物的外观和形式的范畴进行的，它们以其外观和形式的美来激起人们的审美感受，令人赏心悦目。因此，健美操运动状态中的形式美是健美操运动美的主要表现，运动美在很大程度上是依赖于运动中的形式美而成为审美对象的。形式美是指自然、生活、艺术中各种形式因素（色彩、线条、形体、声音等）及其有规律的组合所具有的美，如整齐一律、对称均衡、调和对比、比例、节奏韵律、多样统一等，这些形式美在漫长的审美历史中固定下来，成为形式美的法则。

一、健美操形式美的构成因素

1. 色彩之美

在美的世界中，色彩是必不可少的因素。它不仅是人类认识世界的重要依据，还能传达动人的情感反映的信息。在健美操中运动服装的色彩是审美因素，在竞技健美操中运动服装一般都采用鲜明的色彩搭配，如红白、绿白、红蓝、蓝白、红黄等。主色采用镶拼，点缀以鲜艳明快的颜色，可以完全展示运动员欢快、自由、奔放、节奏感强的特点，给人艳丽而协调的韵律感。中国队在第九届世界健美操锦标赛上的服装就是红黄搭配，中国红和巨龙黄，极具中国特色，是中国呈现给世界的颜色，是龙的传人新的风采。

2. 形体之美

形体即各种事物具体可感的外在形态。各式各样的几何图形构成美的事物的形体，不同的图形，不同的线条，有不同的情感传达。竞技健美操的特殊魅力，不仅在于动作高难、造型独特、编排新颖，还在于队形千变万化。竞技健美操的队形多种多样，变化多端，方形、三角形、四边形、梯形、八字形、人字形、丁字形……这些几何图形传达着不同的情感信息，给人们带来不同的美的感受。直线表示刚劲、稳定、挺拔，给人以力量感；横线使人感到开朗、平静；曲线则表示优美、柔和，给人以运动感；波状线表示流动、激荡；平行线表示安稳；等等。方形给人端庄、稳定的感觉；三角形给人以力的感受；圆弧形则使人感到柔和、流畅；梯形、八字形给人以开阔感；四边形、人字形、丁字形等纵横交错，使人感受到多方向的美。

3. 声音之美

健美操是一项充满音乐的运动。虽然健美操的音乐并不像专门的音乐艺术那样表现完整的人物思想情感和性格特征，但欢快的音乐可以渲染和烘托练习的氛围，有助于表现健美操的特色，使健美操的练习和表演有声有色，激发练习者的情绪，使表演更富美感和激情，从而强烈地感染观众。观众往往会报以有节奏的掌声或情不自禁地随着音乐低声吟唱，甚至在观众席上手舞足蹈。表演者和观众同时进入健美的意境，获得美的欣赏、美的满足和美的享受。有人形象地比喻：健美操给人插上了双翼，而音乐又给健美操装上了引擎。

4. 结构之美

健美操表现的是一个完整的套路，是动作组合群，讲究结构之美。结构的艺术性和编排意图常常蕴涵着审美思想。健美操动作编创者不断从自然界和社会生活中汲取素材，经过高度概括和集中，创编了各种各样的套路，展示着健美操的结构美。

只要健美操成套动作中的造型、操化、队形 、难度动作布局合理，就能体现出结构之美。从托举到支撑、从空中到地面、从柔韧到力量相互转换，队形复杂却又瞬息万变，音乐时而激越时而舒缓，激越的音乐配合多变的操化动作，舒缓的音乐配合稳健的力量支撑，丰富多样、变化万千的结构美维系并促成了健美操的整体美。

二、健美操形式美的构成法则

健美操中的音、色、形必须按一定的规律组织起来，否则就会杂乱无章，给人以凌乱的感觉，根本谈不上美。人们在创造美的过程中，通过分析、研究各种形式因素之间的联系，逐渐总结出各种形式美的法则。这些法则并不是凝固不变的，而是经历了一个由简单到复杂、由低级到高级的过程。

1. 单纯齐一美

单纯齐一又叫整齐一律，它是最简单的一种形式美。单纯齐一就是“外表的一致性”，是“同一状态一致的重复”。在单纯齐一中没有明显的差异和对立因素，而是有条理、有秩序，给人以庄重、雄劲和振奋的感觉。单纯齐一是健美操中最常见的一种形式美。无论是竞技健美操还是健身健美操，人们在观赏时首先被吸引的就是多个人整齐一致的动作，整齐地出手、整齐地跃起、整齐地落地，多人犹如一人，这样的美自然会让人惊叹。中国竞技健美操六人操、五人操在世界大赛中夺冠的一个重要因素就是完美整齐的表现。

2. 对称均衡美

对称，是指整体中各个部分之间的相称或相适应。物体以中轴线为界分成两个相等的部分，就是左右对称或上下对称。人体是对称美的最完美示范。古希腊美学家曾指出，身体美确实在于各部分之间的比例对称。均衡可以说是对称的变体，它的特点是两侧形体不必等同，但在量上要大体相当，表现为双方等量而不等形。对称均衡美在健美操的不同类型中得到了充分体现。健身健美操强调的是锻炼身体、保持健康，因此为了锻炼的全面性，其动作均以对称的形式出现。而竞技健美操虽然强调的是竞技性与观赏性，动作设计要求多样化，严格避免重复性动作和对称性动作，但竞技健美操中的不对称动作却具有均衡的特点，同样充分表现了均衡美。

3. 节奏韵律美

节奏是指运动过程中有秩序的连续。构成节奏有两个重要关系，一是时间关系，指运动过程；二是力的关系，指强弱的变化。把运动中的这种强弱变化有规律地组合起来加以反复便形成了节奏。韵律则是在节奏的基础上，赋予一定的情调色彩。所以说韵律更能给人以情趣，满足人们的审美需要。

健美操所有的动作均在一定的节奏下进行，它将人体动作有节奏地进行组织和规范，使之摆脱自然状态，使人体的动作节奏化。健美操运动时的节奏感是通过身体运动表达的，节奏性运动使健美操充分表现出人体运动的艺术美和韵律美。

4. 多样统一美

多样统一是形式美法则的高级形式，其所产生的整体效果也就是和谐。所谓“多样”，是指整体中所包含的各个部分在形式上的区别和差异性，它体现了事物的个性；“统一”则是指整体中所包含的各个部分在形式上的某些共同特征，以及它们之间的某些联系、呼应、衬托的关系，它反映了事物的共性或整体的联系。在健美操运动中，多样统一法则的运用是一套操创编的关键。以竞技健美操为例，造型、操化、音乐、队形、难度动作等多种因素组成了完整的健美操套路，教练员在创编时必须体现出“多样统一”规律，使各独立面的差异面处于特定的组合关系中，表现出一种内在的联系，并构成和谐统一的整体，从而给人以审美愉悦。

第二节　健美操运动员的身体美

身体美是由机体良好的生理和心理状态综合显现出的健康之美，是生命灌注之美。丹纳在《艺术哲学》中指出，身体美及表现它的艺术，应注意体格完整而不变态，并具有正常活动能力等有益特征，而一切特征中最有益的、没有问题的是毫无缺陷的健康，最好是生气蓬勃的健康。身体美与人类健康的理想是一致的，只有健康的身体才是美的身体。在竞技健美操中，那些满场跳跃却如蝴蝶般轻盈的身体，充盈着满满的生命力，是美的；那些体格强壮有力，体形匀称和谐，肌肉发达且有弹性，肤色红润而有光泽，精神焕发而又朝气蓬勃的身体是美的。身体美是人体经过体育运动塑造的美，是运动实践过程的积极成果。身体美虽然以相对静态的方式出现，但它却能引起人们对运动的思考和评价。身体美在体育中坚决摈弃了一切外部的装饰，不断发掘、强化自身的潜力，使身体从内在的机能到外在的形态都显得生气勃勃。

一、形体美

形体美主要指人体外形的美，即身材匀称，比例和谐。健美操运动员给人以“清水出芙蓉，天然去雕饰”的美，他们的身体苗条而不干瘪，丰满而不臃肿，四肢匀称、身高适中，散发着高贵典雅的青春魅力。健美操将姣好的容貌、健美的形体与自由奔放的姿态运动相结合，将人们的外在美和现代人的喜怒哀乐、兴趣志向、热烈情感淋漓尽致地展现出来，从而使观赏者产生精神感应，感受到朝气和活力，同时还启迪人们去探索，在探索中领略其美。人观赏自身的过程也是人审视自身的过程，健美操运动员的身体所传播出的信息将在观赏者眼里获得衍化，升华为一种理想化的典范和一种充满韵味的象征，并引发其心理震荡，使其从内心生发出对人体美的崇敬和爱慕。在这种爱慕下，人们会自然而然地进行健美操锻炼。在不懈的运动中，男子变得体格魁梧，肌肉发达，英姿勃勃，风度翩翩；女子变得体态丰满，线条优美，明朗多姿，秀丽动人。

二、姿态美

姿态美指姿态动作的美，是身体各部分配合而呈现出来的外部形态的美，具有造型性因素。健美操是一项讲究形体艺术的运动项目，对运动中的姿态特别注意。健美操的动作美主要通过姿态来衡量。竞技健美操规则明确规定，非技术要求的分腿、屈腿、勾脚尖都必须扣分，这是对动作姿态美的强调。一个有良好审美意识的运动员会时时处处注意控制自己的姿态、韵味，他（她）的一迈步、一举手、一抬头、一挺胸都能给人以美感。

三、体质美

在现代文明社会，体质美成为人们追求的目标之一，而健身健美操之所以受到热捧，原因就是能使人健康。健身健美操作为有氧健身锻炼项目，运动时间较长，练习动作可因人而异，练习健美操可以消除人体的多余脂肪，维持人体吸收与消耗的平衡，减轻体重，改善形体，使身体各个部位的肌肉得到协调、匀称的发展。在健美操练习过程中，心率一般控制在 110~150 次/分，在这一强度下持续较长时间运动，能够提高呼吸系统的换氧功能，增大肺活量，从而改善呼吸系统的机能，使人体的心血管系统功能得到增强。

四、素质美

素质美是指人在身体素质方面所呈现的美。在身体的所有机能中最能表现身体美的就是身体素质，即人在活动中显示出的力量、速度、耐力、灵敏、柔韧及协调等能力。它是一种潜藏在人体内部的美，是身体美的内在力量。虽然所有的体育项目都要求素质的全面性，但也会因项目不同而各有侧重，健美操项目的特征决定了健美操的素质美来自它的全面性。仅竞技健美操的难度动作就包含了四大类内容：静力性，动力性，跳与跃，平衡与柔韧。其中，静力性和动力性指力量素质，跳与跃包含力量、速度、柔韧等多项素质，平衡和柔韧则主要指协调和柔韧。因此，在竞技健美操中，对运动员身体素质的要求必须全面，这样观赏者得到美的享受也才可能全面。

五、气质美

气质美是人的品德、性格、精神、风度等内心世界的一种综合美，是一种心理品质和心理现象。一个人的美离不开外在和内涵两方面，人是一个统一的机体，外在表现和内心世界应该是统一的。健美操运动员由内而外地表现出意气昂扬、神采飞扬、精神焕发、活力无限，神采中透露出坚忍不拔、积极向上的品德美，使人品味到一种独特的艺术魅力。健美操是以健身为基础，融健美、健身、健心于一体的具有整体效应特征的体育运动。它既注重外在美的锻炼，又强调内在美的培养，即注重心灵美与人体美的统一，寓情于姿。练习者将自己的性格和精神融进动作之中，把人的外部表现和内在的神韵糅为一体。所以，健美操能将内在的心灵美与外在的形体美的培养与锻炼紧密结合起来，不仅塑造了健美的体格，还培养了优雅的气质。

第三节 健美操运动的内涵美

一、创造美

创造是一切美的根源。健美操美的本质是人的本质力量在健美操运动实践中的感性显现，而人的本质最重要的体现就是自由自在地创造。无论是健身健美操还是竞技健美操，创造是其存在的唯一依据。竞技健美操竞赛规则这样描述成套动作的创编："成套动作必须展示出创造性，动作设计必须展示竞技健美操的特殊内容，动作变化以及音乐动作与运动员的表演紧密相连。'世界级'的成套动作必须具备独一无二的创造性特征。"可见，健美操并不是被动地反映对象的美，而是积极地创造美，即通过审美体验创造性地把对象的有关内容表现出来，产生审美效果。

二、健康美

练习健身健美操的目的就是健身，这个风靡全球的运动项目充分表现出健康美。研究表明，系统的健身健美操锻炼，可使人的机体达到最佳状态。在外部形态上，肌肉的塑造和脂肪的消除，使人体各组成部分协调一致，肌肉、骨骼等形体结构呈优化组合，趋向人的理想尺度；在身体内部，良好的心肺耐力可以使心脏与循环系统有效运作，将肌体所需的营养物质、氧气及生物活性物质运送到肌肉与各组织器官，从而促进有机体在生命的活动中发挥重要作用；在心理方面，轻松、活泼的运动状态，配以节奏欢快的音乐，热情奔放的动作与音乐完美结合，可产生烘托气氛、激发情绪的心理效应，使锻炼者的注意力从烦恼的事情上转移开，忘掉失意与压抑，缓解工作、生活中的紧张情绪，极大地改善心理状态。

三、融合美

健美操的美是融合之美——融合了体操、音乐、舞蹈之美，产生了真正意义的健美操之美。在成为独立的运动项目后，健美操并不孤立于其他项目独立发展，而是融合了多种元素，不再"操化"、死板，表现内容和形式日益丰富。竞技健美操，作为独立的竞赛项目，必然要突出健美操本身的特色，在健美操操化动作的基础上，融入体操、舞蹈等感觉动作，是健美操艺术性表现的有力支撑。健身健美操，作为一项健身项目，其目的就是健身。中国学生健美操艺术体操协会原秘书长徐中秋老师这样说：“健美操与其他元素融合是健身健美操发展的一个趋势，各项目之间总会相互借鉴的，这样可以使该项目的表现更丰富。”在健身房，人们所热衷的已不再是单纯的健身操，而是与健身操融合的各种各样新的形式，不同特色的健身操项目可以满足人们不同的健身需求，如有氧搏击操、拉丁健美操、踏板操、爵士舞、肚皮舞等。

四、表现美

健美操是一项倡导自我表现的项目，它可以将人的内在情绪通过外部动作表现出来，是自信心、自我陶醉、热情感染力的综合反映。健美操用刚柔相济的动作、轻盈健美的姿态展现人们的运动激情与生命力，展示身体最美的面、角、线，反映人们对音乐的感悟，对美的追求。抛开竞争，健美操所倡导的是自我表现，是自己与自己的比较，它引导练习者了解自己要做什么。在练习健美操的过程中，练习者要从混乱、无序开始，经历困惑、烦恼，最终实现动作的完成。这个过程完成后，练习者在健美操运动中将以自己的联想表现出个性化的动作，充分展现自我的能力，从而增强自信心。经过长期的健美操练习后，练习者会发现自己的身体由内到外发生了奇妙的变化。

五、艺术美

一项竞技运动竞赛规则的规定，决定着该运动的发展方向。竞技健美操，作为评分类项目，其评分内容包括艺术性、完成、难度。人们观赏竞技健美操比赛，时而如欣赏一幅活动的画面，时而又如聆听一首动听的诗歌，那种感觉美不胜收。竞技健美操的艺术美是其具有巨大感染力的基本保证。通常将竞技健美操称为健美操表演，其实就是将赛台看作了舞台，将运动员当作了演员。在观赏竞技健美操比赛的时候，观众不仅要欣赏力量和技术构成的完美场面，更希望能够得到艺术上的享受。不同的健美操运动员有各自不同的风格特点和精神风貌，并通过动作的编排表现出来。优美的动作和形体既表达了运动员内心的欢快、心境的明朗，又表现出一个民族的风俗和气节，形成了竞技健美操层次的一种艺术感染美。

【思考题】

1. 简述健美操形式美的构成要素。
2. 简述健美操形式美的构成法则。
3. 简述健美操运动的内涵美。

第九章 竞技健美操训练

【内容提要】

本章主要介绍竞技健美操基本技术、难度动作训练方法。

【教学目标】

基本掌握竞技健美操基本技术训练方法，了解竞技健美操各类难度动作的辅助练习方法。

竞技健美操是一项在音乐的伴奏下，能够表现连续、复杂、高强度健美操操化动作能力的运动项目，该项目起源于传统的有氧健身运动。成套动作必须通过竞技健美操的七种基本步伐和完成的难度动作等来展示运动员完成连续动作、柔韧及力量动作的能力。

第一节 竞技健美操手臂动作训练

在竞技健美操基本动作中，手臂除了完成技术性动作任务之外，还担负着美化造型的艺术性功能。手臂是表现各种优美动作、表达内心情感的重要肢体。手臂的解剖特点和重量轻的特点，决定了其活动形式的灵活性和多样性。常见的手臂动作有举、屈伸、绕、绕环和振（视频 9-1）。

a. 竞技健美操手臂动作练习正面示范

b. 竞技健美操手臂动作练习侧面示范

视频 9-1 竞技健美操手臂动作练习示范

第二节　竞技健美操步伐训练

竞技健美操基本步伐是竞技健美操操化动作的重要组成部分，也是健美操练习者下肢动作姿态的主要形式。通过基本步伐的练习能培养练习者的协调性和韵律感。竞技健美操基本步伐包括踏步、后踢腿跑、弹踢腿跳、吸腿跳、踢腿跳、开合跳和弓步跳等七种步伐。

一、竞技健美操步伐动作说明

（一）踏步（视频 9-2）

1. 动作描述

腿屈于体前，髋与膝保持弹动；踝关节动作清晰，足尖—滚动—足跟；动作整体感觉向上，不要下坠；上体以脊椎为中轴线，保持自然直立；上体表现出腰腹的力量控制，无附加动作：前后晃、左右摆。

2. 幅度

以额状轴为准，踝关节充分伸展，髋与膝弯屈 30°~40°。

a. 踏步正面示范　　b. 踏步侧面示范

视频 9-2　踏步示范

（二）后踢腿跑（视频 9-3）

1. 动作描述

摆动腿最大限度地曲向臀部；髋关节保持直立或轻微弯曲或伸展（+/−10°）；膝关节弯屈；脚面在最高位置时绷直至最大；脚步动作表现出控制，足尖—滚动—足跟的着地过程；上体以脊椎为中轴线，保持自然直立。

2. 幅度

以额状轴为准，髋弯曲 0°~10°，膝 110°~130°，踝充分伸展。

a. 后踢腿跑正面示范　　b. 后踢腿跑侧面示范

视频 9-3　后踢腿跑示范

（三）吸腿跳（视频 9-4）

1. 动作描述

摆动腿表现出髋与膝的高程度弯屈，两关节最低要求均为 90°；当摆动腿抬高至最高点时，小腿垂直地面，绷直脚背；举起腿脚背须在肌肉控制下的绷直；支撑腿伸直，髋与膝最大弯屈接近 10°；上体以脊椎为中轴线，保持自然直立。

2. 幅度

以额状轴为准，摆动腿髋与膝最小弯屈为 90°。

a. 吸腿跳正面示范　　b. 吸腿跳侧面示范

视频 9-4　吸腿跳示范

（四）弹踢腿跳（视频 9-5）

1. 动作描述

起始动作为髋部伸展的后踢腿跑，膝踝后屈至臀部，然后向前下方踢腿，髋弯屈 30°~45°，膝关节 0°，完成一次弹踢腿；髋与膝的动作均要求被观察到；整个动作过程中表现出很好的控制，摆动腿表现出股四头肌的动作制动；上体以脊椎为中轴线，保持自然直立。

2. 幅度

以额状轴为准，髋弯屈 30°~45°，膝关节由充分屈至完全伸。

a. 弹踢腿跳正面示范　　b. 弹踢腿跳侧面示范

视频 9-5　弹踢腿跳示范

（五）开合跳（视频 9-6）

1. 动作描述

双脚向外跳开，膝关节自然弯屈，髋关节自然向外展；双脚开立距离大于肩宽，膝盖、脚尖向外；起跳、落地控制有力，动作精确并且有控制地表现为踝与脚—脚尖—滚动—足跟的过程；向内跳回，双脚/足跟并拢，脚尖向前或外开；上体以脊椎为中轴线，保持自然直立（视频 9-6）。

2. 幅度

以矢状轴为准，分开腿的距离接近肩宽加两脚宽，髋与膝自然外开 25°~45°。

a. 开合跳正面示范　　b. 开合跳侧面示范

视频 9-6　开合跳示范

（六）弓步跳（视频 9-7）

1. 动作描述

腿/脚由并拢或肩宽开始，髋关节不外展，一腿向后蹬直，前后成一直线；足跟有控制压低；双脚前后成一直线，整个身体成一整体进行移动（侧向）；低冲击：身体微前倾（前腿负重），颈与足跟成一直线；高冲击：双脚前后交替跳动，犹如户外雪橇动作，重心位于两脚之间。

2. 幅度

前后距离接近 2～3 个脚长。（弓步变化＝不同幅度）

a. 弓步跳正面示范　　b. 弓步跳侧面示范

视频 9-7　弓步跳示范

（七）踢腿跳（视频 9-8）

1. 动作描述

直腿高踢，足跟最低达到肩的高度，接近 145°；只做屈髋踢腿动作，腿伸直—膝关节没有动；动作过程中脚面绷直；支撑腿伸直，髋与膝最大弯屈接近 10°；上体以脊椎为中轴线，保持自然直立。

2. 幅度

以额状轴为准，髋关节弯屈 150°～180°，膝关节在整个动作过程中充分伸展。

a. 踢腿跳正面示范　　b. 踢腿跳侧面示范

视频 9-8　踢腿跳示范

二、竞技健美操步伐组合练习（原地）

（一）后踢腿跑+开合跳（4×8 拍）（视频 9-9）

1×8 拍

后踢腿跑（2 拍一动）

2×8 拍

后踢腿跑

3×8 拍

开合跳（2 拍一动）

4×8 拍

开合跳

视频 9-9　后踢腿跑+开合跳

（二）开合跳+吸腿跳（4×8 拍）（视频 9-10）

1×8 拍

开合跳（2 拍一动）

2×8 拍

开合跳

3×8 拍

吸腿跳（2 拍一动）

4×8 拍

吸腿跳

视频 9-10　开合跳+吸腿跳

（三）吸腿跳+弓步跳（4×8）（视频 9-11）

1×8 拍

吸腿跳（2 拍一动）

2×8 拍

吸腿跳

3×8 拍

弓步跳（2 拍一动）

4×8 拍

弓步跳

视频 9-11　吸腿跳+弓步跳

（四）弓步跳+弹踢腿跳（4×8）（视频 9-12）

1×8 拍

弓步跳（2 拍一动）

2×8 拍

弓步跳

3×8 拍

视频 9-12　弓步跳+弹踢腿跳

弹踢腿跳（2 拍一动）

4×8 拍

弹踢腿跳

（五）弹踢腿跳+踢腿跳（4×8）（视频 9-13）

1×8 拍

弹踢腿跳（2 拍一动）

2×8 拍

弹踢腿跳

3×8 拍

弓步跳（2 拍一动）

4×8 拍

弓步跳

（六）后踢腿跑+开合跳+吸腿跳（2×8）（视频 9-14）

1×8 拍

后踢腿跑

2×8 拍

1~4 拍：开合跳

5~8 拍：吸腿跳

（七）开合跳+吸腿跳+弓步跳（2×8）（视频 9-15）

1×8 拍

开合跳

2×8 拍

1~4 拍：吸腿跳

5~8 拍：弓步跳

（八）吸腿跳+弓步跳+弹踢腿跳（2×8）（视频 9-16）

1×8 拍

吸腿跳

2×8 拍

1~4 拍：弓步跳

5~8 拍：弹踢腿跳

（九）弓步跳+弹踢腿跳+踢腿跳（2×8）（视频 9-17）

1×8 拍

弓步跳

2×8 拍

1~4 拍：弹踢腿跳

视频 9-13　弹踢腿跳+踢腿跳

视频 9-14　后踢腿跑+开合跳+吸腿跳

视频 9-15　开合跳+吸腿跳+弓步跳

视频 9-16　吸腿跳+弓步跳+弹踢腿跳

视频 9-17　弓步跳+弹踢腿跳+踢腿跳

5~8 拍：踢腿跳

（十）后踢腿跑+开合跳+吸腿跳+弓步跳（2×8）（视频 9-18）

1×8 拍

1~4 拍：后踢腿跑

5~8 拍：开合跳

2×8 拍

1~4 拍：吸腿跳

5~8 拍：弓步跳

视频 9-18 后踢腿跑+开合跳+吸腿跳+弓步跳

（十一）开合跳+吸腿跳+弓步跳+弹踢腿跳（2×8）（视频 9-19）

1×8 拍

1~4 拍：开合跳

5~8 拍：吸腿跳

2×8 拍

1~4 拍：弓步跳

5~8 拍：弹踢腿跳

视频 9-19 开合跳+吸腿跳+弓步跳+弹踢腿跳

（十二）吸腿跳+弓步跳+弹踢腿跳+踢腿跳（2×8）（视频 9-20）

1×8 拍

1~4 拍：吸腿跳

5~8 拍：弓步跳

2×8 拍

1~4 拍：弹踢腿跳

5~8 拍：踢腿跳

视频 9-20 吸腿跳+弓步跳+弹踢腿跳+踢腿跳

（十三）后踢腿跑+开合跳+吸腿跳+弓步跳+弹踢腿跳（4×8）（视频 9-21）

1×8 拍

后踢腿跑

2×8 拍

开合跳

3×8 拍

吸腿跳

4×8 拍

视频 9-21 后踢腿跑+开合跳+吸腿跳+弓步跳+弹踢腿跳

1~4 拍：弓步跳

5~8 拍：弹踢腿跳

（十四）开合跳+吸腿跳+弓步跳+弹踢腿+踢腿跳（4×8）（视频 9-22）

视频 9-22 开合跳+吸腿跳+弓步跳+弹踢腿+踢腿跳

1×8 拍

开合跳

2×8 拍

吸腿跳

3×8 拍

弓步跳

4×8 拍

1~4 拍：弹踢腿跳

5~8 怕：踢腿跳

（十五）后踢腿跑+开合跳+吸腿跳+弓步跳+弹踢腿+踢腿跳（12×8）（视频 9-23）

视频 9-23 后踢腿跑+开合跳+吸腿跳+弓步跳+弹踢腿+踢腿跳

1×8 拍

后踢腿跑（2 拍一动）

2×8 拍

后踢腿跑

3×8 拍

开合跳（2 拍一动）

4×8 拍

开合跳

5×8 拍

吸腿跳（2 拍一动）

6×8 拍

吸腿跳

7×8 拍

弓步跳（2 拍一动）

8×8 拍

弓步跳

9×8 拍

弹踢腿跳（2 拍一动）

10×8 拍

弹踢腿跳

11×8 拍

踢腿跳（2 拍一动）

12×8 拍

踢腿跳

三、竞技健美操步伐组合练习（行进间）

行进间步伐练习，是为提高学生步伐移动的能力，竞技健美操比赛套路，操化均在移动中完成，因此，由原地过渡到行进间，有助于提高练习者下肢力量、培养练习者的协调性和韵律感。

（一）练习一

1. 后踢腿跑+开合跳（1×8 拍）（视频 9-24）

1~4 拍：向前后踢腿跑

5~8 拍：开合跳

2. 后踢腿跑+弹踢腿跳（1×8 拍）（视频 9-25）

1~4 拍：向前后踢腿跑

5~8 拍：弹踢腿跳

3. 后踢腿跑+吸腿跳（1×8 拍）（视频 9-26）

1~4 拍：向前后踢腿跑

5~8 拍：吸腿跳

4. 后踢腿跑+弓步跳（1×8 拍）（视频 9-27）

1~4 拍：向前后踢腿跑

5~8 拍：弓步跳

5. 后踢腿跑+踢腿跳（1×8 拍）（视频 9-28）

1~4 拍：向前后踢腿跑

5~8 拍：弓步跳

6. 开合跳+弹踢腿跳（1×8 拍）（视频 9-29）

1~4 拍：开合跳

5~8 拍：向前弹踢腿跳

7. 弹踢腿跳+开合跳（1×8 拍）（视频 9-30）

1~4 拍：向前弹踢腿跳

5~8 拍：开合跳

8. 弹踢腿跳+吸腿跳（1×8 拍）（视频 9-31）

1~4 拍：向前弹踢腿跳

视频 9-24 后踢腿跑+开合跳

视频 9-25 后踢腿跑+弹踢腿跳

视频 9-26 后踢腿跑+吸腿跳

视频 9-27 后踢腿跑+弓步跳

视频 9-28 后踢腿跑+踢腿跳

视频 9-29 开合跳+弹踢腿跳

视频 9-30 弹踢腿跳+开合跳

视频 9-31 弹踢腿跳+吸腿跳

5~8 拍：吸腿跳

9. 弹踢腿跳＋弓步跳（1×8 拍）（视频 9-32）

1~4 拍：向前弹踢腿跳

5~8 拍：弓步跳

10. 弹踢腿跳＋踢腿跳（1×8 拍）（视频 9-33）

1~4 拍：向前弹踢腿跳

5~8 拍：踢腿跳

视频 9-32　弹踢腿跳+弓步跳

视频 9-33　弹踢腿跳+踢腿跳

11. 吸腿跳+开合跳（1×8 拍）（视频 9-34）

1~4 拍：向前吸腿跳

5~8 拍：开合跳

视频 9-34　吸腿跳+开合跳

视频 9-35　吸腿跳+依次开合跳

12. 吸腿跳+依次开合跳（1×8 拍）（视频 9-35）

1~4 拍：向前吸腿跳

5~8 拍：开合跳

13. 吸腿跳+弓步跳（1×8 拍）（视频 9-36）

1~4 拍：向前吸腿跳

5~8 拍：弓步跳

视频 9-36　吸腿跳+弓步跳

（二）练习二

1. 后踢腿跑+开合跳+弹踢腿跳（2×8 拍）（视频 9-37）

1×8 拍

向前后踢腿跑

2×8 拍

1~4 拍：开合跳

5~8 拍：弹踢腿跳

视频 9-37　后踢腿跑+开合跳+弹踢腿跳

2. 后踢腿跑+弹踢腿跳+吸腿跳（2×8 拍）（视频 9-38）

1×8 拍

向前后踢腿跑

2×8 拍

1~4 拍：弹踢腿跳

5~8 拍：吸腿跳

视频 9-38　后踢腿跑+弹踢腿跳+吸腿跳

3. 后踢腿跑+吸腿跳+弓步跳（2×8 拍）（视频 9-39）

1×8 拍

向前后踢腿跑

视频 9-39　后踢腿跑+吸腿跳+弓步跳

2×8 拍

1~4 拍：吸腿跳

5~8 拍：弓步跳

4. 后踢腿跑+弓步跳+踢腿跳（2×8 拍）（视频 9-40）

视频 9-40 后踢腿跑+弓步跳+踢腿跳

1×8 拍

向前后踢腿跑

2×8 拍

1~4 拍：弓步跳

5~8 拍：踢腿跳

5. 后踢腿跑+开合跳+吸腿跳（2×8 拍）（视频 9-41）

视频 9-41 后踢腿跑+开合跳+吸腿跳

1×8 拍

向前后踢腿跑

2×8 拍

1~4 拍：开合跳

5~8 拍：吸腿跳

6. 后踢腿跑+开合跳+弓步跳（2×8 拍）（视频 9-42）

视频 9-42 后踢腿跑+开合跳+弓步跳

1×8 拍

向前后踢腿跑

2×8 拍

1~4 拍：开合跳

5~8 拍：弓步跳

7. 后踢腿跑+开合跳+踢腿跳（2×8 拍）（视频 9-43）

视频 9-43 后踢腿跑+开合跳+踢腿跳

1×8 拍

向前后踢腿跑

2×8 拍

1~4 拍：开合跳

5~8 拍：踢腿跳

8. 后踢腿跑+吸腿跳+踢腿跳（2×8 拍）（视频 9-44）

视频 9-44 后踢腿跑+吸腿跳+踢腿跳

1×8 拍

向前后踢腿跑

2×8 拍

1~4 拍：吸腿跳

5~8 拍：踢腿跳

9. 吸腿跳+弓步跳+开合跳（2×8 拍）（视频 9-45）

1×8 拍

向前吸腿跳

2×8 拍

1～4 拍：弓步跳

5～8 拍：开合跳

视频 9-45　吸腿跳+弓步跳+开合跳

10. 吸腿跳+踢腿跳+弹踢腿跳（2×8 拍）（视频 9-46）

1×8 拍

向前吸腿跳

2×8 拍

1～4 拍：踢腿跳

5～8 拍：弹踢腿跳

视频 9-46　吸腿跳+踢腿跳+弹踢腿跳

11. 开合跳+吸腿跳+踢腿跳（2×8 拍）（视频 9-47）

1×8 拍

向前开合跳

2×8 拍

1～4 拍：吸腿跳

5～8 拍：踢腿跳

视频 9-47　开合跳+吸腿跳+踢腿跳

12. 开合跳+弓步跳+弹踢腿跳（2×8 拍）（视频 9-48）

1×8 拍

向前开合跳

2×8 拍

1～4 拍：弓步跳

5～8 拍：弹踢腿跳

视频 9-48　开合跳+弓步跳+弹踢腿跳

13. 开合跳+弓步跳+踢腿跳（2×8 拍）（视频 9-49）

1×8 拍

向前开合跳

2×8 拍

1～4 拍：弓步跳

5～8 拍：踢腿跳

视频 9-49　开合跳+弓步跳+踢腿跳

（三）练习三

1. 后踢腿跑+弹踢腿跳转体 180°+吸腿跳转体 180°+开合跳（2×8 拍）（视频 9-50）

1×8 拍

1～4 拍：向前后踢腿跑

视频 9-50　后踢腿跑+弹踢腿跳转体 180°+吸腿跳转体 180°+开合跳

5~8 拍：弹踢腿转体 180°

2×8 拍

1~4 拍：吸腿跳转体 180°

5~8 拍：开合跳

2. 后踢腿跑+开合跳转体 180°+吸腿跳转体 180°+踢腿跳（2×8 拍）（视频 9-51）

1×8 拍

1~4 拍：向前后踢腿跑

5~8 拍：开合跳转体 180°

2×8 拍

1~4 拍：吸腿跳转体 180°

5~8 拍：踢腿跳

视频 9-51　后踢腿跑+开合跳转体 180°+吸腿跳转体 180°+踢腿跳

3. 后踢腿跑+弓步转体 180°+踢腿跳转体 180°+开合跳（2×8 拍）（视频 9-52）

1×8 拍

1~4 拍：向前后踢腿跑

5~8 拍：弓步转体 180°

2×8 拍

1~4 拍：踢腿跳转体 180°

5~8 拍：开合跳

视频 9-52　后踢腿跑+弓步转体 180°+踢腿跳转体 180°+开合跳

4. 后踢腿跑+弓步转体 180°+开合跳+弓步跳转体 180°+开合跳（2×8 拍）（视频 9-53）

1×8 拍

1~4 拍：向前后踢腿跑

5~6 拍：弓步转体 180°

7~8 拍：开合跳

2×8 拍

1~4 拍：弓步转体 180°

5~8 拍：开合跳

视频 9-53　后踢腿跑+弓步转体 180°+开合跳+弓步跳转体 180°+开合跳

5. 后踢腿跑+吸腿跳转体 180°+开合跳+吸腿跳转体 180°+开合跳（2×8 拍）（视频 9-54）

1×8 拍

向前后踢腿跑

2×8 拍

视频 9-54　后踢腿跑+吸腿跳转体 180°+开合跳+吸腿跳转体 180°+开合跳

1~2 拍：吸腿跳转体 180°

3~4 拍：开合跳

5~6 拍：吸腿跳转体 180°

7~8 拍：开合跳

6. 后踢腿跑+吸腿跳转体 180°+弹踢腿跳+开合跳转体 180°（2×8 拍）（视频 9-55）

1×8 拍

1~4 拍：向前后踢腿跑

5~8 拍：吸腿跳转体 180°

2×8 拍

1~4 拍：弹踢腿跳

5~8 拍：开合跳转体 180°

视频 9-55　后踢腿跑+吸腿跳转体 180°+弹踢腿跳+开合跳转体 180°

7. 吸腿跳+弓步跳转体 180°+弹踢腿跳+开合跳转体 180°（2×8 拍）（视频 9-56）

1×8 拍

1~4 拍：向前吸腿跳

5~8 拍：弓步跳转体 180°

2×8 拍

1~4 拍：弹踢腿跳

5~8 拍：开合跳转体 180°

视频 9-56　吸腿跳+弓步跳转体 180°+弹踢腿跳+开合跳转体 180°

8. 后踢腿跑+弓步跳+弹踢腿跳+团身跳（2×8 拍）（视频 9-57）

1×8 拍

1~4 拍：向前后踢腿跑

5~8 拍：弓步跳

2×8 拍

1~4 拍：弹踢腿跳

5~8 拍：团身跳

视频 9-57　后踢腿跑+弓步跳+弹踢腿跳+团身跳

9. 后踢腿跑+吸腿跳+团身跳+科萨克跳（2×8 拍）（视频 9-58）

1×8 拍

1~4 拍：向前后踢腿跑

5~8 拍：吸腿跳

2×8 拍

视频 9-58　后踢腿跑+吸腿跳+团身跳+科萨克跳

1~4 拍：团身跳

5~8 拍：科萨克跳

10. 后踢腿跑+吸腿跳+踢腿跳+前倒俯卧撑（2×8 拍）（视频 9-59）

视频 9-59 后踢腿跑+吸腿跳+踢腿跳+前倒俯卧撑

1×8 拍

1~4 拍：向前后踢腿跑

5~8 拍：吸腿跳

2×8 拍

1~4 拍：踢腿跳

5~8 拍：前倒俯卧撑

11. 后踢腿跑+弹踢腿跳+吸腿跳+弓步跳+开合跳+踢腿跳+团身跳+科萨克跳（4×8）（视频 9-60）

视频 9-60 后踢腿跑+弹踢腿跳+吸腿跳+弓步跳+开合跳+踢腿跳+团身跳+科萨克跳

1×8 拍

1~4 拍：向前后踢腿跑

5~8 拍：弹踢腿跳

2×8 拍

1~4 拍：吸腿跳

5~8 拍：弓步跳

3×8 拍

1~4 拍：开合跳

5~8 拍：踢腿跳

4×8 拍

1~4 拍：团身跳

5~8 拍：科萨克跳

12. 后踢腿跑+吸腿跳+开合跳+吸腿跳+弹踢腿跳+开合跳+劈腿跳（2×8 拍）（视频 9-61）

视频 9-61 后踢腿跑+吸腿跳+开合跳+吸腿跳+弹踢腿跳+开合跳+劈腿跳

1×8 拍

1~4 拍：向前后踢腿跑

5 拍：吸腿跳

6 拍：开合跳

7~8 拍：吸腿跳

2×8 拍

1~4 拍：弹踢腿跳

5~6 拍：开合跳

7~8 劈腿跳

第三节　竞技健美操操化动作训练

竞技健美操操化动作是健美操基本步伐与手臂动作的结合：在音乐伴奏下，创造出动感的、有节奏的，连续的并包含高低不同强度的一连串动作。正规比赛，竞技健美操成套中操化动作要均衡平衡分配，一套成套动作中有 8 个八拍操化动作（视频 9-62～视频 9-65）。

一、竞技健美操操化动作训练（一）

二、竞技健美操操化动作训练（二）

三、竞技健美操操化动作训练（三）

三、竞技健美操操化动作训练（四）

视频 9-62　操化动作训练（一）

视频 9-63　操化动作训练（二）

视频 9-64　操化动作训练（三）

视频 9-65　操化动作训练（四）

第四节　竞技健美操难度动作训练

一、动力性力量动作举例

（一）俯卧撑（视频 9-66）

视频 9-66
俯卧撑

1. 动作要领

双手五指分开，指尖朝前撑于地面，头、肩至脚踝成一条直线，屈臂俯撑至最低点时肩不能高于肘关节，还原时手臂伸直。

2. 动作规格

俯卧撑下降至最低点，胸离地面不得高于 10 厘米。

3. 训练方法

（1）推墙、把杆练习。

（2）手支撑在一定高度的台面上进行俯卧撑。

（3）膝盖支撑，完成跪卧撑。

（4）在地面上保护帮助下完成。

（5）地面上俯卧撑。

4. 保护与帮助

保护人员站在练习者体侧，两手扶髋部，帮助其体会俯卧撑的技术动作。

5. 动作重点

双臂屈伸与肩平，头、肩、髋、膝、踝成直线。

6. 动作难点

屈伸有节奏、有控制，动作协调，重心平稳。

7. 易犯错误

核心部位松懈，头、肩、髋、膝、踝不在一条直线。

（二）后倒俯卧撑（视频 9-67）

视频 9-67
后倒俯卧撑

1. 动作要领

身体呈标准俯卧撑姿态下降至最低点后，手臂弯屈完成后倒动作。

2. 动作规格

俯卧撑下降至最低点，手臂弯曲呈 90°，下身核心有控制，肘关节对准脚尖的方向下降并后倒，同时与踝关节形成互动身体重心移回中心，还原初始位置。

3. 训练方法

练习标准俯卧撑刺激肌肉力量；练习平板支撑提升核心控制。

4. 保护与帮助

保护上肢及核心部位，防止损伤。

5. 动作重点

完成动作时，控制身体重心位置变化。

6. 动作难点

对运动员力量要求较高。

7. 易犯错误

手臂弯屈达不到规定角度。

（三）单腿侧倒俯卧撑（视频 9-68）

1. 动作要领

双臂单腿标准俯卧撑下降至最低点时，重心侧移至一侧肘关节触地，再回到俯卧撑姿态。

2. 动作规格　由双臂、单腿支撑，分腿距离略小于肩宽；俯卧撑下降至最低点后，重心向一侧偏移，直至肘关节触地，最后回到俯卧撑姿态。

视频 9-68
单腿侧倒俯卧撑

3. 训练方法

（1）多次数练习标准俯卧撑，提高核心控制。

（2）练习双腿侧倒俯卧撑，寻找肌肉用力感觉。

4. 保护与帮助

辅助人员将手放到运动员腰间助力完成。

5. 动作重点

在完成俯卧撑下降过程中的重心侧移至肘关节触及地面。

6. 动作难点

对运动员身体控制，力量较大要求。

7. 易犯错误

俯卧撑的姿态变形，倒手位置不正确。

（四）文森俯卧撑（视频 9-69）

1. 动作要领

俯卧撑姿势准备，单腿伸直并搭在同侧肱三头肌上端，完成一次俯卧撑。

2. 动作规格

双腿膝盖伸直，手肘夹角保持 90°腰腹收紧，保持此姿势完成一次俯卧撑，回到俯卧撑姿势结束。

视频 9-69
文森俯卧撑

3. 训练方法

（1）标准俯卧撑—俯卧撑左右侧踢腿。

（2）单腿俯卧撑—屈膝文森俯卧撑—文森俯卧撑。

4. 保护与帮助

辅助者托着运动员的腰腹部完成。

5. 动作重点

动作腿与后腿的膝盖脚尖，手肘夹角度数，腿的伸展是否与俯卧撑同时完成。

6. 动作难点

腿的伸展与俯卧撑要同时完成，不可分开进行。

7. 易犯错误

动作腿屈膝勾脚，腿的伸展与俯卧撑分开完成，身体形态变形。

（五）控文森俯卧撑（视频 9-70）

1. 动作要领

俯卧撑姿势准备，一腿伸展并搭在同侧肱三头肌上端，双腿膝盖伸直，躯干与腿部保持一条直线；后腿离开地面并控制平衡，两腿成一直线与地面保持水平，后背平整。身体重心转移至手臂及核心部位。

视频 9-70
控文森俯卧撑

2. 动作规格

双腿膝盖伸直脚面绷紧，手肘夹角保持 90°，双腿离地时与地面保持水平，保持此姿势完成一次俯卧撑，最后以控文森结束。

3. 训练方法

标准俯卧撑—单腿俯卧撑—屈膝文森俯卧撑—文森俯卧撑—文森控腿俯卧撑。

4. 保护与帮助

辅助者托着运动员的腰腹部或轻扶控制腿，帮助其找到平衡控制点。

5. 动作重点

控制腿的平衡和手臂的力量以及重心平衡的转移。两腿成一直线与地面保持水平。

6. 动作难点

重心的转移，整体动作的平衡点。

7. 易犯错误

两腿与地面没有保持同一水平面。

（六）提臀腾起（视频 9-71）

1. 动作要领

俯卧撑姿态准备，上肢与下肢同时发力离开地面，腰腹受力，空中收腹提臀保持躯体姿态。

视频 9-71
提臀腾起

2. 动作规格

上下肢同时发力离地，腾空时双腿并拢伸直，躯体与大腿之间的角度必须少于60°，最后同时落地成俯卧撑姿态。

3. 训练方法

（1）俯卧撑推地起上身练习，加强腹肌与手臂力量。

（2）俯卧撑推起时双脚不离开地面，俯卧撑推起摸脚，随后有控制展开回至俯卧撑。

（3）俯卧撑推起时，双手支撑，双腿伸直并拢向双手方向发力，空中收腹，身体有控制屈体，随后展开回至俯卧撑。

4. 保护与帮助

可以在上方辅助腰腹向上发力，减轻力量负担。

5. 动作重点

要有腾空高度，双手同时去触脚。

6. 动作难点

手脚不同时发力。

7. 易犯错误

腾空过程中躯体与大腿角度大于60°。

（七）直升飞机（视频 9-72）

1. 动作要领

分腿坐姿准备，单手撑地至主动腿从另一腿上交叉摆腿，至最远点以背部贴地继续旋腿，当两腿转过身体时，顶肩翻身转体180°成俯卧撑姿势。

视频 9-72
直升飞机

2. 动作规格

初始动作分腿坐地，开始必须与结束在同一位置。

3. 训练方法

多练习旋腿，顶肩呈俯卧撑状。

4. 保护与帮助

辅助人员在顶肩时撑手。

5. 动作重点

旋腿结束躺身时必须为原点的180°。

6. 动作难点

摆动腿开始旋腿时另外一条腿留住，顶肩不要翻身，要有高度。

7. 易犯错误

起始点与终点不在同一位置，旋转度数超过180°。

（八）直升飞机成文森（视频 9-73）

1. 动作要领

分腿坐姿准备，单手撑地至主动腿从另一腿上交叉摆腿，至最远点以背部贴地继续旋腿，当两腿转过身体时，顶肩翻身转体 180°成俯卧撑姿势，完成直升飞机以文森俯卧撑姿势结束。

视频 9-73
直升飞机成文森

2. 动作规格

初始动作分腿坐地，开始必须与结束在同一面向，最后以文森俯卧撑姿态结束。

3. 训练方法

多练习旋腿，顶肩呈俯卧撑状，找到成文森的节奏。

4. 保护与帮助

辅助人员可帮助运动员带腿顶肩。

5. 动作重点

转体顶肩留腿成文森。

6. 动作难点

顶肩留腿。

7. 易犯错误

结束时面向与初始面向不一致，文森姿态。

二、静力性力量练习

（一）直角支撑（视频 9-74）

1. 动作要领

双腿并拢坐于地面，双手位于身体两侧贴近于臀部；双手手掌触地支撑，屈髋抬腿离开地面，双腿平行于地面，保持 2 秒。

视频 9-74
直角支撑

2. 动作规格

双腿伸直并拢，与地面平行，双腿与臀部离开地面保持 2 秒。

3. 训练方法

（1）肋木举腿锻炼核心与髂腰肌。

（2）直角支撑抬腿练习，练习者直角坐坐于地面上，双手置于大腿处支撑，双腿并拢，膝盖脚尖伸直，练习抬腿动作，强化髂腰肌力量。

（3）练习者直角坐坐于地面上，双腿并拢，膝盖脚尖伸直，双手置于大腿处支撑，腹部用力，双脚脚后跟着地，臀部撑离地面，随后在背部作用力下前后运动。

4. 保护与帮助

辅助者可拿弹力绳或带子借力。

5. 动作重点

双手支撑有力，双腿伸直与地面平行。

6. 动作难点

臀部与双腿同时离地，支撑时间不足 2 秒。

7. 易犯错误

臀部与双腿不能同时离地，脚背膝盖的姿态。

（二）直角支撑转体 360°（视频 9-75）

视频 9-75　直角支撑转体 360°

1. 动作要领

直角支撑准备，臀部与双腿离地的同时，双手在地面最多交换 4 次完成 360°旋转，回到直角支撑姿势。

2. 动作规格

转体时，臀部与双腿同时离地，且不可触地，双手在地面最多交换 4 次。

3. 训练方法

（1）双脚在地，倒手练习。

（2）直角支撑原地倒手练习。

（3）直角支撑撑起后，双腿并拢，原地左右摆腿练习。

4. 保护与帮助

教练员扶着队员的脚，使其臀部与双腿腾空。

5. 动作重点

转体时最多倒手四次完成 360°。

6. 动作难点

转体时臀部与双腿不得触地。

7. 易犯错误

转体时臀部或双脚触地，膝盖脚背弯曲，交换倒手超过 4 次。

（三）分腿支撑（视频 9-76）

视频 9-76　分腿支撑

1. 动作要领

分腿坐姿准备，双手五指分开，与肩同宽，手掌撑地放于身体前侧地面，腹部肌肉、大腿肌肉收紧，臀部与双腿同时离开地面 2 秒。

2. 动作规格

膝盖伸直，脚尖绷紧，臀部与双腿同时离地 2 秒，屈髋分腿角度不小于 90°。

3. 训练方法

腹部两头起练习，原地分腿支撑抬腿练习。

4. 保护与帮助

辅助者轻抬运动员脚尖，提供一个向上的力。

5. 动作重点

腹部，大腿力量要足够。

6. 动作难点

对髂腰肌力量要求高。

7. 易犯错误

重心不在两手中间。

（四）分腿支撑转体 360°（视频 9-77）

1. 动作要领

分腿支撑姿态转体 360°，转体时交换手不得超过 4 次。

2. 动作规格

保持臀部与双腿同时离地，且完成过程中不触地。

3. 训练方法

分腿坐姿，身体前屈抬腿，训练髂腰肌；分腿支撑原地转体练习。

视频 9-77
分腿支撑
转体 360°

4. 保护与帮助

借助弹力绳进行转体练习。

5. 动作重点

转体过程中臀部与双腿不触及地面，双手最多交换 4 次。

6. 动作难点

转体节奏的把握。

7. 易犯错误

转体角度不够，转体换手超过 4 次。

三、跳跃类练习

（一）直体跳类

1. 直体跳转 360°（视频 9-78）

（1）动作要领：双脚并拢伸直起跳，转体 360°。

（2）动作规格：

① 双脚并拢同时向上垂直起跳，身体充分伸展。

② 空中旋转 360°。

（3）训练方法：

视频 9-78
直体跳转 360°

① 原地直体跳练习，注意身体姿态和中轴的向上用力。

② 手臂带动身体按照 90°—180°—270°—360°顺序依次练习。

（4）保护与帮助：在运动员的两侧放块竖直的垫子，防止跳歪发生意外。

（5）动作重点：双脚并拢同时向上垂直起跳并同时着地。

（6）动作难点：起跳时身体控制，核心控制，对跳转方向的把握。

（7）易犯错误：起跳时的姿势，空中的姿态，落地姿态。

2. 直体跳转 720°（视频 9-79）

（1）动作要领：双臂带动身体呈直体，转体 720°。

（2）动作规格：双脚并拢同时向上垂直起跳，身体充分伸展，空中旋转 720°

（3）训练方法：手臂带动身体转体，逐渐增加转体角度。

（4）保护与帮助：在运动员的两侧放块竖直的垫子，防止跳歪发生意外。

视频 9-79
直体跳转 720°

（5）动作重点：双脚并拢同时向上垂直起跳并同时着地。

（6）动作难点：跳转角度的把控。

（7）易犯错误：起跳偷转，转体不到位，空中分脚。

3. 直体跳转 360°成纵劈腿（视频 9-80）

（1）动作要领：上步转体的同时保证身体姿态成直体状，成叉时为标准纵叉。

（2）动作规格：注意准备姿态不要偷转、膝盖脚面的细节。

（3）训练方法：

① 练习转体面向头与身体同时转动，转体的手臂带转。

② 原地纵跳成叉—直体跳转 180°成叉—直体 360°成叉。

视频 9-80
直体跳转 360°
成纵劈腿

（4）保护与帮助：带臂纵跳，辅助转体 180°姿态重心高度往上。

（5）动作重点：起跳转体保证是完整的 360°；空中的姿态。

（6）动作难点：上步分脚、偷转、姿态细节，空中的控制。

（7）易犯错误：在完成动作的过程中手臂位置错误，身体姿态出现变形。

（二）团身跳类

1. 团身跳（视频 9-81）

（1）动作要领：单腿或双腿并拢垂直起跳后，屈膝上抬，双膝高于 90°，小腿垂直于地面，最后双腿伸直同时落于地面站稳。

（2）动作规格：空中屈膝团身时脚背绷紧，双脚并拢同时落地。

（3）训练方法：

① 练习原地起跳，练习髂腰肌；

② 团身两头起辅助练习，注意团身伸展的用力点。

视频 9-81
团身跳

（4）保护与帮助：辅助人员站在运动员背后，双手提腰，让运动员借力起跳。

（5）动作重点：空中团身姿态，大腿高于水平面，小腿垂直于地面。

（6）动作难点：垂直起跳后屈膝上抬高于90°至胸部。

（7）易犯错误：膝盖达不到90°。

2. 团身跳转360°（视频9-82）

视频9-82
团身跳转360°

（1）动作要领：上步转体时保证身体姿态成直体状，在转体完成180°时吸腿团身，并同时发力踹腿伸直转体180°落于地面站稳。

（2）动作规格：准备姿态不可偷转、膝盖脚背的细节、空中团身的高度、落地结束姿态。

（3）训练方法：转体起跳最高点团身转体180°后再转180°。

（4）保护与帮助：练习直体跳转360，辅助转体180°姿态重心高度往上、多次练习腹肌的爆发力。

（5）动作重点：起跳转体保证是完整的360°，团身跳的空中收腿与落地踹腿。

（6）动作难点：空中收腿的高度，落地的控制。

（7）易犯错误：动作在完成的过程中手臂姿态的位置、膝盖脚背的规格，团身的高度不够，团身分腿。

（三）科萨克跳类

1. 科萨克跳（视频9-83）

视频9-83
科萨克跳

（1）动作要领：垂直起跳，双腿平行或高于地面，一腿伸直一腿屈。

（2）动作规格：两大腿并拢平行于地面，躯干与双腿夹角不大于60°，屈腿膝关节角度不大于60°，双脚并拢同时落地。

（3）训练方法：

① 科萨克两头起练习，练习时注意两腿并拢，伸直腿主动发力，屈腿跟上。

② 练习原地起跳，提高腿部力量和髂腰肌力量。

（4）保护与帮助：可借助弹板、蹦床借力起跳。

（5）动作重点：大腿并拢平行于地面，双脚并拢同时落地。

（6）动作难点：起跳时身体控制。

（7）易犯错误：起跳后腿部没有达到水平面。

2. 科萨克跳360°（视频9-84）

视频9-84
科萨克跳360°

（1）动作要领：垂直跳起后转折360°并完成科萨克跳动作。

（2）动作规格：起始面向必须一致，转体360°。

（3）训练方法：练习直体跳转中途打腿。

（4）保护与帮助：可借助弹板、蹦床借力起跳。

（5）动作重点：起始面向必须一致，转体360°，大腿打到水平面。

（6）动作难点：起始面向控制，转体面向控制。

（7）易犯错误：偷转，腿打不到角度。

（四）屈体分腿跳类

1. 屈体分腿跳（视频 9-85）

（1）动作要领：垂直起跳后双腿上举至屈体分腿位置（双腿夹角最小 90°），手臂与躯干高于双腿伸展，躯干和双腿的夹角不大于 60°。

（2）动作规格：双腿必须平行或高于水平面，双脚并拢同时落地。

视频 9-85
屈体分腿跳

（3）训练方法：

① 小分腿跳练习。

② 进行跳跃练习腿部力量，进行髂腰肌练习。

③ 提升分腿前屈的柔韧。

（4）保护与帮助：可借助弹板、蹦床借力起跳。

（5）动作重点：躯干和双腿的夹角不大于 60°，双腿必须平行或高于水平面。

（6）动作难点：空中双腿平行或高于水平面。

（7）易犯错误：空中双腿不平行或高于水平面。

2. 转体 360°屈体分腿跳（视频 9-86）

（1）动作要领：垂直起跳转体 360°，腾空阶段转体后完成一次屈体分腿跳，最后双脚并拢同时落地站稳。

（2）动作规格：躯干和双腿的夹角不大于 60°，双腿必须平行或高于水平面。

（3）训练方法：练习直体跳转，中途小分腿跳，逐渐增加开腿角度。

视频 9-86
转体 360°
屈体分腿跳

（4）保护与帮助：可借助弹板、蹦床借力起跳。

（5）动作重点：转体角度，开腿角度。

（6）动作难点：跳跃中途二次打腿发力。

（7）易犯错误：转体角度不够，打腿角度不够。

3. 屈体分腿跳成俯撑（视频 9-87）

（1）动作要领：屈体分腿跳身体下压成落地预备姿势，手脚同时落地并腿成俯卧撑姿势。

（2）动作规格：起跳并脚，起跳至分腿过程中保持脚面膝盖绷直，下落时保证手脚同时着地，落地抬头。

（3）训练方法：

① 半蹲跳成俯撑。

视频 9-87
屈体分腿
跳成俯撑

② 小分腿跳成俯撑。

③ 屈体分腿跳接小跳下地成俯撑。

（4）保护与帮助：辅助者可以双手扶运动员的腰部保护起跳，在合适的高度放手让其独立完成落地俯撑。

（5）动作重点：屈体分腿跳，身体前倾准备落地，落地成俯卧撑姿态。

（6）动作难点：分腿起跳高度，手脚同时落地成俯撑。

（7）易犯错误：起跳分脚，上身不倒，手脚不同时落地，落地支撑不稳。

（五）剪式变身跳类

1. 剪式变身跳（视频 9-88）

（1）动作要领：上步，单脚起跳，右腿伸直身体转 180°腾空成交换腿劈叉后并腿落地站稳。

（2）动作规格：起跳脚面膝盖绷直，上身保持直立，空中劈叉角度要到 180°。

视频 9-88
剪式变身跳

（3）训练方法：

① 原地跳叉。

② 一步起跳上剪变锻炼爆发力。

（4）保护与帮助：可以适当增加重量在腿上让其寻找发力感觉。

（5）动作重点：单腿起跳空中转体 180°完成劈叉姿势。

（6）动作难点：空中劈叉的角度以及高度。

（7）易犯错误：起步时身体前倾，空中劈叉方向不是一条直线，且角度不够 180°。

2. 剪式变身跳转体 180°（视频 9-89）

（1）动作要领：单脚起跳直腿向前转体 180°，腾空阶段交换腿展示纵劈腿姿态并转体 180°，双脚并拢同时落地，面向与起跳方向相同。

（2）动作规格：起跳转体 180°，纵劈腿展示面柔韧达到 180°，夹腿再转体 180°。

视频 9-89
剪式变身跳转体 180°

（3）训练方法：压柔韧踢腿，多做腿部力量以及单脚起跳练习。

（4）保护与帮助：指导运动员先在地上模仿转体撕腿发力，再慢慢加入起跳。

（5）动作重点：起跳发力方向，纵劈腿方向要准确在 180°的位置。

（6）动作难点：纵劈腿柔韧没有达到最低完成标准 170° 。

（7）易犯错误：没有向上起跳，纵劈腿方向不准确，纵劈腿完成后未夹腿导致转体不完整。

四、平衡与柔韧

（一）垂直劈腿（视频 9-90）

1. 动作要领

上体主动下压，紧靠大腿，支撑腿直膝支撑，摆动腿脚尖带动直膝快速后踢，使两腿垂直地面 180°成劈叉姿势。

视频 9-90
垂直劈腿

2. 动作规格

头、躯干与腿成一直线，后踢腿角度不低于 170°。

3. 训练方法

（1）进行柔韧韧带的拉伸。

（2）垂直劈腿控腿小幅度振动练习，练习者体会臀部发力，摆动腿延伸。

（3）扶把杆后踢腿练习。

4. 保护与帮助

辅助人员帮助拉伸韧带。

5. 动作重点

头、躯干与腿成一直线，劈腿角度不低于 170° 。

6. 动作难点

劈腿角度。

7. 易犯错误

劈腿角度不够，后踢腿膝盖脚尖姿态不足。

（二）纵劈腿滚翻（视频 9-91）

1. 动作要领

地面纵劈腿开始，上身前屈下压，手臂前伸抱住前腿，整个身体向一侧地面滚翻 360°回至纵劈腿姿势。

视频 9-91
纵劈腿滚翻

2. 动作规格

纵劈腿必须达到角度。

3. 训练方法

韧带的拉伸与练习。

4. 动作重点

抱前腿成纵劈叉姿势滚翻。

5. 动作难点

滚翻时对柔韧的要求较高。

6. 易犯错误

柔韧达不到标准。

（三）无支撑垂直劈腿（视频 9-92）

视频 9-92
无支撑垂直劈腿

1. 动作要领

两臂上举开始，手臂带动上体主动下压，双臂经前至侧举，同时，支撑腿直膝支撑，摆动腿脚尖带动直膝快速后踢，使两腿垂直地面 180°成劈叉姿势。

2. 动作规格

双手不触地，两腿分开成 180°。

3. 训练方法

压腿，踢后腿与前腿，多做有支撑垂地劈腿和燕式平衡练习。

4. 保护与帮助

辅助者一只手托住运动员上半身，另一只手帮助其举后腿。

5. 动作重点

无支撑劈腿成 180°。

6. 动作难点

对平衡的把握。

7. 易犯错误

上半身与支撑腿夹角大于 45 度。

（四）单足转体 360°（视频 9-93）

视频 9-93
单足转体 360°

1. 动作要领

单腿站立平衡，先立后转，手臂带动，吸腿充分，提气立腰。

2. 动作规格

完成完整的 360°转体前，支撑脚脚后跟不能落地，自由腿和手臂姿态不限，以单腿站立或双腿站立姿态结束。

3. 训练方法

（1）单腿立脚踝的动力与静力练习。

（2）转头练习。

4. 保护与帮助

辅助者双手扶住运动员腰间保持平衡。

5. 动作重点

转体时脚后跟不能落地。

6. 动作难点

掌握平衡，完成完整的 360°。

7. 易犯错误

转体时脚后跟提前落地或转体时身体与地面不成垂直状态。

（五）单足转体 720°（视频 9-94）

1. 动作要领

单腿站立平衡，完成完整的 720°转体。

2. 动作规格

成完整的 720°转体前，支撑脚脚后跟不能落地，自由腿和手臂姿态不限，以单腿站立或双腿站立姿态结束。

视频 9-94
单足转体 720°

3. 训练方法

（1）单腿立脚踝的动力与静力练习。

（2）手臂带臂练习。

4. 保护与帮助

双手扶住腰间保持平衡。

5. 动作重点

转体时脚后跟不能落地。

6. 动作难点

掌握平衡，完成完整的 720°。

7. 易犯错误

转体时脚后跟提前落地或转体时身体与地面不成垂直状态。

（六）单足转体 360°成垂地劈腿（视频 9-95）

1. 动作要领

转体稳，无支撑垂地劈腿度数至少 170°。

2. 动作规格

完成完整的 360°转体，支撑腿没有跳动且脚后跟没有触地，要求无支撑垂地劈腿，手不能接触地面垂地度数至少 170°。

视频 9-95
单足转体 360°
成垂地劈腿

3. 训练方法

从单足转体 360°，成有支撑垂地劈腿练习，加强无支撑垂地劈腿能力。

4. 保护与帮助

练习者在无支撑垂地劈腿时辅助人员在侧边进行保护。

5. 动作重点

转体度数以及无支撑垂地劈腿。

6. 动作难点

无支撑垂地时重心的平衡以及动作流畅性。

7. 易犯错误

重心不在支撑腿上、支撑脚离开地面、不完全转体、垂地劈腿小于 170°。

（七）单足转体 360°成无支撑垂地劈腿（视频 9-96）

1. 动作要领

核心收紧，抬起支撑腿脚后跟的同时，双手发力带入惯性，转体 360°，并且双手没有支撑做垂地劈腿。

2. 动作规格

单腿站立平衡，完成完整的 360°转体，无支撑垂地。

视频 9-96
单足转体 360°成无支撑垂地劈腿

3. 训练方法

双手扶地，主力腿向后踢向上发力，再进行双手无支撑练习垂地劈腿。

4. 保护与帮助

练习者在无支撑垂地劈腿时辅助人员在侧边进行保护。

5. 动作重点

垂地时双手无支撑，必须转到 360°，支撑腿脚后跟必须离地，并且在转体过程中不可以跳动。

6. 动作难点

在转体时，面向不能够完全转到角度，垂地时的平衡以及垂地劈腿的角度。

7. 易犯错误

转体没有 360°时支撑腿的脚后跟落地，双手在做垂地时触碰地面，垂地劈腿角度未达 180°。

（八）搬腿平衡（视频 9-97）

1. 动作要领

支撑腿站稳，膝盖伸直，后背立直，腿贴肚皮，胯摆正。

2. 动作规格

手肘打开，一手抓脚，一手抓脚踝，绷直脚背，双腿膝盖伸直，后背立直，胯摆正，腿贴腹部。

视频 9-97
搬腿平衡

3. 训练方法

（1）可以从坐立搬腿开始练习，为站立搬腿打基础。

（2）靠墙站立搬腿。

4. 保护与帮助

帮助控制平衡。

5. 动作重点

姿势正确。

6. 动作难点

搬腿柔韧性，支撑腿稳定性。

7. 易犯错误

支撑腿弯曲、胯不正。

（九）搬腿平衡转体 360°（视频 9-98）

1. 动作要领

单脚站立搬腿的同时，平稳地自转 360°，对核心以及柔韧有很高要求。

视频 9-98
搬腿平衡
转体 360°

2. 动作规格

一腿向前或向侧举起由单手抱住平衡转体。完成完整的 360°转体。自由臂动作不限。以单腿或双腿站立姿态结束。

3. 训练方法

以自身重量将双腿柔韧拉开，转体时的核心必须始终垂直于地面，多练单足转体，增强自身转体时的方向感。

4. 保护与帮助

柔韧的主动练习与被动练习，核心的力量控制练习，都必不可少。

5. 动作重点

搬腿时两腿分开 180°，转体面向必须完整转完 360°。

6. 动作难点

对核心以及柔韧要求高。

7. 易犯错误

完成时，双脚为并拢，转体未达到完整 360°。

（十）依柳辛（视频 9-99）

1. 动作要领

下身时要经过垂直劈腿；一手扶在脚边，做推地的动作；主力腿蹬直，上身下去时应该含胸收腹，尽量去找腿；起身时立身。

视频 9-99
依柳辛

2. 动作规格

单腿站立姿态开始，一腿后摆举起在垂直面内划圈 360°，身体同时以支撑腿为支点转体 360°，一手在支撑腿侧触地，摆动腿回位至起始位置，以单腿或双脚并拢站立姿态结束。

3. 训练方法

（1）多做垂直劈腿练习。

（2）保持垂地劈腿状态，一只脚在上贴在墙上另一只脚为支撑点，在空中画一圈。

4. 保护与帮助

教练员在运动员身边拉其一只手起辅助作用。

5. 动作重点

动作完成要呈一个圆，脚尖膝盖要绷直。

6. 动作难点

注意起来面对的方向，是否呈一个圆的切面。

7. 易犯错误

支撑膝盖弯曲，角度不到180°。

（十一）依柳辛成垂地劈腿（视频 9-100）

视频 9-100
依柳辛成
垂地劈腿

1. 动作要领

在依柳辛的基础上加垂地劈腿。

2. 动作规格

单腿站立姿态开始，一腿后摆举起在垂直面内划圈 360°，身体同时以支撑腿为支点转体 360°，一手在支撑腿侧触地，以垂地劈腿姿态结束。

3. 训练方法

做辅助练习，在垂地劈腿做完一个后转 180°再做一个垂地劈腿，反复多练。

4. 保护与帮助

教练员辅助做好依柳辛接垂地劈腿的保护。

5. 动作重点

掌握好平衡，稳固核心。

6. 动作难点

起始方向的控制，下腿膝盖的控制。

7. 易犯错误

重心不稳导致四处摇晃。

（十二）无支撑依柳辛（视频 9-101）

视频 9-101
无支撑依柳辛

1. 动作要领

单腿站立，一腿后摆举起在垂直面内划圈 360°身体同时以支撑腿为支点转体 360°，手不触地，摆动腿回位至起始位置，以单腿或双脚并拢站立姿态结束。

2. 动作规格

脚背绷紧；膝关节伸直，不要抠髋。

3. 训练方法

形成垂地劈腿状态，一只脚在上贴在墙上另一只脚为支撑点，在空中画一圈。

4. 保护与帮助

保护人员站在侧面以防摔倒。教练员在身边拉着一只手起辅助作用。

5. 动作重点

在依柳辛过程中支撑腿一定确保为立踵姿态。

6. 动作难点

身体与腿在过程为一个平面，身体与腿同时进行划圈。

7. 易犯错误

依柳辛过程中身体与腿不同时进行划圈，结束时身体过分前倾或后倒。

（十三）无支撑依柳辛成垂地劈腿（视频 9-102）

1. 动作要领

单腿站立，完成一次无支撑依柳辛，以垂地劈腿姿态结束。

2. 动作规格

单腿站立姿态开始，一腿后摆举起在垂直面内划圈 360°身体同时以支撑腿为支点转体 360°，以无支撑垂地劈腿姿势结束。

视频 9-102
无支撑依柳辛成垂地劈腿

3. 训练方法

在依柳辛的基础上增加垂地劈腿，单依柳辛控，练习控制。

4. 保护与帮助

在教练员的帮助下进行带手的练习，保持身体的控制。

5. 动作重点

在依柳辛过程中支撑腿一定确保为立踵姿态。

6. 动作难点

身体对方向的把控。

7. 易犯错误

方向找不对，片腿。

（十四）四次连续垂地高踢腿（视频 9-103）

1. 动作要领

踢腿脚尖过肩。

2. 动作规格

四次连续高踢腿，脚尖过肩。

视频 9-103
四次连续垂地高踢腿

3. 训练方法

进行柔韧的拉伸，原地踢腿练习。

4. 保护与帮助

脚踝，膝盖可带绷带避免损伤。

5. 动作重点

踢腿时身体的控制，脚背膝盖的控制。

6. 动作难点

踢腿的角度，身体的控制，脚背膝盖的控制。

7. 易犯错误

踢腿时脚背膝盖弯曲，身体不受控制。

（十五）四次连续垂地高踢腿转体 360°（视频 9-104）

1. 动作要领

四次连续高踢腿，脚尖到头同时转体 360°。

2. 动作规格

双脚并拢站立，脚背膝盖身体姿态。

3. 训练方法

进行柔韧的拉伸，原地踢腿练习。

4. 保护与帮助

注意膝盖脚踝损伤。

5. 动作重点

踢腿时脚背膝盖身体姿态。

6. 动作难点

踢腿时的脚背膝盖。

7. 易犯错误

踢腿时的脚背膝盖弯曲。

视频 9-104
四次连续垂地
高踢腿转体 360°

【思考题】

1. 简述竞技健美操的基本步伐。
2. 请自编 4×8 竞技健美操基本步伐组合动作。
3. 简述俯卧撑难度动作的动作要领、动作规格及训练方法。
4. 简述直角支撑难度动作的动作要领、动作规格及训练方法。
5. 简述团身跳难度动作的动作要领、动作规格及训练方法。
6. 简述单足转体 360°难度动作的动作要领、动作规格及训练方法。

第十章 健美操训练中的形体训练

【内容提要】

本章主要介绍形体训练的意义、形体训练中的把杆训练，以及形体训练中的基本素质训练。

【教学目标】

了解形体训练的意义，掌握形体训练的把杆练习，以及形体训练中的基本素质训练方法。

第一节 形体训练概述

一、形体训练的定义

形体指人的身体形态、体态，它由体格、体型、体态等三个方面构成。形体训练是以人体科学理论为基础，通过徒手或利用各种器械等手段来改善人体的原始状态，提高人体良好形态的控制能力和表现能力等的基本素质训练。它是以身体练习为基本手段，匀称和谐地发展人体，塑造体型，培养正确优美的姿态和动作，增强体质，促进人体形态更加完美的一种体育运动。形体训练集健身、健美、健心于一体，其本质是“内化”道德情操，“外化”行为气质。

二、形体训练的意义

1. 完善体形，增强自信

形体练习自始至终要求练习者保持良好的姿态：挺胸、收腹、立腰、梗头、大腿和臀部夹紧上提以保持舒展、挺拔、刚健、优美、端庄、典雅的体态，既给人以精力充沛之感，又蕴含着极大的艺术魅力。形体训练可使畸形、不良或不正确姿态得以纠正，不仅塑造良好的身体外形，还能增强练习者的自信。

2. 提高身体素质

形体训练多是静力性动作和控制能力的练习，对足步、姿态、平衡与稳定、移动等有比较详细的要求。形体练习通过不同的训练方式，可提高练习者的柔韧性、协调性、灵活性、控制能力、力量及耐力等身体素质。

3. 培养高雅气质，提高审美情趣

形体训练是融音乐、舞蹈、体操于一体的体育活动，对培养学生的审美观、提升气质、提高美的鉴赏能力具有独特的作用。形体训练关键在于培育学生内外兼修的优雅气质。气质是个体外表美与内在美的综合体现，气质又能够映射个体的精气神。外表美是天生的，内在美则需要不断磨炼方能形成。形体训练在外表上能够培育学生优雅的体态，在不知不觉中磨炼学生的品格，使其在举手投足间尽显优雅。

4. 增强艺术修养，提升表现力

音乐和舞蹈是形体训练的重要内容。形体训练对伴奏音乐的要求非常严格，要求动作与音乐节奏相符合，动作强度与音乐快慢相吻合。伴奏音乐通过优美的旋律、动感的节奏，塑造一种意境、一种气氛，使聆听者的心灵升华。形体训练，不仅可以发展学生身体的协调性、柔韧性、灵活性，培养学生良好的身体姿态，还能提高学生的表现力、创造力、鉴赏力。在健美操教学中通过优雅的气质来表现美，能让健美操的艺术性和表现力得到彰显。例如，形体训练中的把杆训练，对站姿的训练也有帮助，优美的站姿能够塑造学生整体的精气神，学生的表现力也会大幅度提升。

5. 调整学习情绪和热情

普通人在首次进行健美操训练时通常无法完全领悟健美操充满美感的动作，因为健美操的内在美不可能在短时间内就能让人体悟到并完全呈现出来。因此，学生通常会由于训练功效不理想，如动作不灵活、不协调等，形成焦躁厌烦情绪甚至半途而废。鉴于此，在健美操训练中融入形体训练，不但可以为学生营造积极踊跃的教学氛围，更能激发学生的学习热情。

第二节　把杆训练

把杆是将一根细长的杆固定在墙上，用来帮助练习者完成各种身体练习的辅助器械。其约与练习者的腰部同高，直径在5~6厘米，与墙的距离在20~30厘米。根据练习场地的大小，可做成移动式或拉伸式把杆。也可根据练习者的身高不同，做成上下可调的把杆。手扶把杆完成的各种身体练习称把杆练习。把杆练习，有助于发展和改善肢体的柔韧性，动作的稳定性、准确性、灵活性、协调性、力度、耐力等。同时，把杆练习也是经常采用的教法措施，有利于改进动作技术，提高技术水平。有目的、有计划的把杆内容练习，能够增强练习者的信心，巩固动作概念，最后离开把杆而独立完成动作技术。另外，把杆练习还可以改变人体不正确的身体姿态，培养正确而挺拔的姿态，使人显得风度翩翩，高雅而端庄。

扶把杆常用的有两种方法：① 双手扶把。面对把杆站立，身体距把杆约一个小臂的长度，双手与肩同宽轻放在把杆上，肘部下垂，双肩下沉、收腹、挺胸，直膝小八字步或正步站立。② 单手扶把。身体侧对把杆站立（姿势同双手扶把），内侧手轻扶在距体前约半米处的把杆上（小臂不得放在把杆上），另一手臂做所需的准备动作。不论采用哪一种扶把杆方法，都要求扶把的手应轻轻放在把杆上，而不能抓把或身体不必要地靠把，否则会使动作走样变形。

把杆练习内容一般有蹲、小踢腿、腿屈伸、腰部练习、压腿、大踢腿等动作。练习时要注意左右侧动作都要练习，不要只做一个方向的动作。在做左或右侧动作时，身体要向后转体 180°，此时的转体动作与一般转体方法不同，要求向杆内方向转体，如左手扶把杆向左后转，右手扶把杆向右后转。

在介绍把杆练习之前，先介绍芭蕾手位和常用脚位。

一、芭蕾手位介绍

（1）一位：两臂微屈成椭圆形 ，手与身体相距 10~20 厘米，双手指尖相距 10~15 厘米，掌心向上。

（2）二位：在一位的基础上，两臂向上举至稍低于肩的位置，掌心向内。

（3）三位：在二位的基础上，两臂继续上举至头前上方（抬眼恰好能看到头与手相连，而不是头、手之间还有天）掌心向下。

（4）四位：一手臂保持三位不变，另一手臂由三位下落至二位。

（5）五位：一手臂保持三位不变，另一手臂由二位向侧打开至侧举，掌心向内。

（6）六位：侧举的手臂位置不变，在原三位的手臂向下落至二位。

（7）七位：侧举的手臂位置不变，在二位的手臂向侧打开至侧举，掌心向内。

（8）收手：七位手的基础上，手臂向两边伸直，同时波浪收回一位手。

二、芭蕾脚位介绍

（1）一位脚：双脚外开，两脚脚跟相接，形成一横线。

（2）二位脚：双脚外开，两脚脚跟在一位基础，向旁打开一脚的距离。（根据自己脚的大小）

（3）三位脚：双脚外开，一脚位于另一脚之前，前脚跟紧贴后脚跟，前脚盖住后脚的一半。

（4）四位脚：双脚外开，一脚向前打开，两脚前后相距一脚的距离。前脚跟与后脚趾关节成一条线。

（5）五位脚：双脚外开，两只脚紧贴在一起，一脚的后跟紧挨着另一只脚的脚尖，前脚完全遮盖住后脚。

三、芭蕾脚位以外常用的脚位介绍

（1）正步：两脚掌拢，脚尖向前，重心在两脚上。

（2）八字步：两脚脚跟靠拢，脚尖分别向左、右 45°，两脚之间呈 90°，此称小八字步。在小八字步的基础上，一脚向侧迈出，使两脚跟相距一脚长的距离，此称大八字步。

（3）丁字步：在小八字步的基础上，一脚稍向前出，脚尖对斜前 45°，脚跟靠在后脚的跟腱处。右脚在前称右丁字步，反之则称为左丁字步。

（4）点步：小八字步准备，一只脚不动，另一只脚绷脚向正前方伸出，脚尖点地，重心在后腿上，两腿直立，此称前点步。后点步、侧点步动作相同，只是方向变化。注意：前后点步动力脚的脚面要尽量向外，侧点步脚面向上。

（5）弓步：一腿向正前迈出一步屈膝（脚尖对正前方），后腿伸直，身体对正前方，重心在两腿之间，此称小弓步。一腿向侧迈出一步屈膝（脚尖向侧），另一腿不动（脚尖向正前方），身体对正前方，重心在两腿之间，此称侧弓步。

四、把杆练习

（一）擦地（视频 10-1）

1. 向前擦地（2×8 拍）

预备姿势：五位站立，侧向左手扶把杆，右手由一位经二位至七位。

1 拍：右脚全掌向前用力擦地绷脚，伸出约一脚距离，重心在左腿上。

2 拍：右脚面逐渐绷直，脚尖前点地，脚跟提起。

3 拍：右脚尖擦地收回的同时，脚跟逐渐下压至着地，重心在左腿。

4 拍：右脚还原成五位站立姿势。

5~8 拍：同 1~4 拍。

完成两个八拍。

要求：右脚向前擦地时，要以脚尖领先，脚尖与支撑腿的脚跟成一直线。擦地回收时，脚尖主动向支撑腿的脚跟靠拢，脚面、膝盖向外展。

视频 10-1
擦地

2. 向侧擦地（2×8 拍）

1 拍：右脚全掌向侧用力擦地绷脚，伸出约一脚距离，重心在左腿上。

2 拍：右脚面逐渐绷直，脚尖右侧点地，脚跟提起，重心在左腿。

3 拍：右脚尖向回擦地的同时，脚跟逐渐下压至着地。

4 拍：右脚收回于左脚前成五位站立。

5~8 拍：同 1~4 拍。

完成两个八拍。

要求：脚面、膝盖对向侧方向。

3. 向后擦地（2×8 拍）

1 拍：右脚全掌向后擦地绷脚，伸出约 一脚距离，重心在左腿上。

2 拍：右脚面逐渐绷直，脚跟提起，用大脚趾内侧点地。

3 拍：右脚尖向回擦地的同时，脚跟逐渐下压着地。

4 拍：右脚还原五位站立。

5~8 拍：同 1~4 拍。

完成两个八拍。

要求：后擦地脚尖 点地时，用大脚趾内侧点地，脚面、膝盖外展。

4. 向侧擦地（2×8 拍）

1 拍：右脚全掌向侧用力擦地绷脚，伸出约一脚距离，重心在左腿上。

2 拍：右脚面逐渐绷直，脚尖右侧点地，脚跟提起，重心在左腿。

3 拍：右脚尖向回擦地的同时，脚跟逐渐下压至着地。

4 拍：右脚收回于左脚后成五位站立。

5~8 拍：同 1~4 拍。

完成两个八拍。

要求：脚面、膝盖对向侧方向。

5. 快板前/侧/后/侧擦地（4×8 拍）

在前面的擦地基础上增加一倍速度完成。

一个八拍前擦地，一个八拍侧擦地，一个八拍后擦地，一个八拍侧擦地。

要求：全程脚尖紧贴地面，擦地出去时脚后跟向前转开，擦地收回时脚尖转开收回。

教法：

① 各方向的擦地连接起来练习，如先做右脚的向前、向侧、向后、向侧擦地，节拍放慢，再做左脚的向前、向后、向侧擦地。

② 各方向的擦地可分别单独进行练习，节拍放慢。

③ 各方向的擦地以正常速度连接起来练习。

易犯错误：

向前擦地时送胯，向旁擦地时，腿不外开，擦地方向不正，向后擦地时，易骨盆前倾，或动力腿打开，身体向动力腿倾斜。

（二）小踢腿（视频 10-2）

1. 向前小踢腿（2×8 拍）

预备姿势：五位站立，侧向右手扶把杆，左手由一位经二位至七位。

视频 10-2
小踢腿

1~2 拍：左腿向前，经地面快速有力地擦出踢起，在离地面约 25°方向的位置上，绷脚尖，脚面向外。向前方踢起，支撑腿伸直。

3~4 拍：左腿收回。收回时由全脚经擦地还原，上体稍后倾，目视把杆外侧斜前 45°方向。

5~8 拍：同 1-4 拍。

完成两个八拍。

要求：前踢腿时两腿伸直，左（右）腿屈髋成直角，上体要保持直立或稍后倾。

踢出要急速有力，停顿要准确、干净，上体不能晃动。

2. 向侧小踢腿（2×8 拍）

1~2 拍：左脚经擦地向右侧踢起，在离地面约 25°方向的位置上，脚背打开，上体直立，目视正前方。

3~4 拍：左腿收回。收回时由全脚经擦地还原前五位，右腿伸直下落，脚尖侧点地，重心在左腿。

5~8 拍：同 1~4 拍。

完成两个八拍。

要求：支撑腿与摆动腿伸直，侧踢高度离地面约 25°，上体保持正直。踢出要急速有力，停顿要准确、干净，上体不能晃动。

3. 向后小踢腿（2×8 拍）

1~2 拍：左腿向后直腿踢出，脚面向外，上体稍前倾，头稍外转，目视把杆外侧。左脚经擦地向正后方踢起，左髋挺开，支撑腿伸直。

3~4 拍：左脚擦地还原成五位站立。

5~8 拍：同 1~4 拍。

完成两个八拍。

要求：支撑腿与后踢摆动腿伸直，上体保持正直。踢出要急速有力，停顿要准确、干净，上体不能晃动。

4. 向侧小踢腿（2×8 拍）

1~2 拍：左脚经擦地向右侧踢起，在离地面约 25°方向的位置上，脚背打开，上体直立，目视正前方。

3~4 拍：左腿收回。收回时由全脚经擦地还原后五位，左腿伸直下落，脚尖侧点地，重心在右腿。

要求：支撑腿与摆动腿伸直，侧踢高度离地面约 25°，上体保持正直。踢出要急速有力，停顿要准确、干净，上体不能晃动。

5. 前后小踢腿（2×8 拍）

1~2 拍：左脚经擦地向右侧踢起，在离地面约 25°方向的位置上，脚背打开，上体直立，目视正前方。

3~4 拍：左脚从前小踢腿 25°擦地经过一位向正后方踢起达到 25°的位置，左髋挺开，支撑腿伸直。

5~8 拍：同 1~4 拍。

完成两个八拍。

要求：前后小踢腿必须经由一位擦地，同时注意外开，小踢腿前后 25°的位置要快速准确。

6. 快板向侧小踢腿（2×8 拍）

1 拍：左脚经擦地向右侧踢起，在离地面约 25°方向的位置上，脚背打开，上体直立，目视正前方。

2 拍：左腿收回。收回时经擦地后还原后一位，重心在左腿。

3~8 拍：同 1~2 拍。

完成两个八拍。

教法：

① 各方向踢腿，分别单独进行练习。

② 前、侧、后、侧小踢腿，有 25°进行练习。

② 前、侧、后、侧各 8 拍踢腿练习。

③ 前、侧、后、侧各前 4 拍小踢腿，后 4 拍控腿姿态练习。

（三）蹲（视频 10-3）

1. 一位蹲（4×8 拍）

预备姿势：一位站立，左臂一位经二位侧打开成七位。

1~4 拍：上体正直，屈膝缓慢下蹲至大腿与小腿成 90°，左臂打开至斜下 45°。

5~8 拍：两腿缓慢伸直，左臂收回至一位。

完成两个八拍。

视频 10-3 蹲

一位全蹲

1~8 拍：上体正直，两腿屈膝缓慢下蹲至大、小腿重叠，被动提起脚跟。左臂从一位经二位至七位。

1~4 拍：两腿缓慢伸直，脚跟主动落下，左臂七位收回一位。

5~8 拍：一位脚左脚向侧擦地落二位脚。

要求：下蹲起落时要匀速，上体保持正直。

要求：膝盖注意打开，应与一位脚的脚尖方向一致。

要求：全蹲时注意蹲到最大极限时可以被动起脚跟，蹲起时应主动压脚跟。

2. 二位蹲（4×8 拍）

1~4 拍：上体正直，屈膝缓慢下蹲至大腿与小腿成 90°，左臂打开至斜下 45°。

5~8 拍：两腿缓慢伸直，左臂收回至一位。

完成两个八拍。

二位全蹲

1~8 拍：上体正直，两腿屈膝缓慢下蹲至大、小腿重叠，左臂从一位经二位至七位。

1~4 拍：两腿缓慢伸直，左臂七位收回一位。

5~8 拍：二位脚左脚向内擦地收前五位。

要求：下蹲起落时要匀速，上体保持正直。

要求：膝盖注意打开，应与二位脚的脚尖方向一致。

要求：全蹲时注意脚跟始终保持踩住地面。

3. 五位蹲（2×8 拍）

1~4 拍：上体正直，屈膝缓慢下蹲至大腿与小腿成 90°，左臂打开至斜下 45°。

5~8 拍：两腿缓慢伸直，左臂收回至一位。

完成两个八拍。

五位全蹲

1~8 拍：上体正直，两腿屈膝缓慢下蹲至大、小腿重叠，被动提起脚跟，左臂从一位经二位至七位。

1~4 拍：两腿缓慢伸直，脚跟主动落下，左臂七位收回一位。

5~8 拍：五位脚左脚向前擦地落四位脚。

要求：下蹲起落时要匀速，上体保持正直。

要求：膝盖注意打开，应与五位脚的脚尖方向一致。

要求：全蹲时注意蹲到最大极限时可以被动起脚跟，蹲起时应主动压脚跟。

4. 四位蹲（2×8 拍）

1~4 拍：上体正直，屈膝缓慢下蹲至大腿与小腿成 90°，左臂打开至斜下 45°。

5~8 拍：两腿缓慢伸直，左臂收回至一位。

完成两个八拍。

四位全蹲

1~8 拍：上体正直，两腿屈膝缓慢下蹲至大、小腿重叠，被动提起脚跟，左臂从一位经二位至七位。

1~4 拍：两腿缓慢伸直，脚跟主动落下，左臂七位收回一位。

5~8 拍：四位脚左脚向内擦地落一位脚。

要求：下蹲起落时要匀速，上体保持正直。

要求：膝盖注意打开，应与四位脚的脚尖方向一致。

要求：全蹲时注意蹲到最大极限时可以被动起脚跟，蹲起时应主动压脚跟。

教法：

① 两手叉腰背靠把杆，缓慢半蹲练习。

② 面向把杆两手扶把，半蹲练习。

③ 侧向单手扶把，半蹲练习。

④ 头顶一物，半蹲练习。

④ 背靠墙全蹲练习。

② 侧向扶把半蹲练习。

③ 第一个八拍半蹲练习，第二个八拍全蹲练习。

（四）画圆（视频 10-4）

预备姿势：五位站立，侧向左手扶把杆，右手由一位经二位至七位。

1. 正画圆（2×8 拍）

1 拍：以右腿为重心，左腿伸直向前伸出，脚尖点地。

2~4 拍：左脚尖经左侧向后画弧（半圆），脚尖后点地。

5 拍：左脚尖擦地经一位脚向前伸出，脚尖点地。

6~8 拍：左脚尖经右侧向后画弧（半圆），脚尖后点地。

完成两个八拍。

视频 10-4
画圆

2. 反画圆（2×8 拍）

1 拍：以右腿为重心，左腿伸直向后伸出，脚尖点地。

2~4 拍：左脚尖经左侧向前画弧（半圆），脚尖前点地。

5 拍：左脚尖擦地经一位脚向后伸出，脚尖点地。

6~8 拍：左脚尖经右侧向后画弧（半圆），脚尖前点地。

完成两个八拍。

3. 半蹲画圆（4×8 拍）

重复上列动作，左腿屈膝半蹲画圆。

正画圆两个八拍。

反画圆两个八拍。

要求：画半圆时以髋关节为轴，用脚尖沿地面画弧（半圆）。

4. 控腿画圆（4×8 拍）

1~4 拍：左腿伸直前举，与地面平行，左腿伸直向侧绕至侧举。

5~8 拍：左腿从侧向后绕至后腿水平位置。

完成两个八拍。

1~4 拍：左腿伸直后举，与地面平行，左腿伸直向侧绕至侧举。

5~8 拍：左腿从侧向前绕至前腿水平位置。

完成两个八拍。

要求：绕腿时，腿举平，脚尖外开，身体直立。

教法：

① 右腿直立，左腿伸直画半圆练习。

② 向前向后和由后向前画半圆练习。

③ 组合练习：向前、侧、后、侧各擦地绷脚 4 拍。

① 支撑腿半蹲，摆动腿伸直画半圆练习。

② 支撑腿伸直站立，摆动腿稍举起（低于 90°）绕腿练习。

③ 面向把杆两手扶把，支撑腿伸直提踵立，摆动腿举至 90°，前后绕腿练习。

（五）控腿（视频 10-5）

预备姿势：五位站立，左臂一位经二位侧打开成七位。

1. 前 45°控腿（2×8 拍）

1~4 拍：右膝半蹲，同时左脚吸至右脚前脚踝处，手臂由七位至一位。

5~8 拍：右膝缓慢伸直，同时左腿向上抬起至 45°，手臂由一位经过二位至七位。

视频 10-5
控腿

完成两个八拍。

2. 前 90°控腿（2×8 拍）

1~4 拍：右膝半蹲，同时左脚吸至右脚前脚踝处，手臂由七位至一位。

5~8 拍：右膝缓慢伸直，同时左腿向上抬起至 90°以上，手臂由一位经过二位至七位。

完成两个八拍

3. 侧 45°控腿（2×8 拍）

1~4 拍：右膝半蹲，同时左脚吸至右脚前脚踝处，手臂由七位至一位。

5~8 拍：右膝缓慢伸直，同时左腿向侧抬起至 45°，手臂由一位经过二位至七位。

完成两个八拍。

4. 侧 90°控腿（2×8 拍）

1~4 拍：右膝半蹲，同时左脚吸至右脚前脚踝处，手臂由七位至一位。

5~8 拍：右膝缓慢伸直，同时左腿向侧抬起至 90°以上，手臂由一位经过二位至七位。

完成两个八拍。

5. 后 45°控腿（2×8 拍）

1~4 拍：右膝半蹲，同时左脚吸至右脚后脚踝处，手臂由七位至一位。

5~8 拍：右膝缓慢伸直，同时左腿向后抬起至 45°，手臂由一位经过二位至七位。

完成两个八拍。

6. 侧 90°控腿（2×8 拍）

1~4 拍：右膝半蹲，同时左脚吸至左脚后脚踝处，手臂由七位至一位。

5~8 拍：右膝缓慢伸直，同时左腿向后抬起至 90°以上，手臂由一位经过二位至七位。

完成两个八拍。

7. 侧 45°控腿（2×8 拍）

1–4 拍：右膝半蹲，同时左脚吸至左脚前脚踝处，手臂由七位至一位。

5–8 拍：右膝缓慢伸直，同时左腿向侧抬起至 45°，手臂由一位经过二位至七位。

完成两个八拍。

8. 侧 90°控腿（2×8 拍）

1~4 拍：右膝半蹲，同时左脚吸至左脚前脚踝处，手臂由七位至一位。

5~8 拍：右膝缓慢伸直，同时左腿向侧抬起至 90°以上，手臂由一位经过二位至七位。

完成两个八拍。

要求：

① 控制过程中，两条腿的膝盖需打开，应和脚尖方向一致。

② 在控制过程中，上身应保持直立状态。

③ 从脚踝处控向伸直的过程中，应注意脚踝的外开。

教法：

① 主力腿直立，动力腿做掏腿练习。

② 做前侧后 90°以上的控腿练习。

③ 主力腿配合动力腿进行屈伸练习。

（六）大踢腿（视频 10-6）

预备姿势：五位站立，侧向右手扶把杆，左手由一位经二位至七位。

1. 向前大踢腿（2×8 拍）

1 拍：左脚经擦地向前方踢起至胸前，主力腿伸直站立。

2 拍：左腿伸直下落，脚经前擦地还原成五位站立。

3~4 拍：同 1~2 拍。

5~8 拍：同 1~4 拍。

完成两个八拍。

要求：身体保持正直，前踢腿高度不低于头。

视频 10-6
大踢腿

2. 向侧大踢腿（2×8 拍）

1 拍：左脚经擦地伸直向左侧方踢起靠近耳侧，主力腿伸直站立。

2 拍：左腿伸直下落，脚经侧擦地还原成五位站立。

3~4 拍：同 1~2 拍。

5~8 拍：同 1~4 拍。

完成两个八拍。

要求：身体保持直立，侧踢腿高度靠近耳侧。

3. 向后大踢腿（2×8 拍）

预备姿势：八字站立，侧向右手扶把杆，左手由一位经二位至七位。

1 拍：左脚经擦地踢起伸直向后方至后上举部位，主力腿伸直站立。

2 拍：左腿伸直下落，脚经后擦地还原成五位站立。

3~4 拍：同 1~2 拍。

5~8 拍：同 1~4 拍。

完成两个八拍。

4. 向侧大踢腿（2×8 拍）

1 拍：左脚经擦地伸直向右侧方踢起靠近耳侧，主力腿伸直站立。

2 拍：左腿伸直下落，脚经侧擦地还原成五位站立。

3~4 拍：同 1~2 拍。

5~8 拍：同 1~4 拍。

完成两个八拍。

5. 提踵前/侧/后大踢腿（4×8 拍）

重复上列动作，所有踢腿均在高起踵下完成。

要求：身体保持正直，脚踝保持高起踵。

教法：

① 各方向大踢腿，分别单独进行练习。

② 各方向小踢腿四拍，接大踢腿四拍，分别单独进行练习。

③ 前、侧、后 45°小踢腿两拍，接 90°小踢腿两拍，接大踢腿四拍动作练习。

④ 前、侧、后大踢腿四拍，控腿两拍，落下两拍动作练习。

（七）小弹腿

1. 向前小弹腿（2×8 拍）

预备姿势：五位站立，侧向左手扶把杆，右手由一位经二位至七位。

1~2 拍：左腿屈膝半蹲，右腿伸直向前弹踢腿，向前踢出 35°或 45°。

3~4 拍：左腿伸直站立，同时右腿屈膝（膝盖向前），脚面内侧贴于左腿踝关节内侧处。

5~8 拍：同 1~4 拍。

完成两个八拍换腿做。

2. 向侧小弹腿（2×8 拍）

预备姿势：五位站立，侧向左手扶把杆，右手由一位经二位至七位。

1~2 拍：左腿屈膝半蹲，右腿伸直向侧弹踢腿，向侧踢出 35°或 45°。

3~4 拍：左腿伸直站立，同时右腿屈膝（膝盖向侧，脚底贴于左腿踝关节内侧处。

5~8 拍：同 1~4 拍。

完成两个八拍换腿做。

3. 向后小弹腿（2×8 拍）

预备姿势：五位站立，侧向左手扶把杆，右手由一位经二位至七位。

1~2 拍：左腿屈膝半蹲，右腿伸直向后弹踢腿，向后踢出 35°或 45°。

3~4 拍：左腿伸直站立，同时右腿屈膝（膝盖向前），脚面内侧贴于左腿踝关节内侧处。

5~8 拍：同 1~4 拍。

完成两个八拍后换腿做。

要求：小弹腿时，大腿都不动，以脚面带动小腿迅速弹出伸直，并停止在指定的高度上。

教法：

① 先做摆动腿屈伸，再配合支撑腿部提踵屈伸练习

② 支撑腿提踵小弹腿练习

③ 面向把杆两手扶把，分别进行各方向小弹腿练习。

（八）压腿

1. 正面压耗腿（2×8 拍）

预备姿势：正步站立，右腿伸直抬起，脚跟放在把杆上，手臂三位。

1 拍：上体体前屈与被压腿重叠，支撑腿伸直站立。

2 拍：上体还原成直立，手臂三位。

3 拍：重复 1 拍动作。

4 拍：同 2 拍动作。

5~7 拍：上体体前屈停止不动。

8 拍：同 2 拍动作。

第二个八拍换左腿做。

要求：被压腿与支撑腿伸直，上体前屈时胸腹靠紧被压腿。肩、髋要正，支撑腿全脚着地。

2. 侧面压耗腿（2×8 拍）

预备姿势：正步侧向把杆站立，右腿伸直抬起，脚跟放在把杆上，右手按掌（手心向下），左手托掌。

1 拍：上体右侧屈。

2 拍：上体抬起成直立，保持预备姿势。

3 拍：重复 1 拍动作。

4 拍：同 2 拍动作。

5~7 拍：上体体侧屈停止不动。

8 拍：还原预备姿势。

第二个八拍换左腿做。

要求：上体侧屈时保持挺胸收腹，上体右（左）侧与被压腿重叠。侧压腿时同侧手臂的肩要在腿的前面，用身体的侧后面和耳朵触腿。

3. 后压耗腿（2×8 拍）

预备姿势：正步背向把杆站立，左腿伸直后举，脚背靠在把杆上，两臂三位。

1 拍：上体体前屈振动，稍屈髋，两臂三位。

2 拍：上体还原，后振体后屈，抬头挺胸收腹，两手保持三位。

3 拍：重复 1 拍动作。

4 拍：同 2 拍动作。

5~7 拍：尽量体后屈停止不动。

8 拍：还原预备姿势。

第二个八拍换右腿做。

要求：体后屈时尽力抬头、挺胸收腹，手尽量接近脚，注意呼吸要均匀。

教法：

① 各方向压耗腿分别单独进行练习。

② 各方向第一个八拍压腿练习，第二个八拍压耗腿练习。

（九）压脚跟（2×8 拍）

预备姿势：面对把杆，一位站立，双手轻扶把杆，双肘下垂，两肩放松，挺胸，收腹，提臀。

1 拍：两脚跟向上抬起、两膝绷直，上身保持稳定。

2 拍：脚跟下压，落下还原。

3~4 拍：同 1~2 拍。

5~8 拍：同 1~4 拍。

完成两个八拍。

要求：压脚跟时上身不要晃动，两腿膝盖不要放松屈膝，动作要富有弹性。

教法：

① 压脚跟训练，可以双脚同时抬起下压，也可以单脚脚跟抬起下压，做动作时，身体重心在脚跟抬起下压的主力腿上，动力腿可屈膝，将脚放在主力腿小腿部位。

② 练习时可以节拍放慢，如 2 拍一动后再正常速度。

（十）移重心

1. 向前移重心（1×8 拍）

预备姿势：五位站立，左腿站立，右腿前伸脚尖点地，右臂七位。

1~2 拍：左腿屈膝半蹲，当左腿向前移重心的同时，右脚尖再向前移出一脚距离，接着脚跟着地，身体重心由后经两腿屈膝半蹲移至右脚上，成右腿站立，左腿后伸，脚尖点地。

3~4 拍：同 1~2 拍方向相反。

5~8 拍：同 1~4 拍。

2. 向后移重心（1×8 拍）

预备姿势：五位站立。右腿站立，左腿后伸脚尖点地，右臂七位。

1~2 拍：右腿屈膝半蹲，当右腿向后移重心的同时，左脚尖再向后移出一脚距离，接着脚跟着地，身体重心由前经两腿屈膝半蹲移至左脚上，成左腿站立，右腿前伸，脚尖点地。

3~4 拍：同 1~2 拍方向相反。

5~8 拍：同 1~4 拍。

要求：前后移重心时，经两腿前、后屈膝半蹲动作过程，上体保持正直平稳移动。

教法：

① 两脚前后开立，做前后移重心练习。

② 前弓步向后移重心练习。

③ 后弓步向前移重心练习。

3. 左、右移重心（2×8 拍）

预备姿势：面向把杆两手扶把，右腿站立，左脚左侧伸，脚尖点地。

1~2 拍：右腿屈膝半蹲，当右腿向左移重心的同时，左脚尖再向左侧移出一脚距离（左侧弓步），接着脚跟着地，身体重心由右经两腿屈膝半蹲移至左脚上，成左腿站立。右腿石侧伸，脚尖点地。

3~4 拍：左腿屈膝半蹲，当左腿向右移重心的同时，右脚尖再向右侧移出一脚距离（右侧弓步），接着脚跟着地，身体重心由左经两腿屈膝半蹲移至右腿上，成右腿站立。左腿左侧伸，脚尖点地。

要求：左右移重心时，经两腿屈膝半蹲动作过程，上体保持正直平稳移动。

5~8 拍：同 1~4 方向相反。

完成两个八拍。

教法：

① 两腿左右开立，做直腿移重心练习。

② 右侧弓步向左移重心练习。

③ 左侧弓步向右移重心练习。

（十一）身体的前后波浪（2×8 拍）

预备姿势：正步站立，左手扶把，右臂 一位经二位侧打开至七位。

1~2 拍：两腿屈膝半蹲的同时，含胸 、低头。

3~4 拍：提踵的同时，向前依次伸膝、伸髋、挺腹、挺胸、抬头，右臂经体侧后摆至三位，伸直身体，提踵立。

5~6 拍：两腿屈膝半蹲的同时，挺胸、抬头。

7~8 拍：提踵的同时，伸膝依次向后屈髋、拱腰、拱背（含胸）、低头，右臂经后、下、前摆至三位，伸直身体，提踵立。

完成两个八拍。

要求：动作缓慢连贯，各关节依次屈伸，形成浪峰。

教法：

① 膝关节屈伸练习。

② 髋关节屈伸练习。

③ 头、颈、胸屈伸练习。

④ 跪坐，上体前后波浪练习。

⑤ 向前、后移体重波浪练习。

第三节　形体基本素质训练

一、足踝训练

足、踝练习是形体训练的基础环节。通过锻炼，可以发展脚面柔韧性以及踝关节的力量和灵活性，促使足形健美，并为其他腿部练习奠定基础。

（一）勾绷脚练习（视频 10-7）

视频 10-7
勾绷脚练习

1. 腿部收紧练习（4×8 拍）

预备姿势：上身挺直坐于地毯上，双臂打开，指尖向侧，两腿并拢，脚尖绷直（以下简称为“坐式”）。

1 拍：膝盖收紧，双脚同时离开地面。

2~7 拍：保持腿部收紧状态。

8 拍：膝盖放松，双脚落回地面。

完成四个八拍。

2. 双脚勾绷脚练习（4×8）

1~2 拍：双脚脚趾勾住。

3~4 拍：双脚完全勾住。

5~6 拍：双脚脚背勾起，脚尖绷住。

7~8 拍：双脚完全绷住。

完成四个八拍。

3. 单脚勾绷脚练习（4×8 拍）

第一个八拍

1~2 拍：左脚绷住，右脚趾勾住。

3~4 拍：右脚完全勾住。

5~6 拍：右脚脚背勾起，脚尖绷住。

7~8 拍：右脚完全绷住。

第二个八拍

1~2 拍：右脚绷住，左脚趾勾住。

3~4 拍：左脚完全勾住。

5~6 拍：左脚脚背勾起，脚尖绷住。

7~8 拍：左脚完全绷住。

第三、第四个八拍同第一、第二个八拍。

4. 双脚勾绷脚练习（4×8 拍）

1~2 拍：双脚脚趾勾住。

3~4 拍：双脚完全勾住。

5~6 拍：双脚脚背勾起，脚尖绷住。

7~8 拍：双脚完全绷住。

完成四个八拍

5. 单脚勾绷脚练习（同时）（4×8 拍）

第一个八拍

1~2 拍：左脚绷住，右脚趾勾住。

3~4 拍：左脚绷住，右脚完全勾住。

5~6 拍：右脚脚背勾起，脚尖绷住，左脚脚尖勾起。

7~8 拍：右脚完全绷住，左脚完全勾起。

第二个八拍

1~2 拍：右脚脚尖勾起，脚背绷住，左脚脚尖绷住，脚背勾起。

3~4 拍：左脚完全绷住，右脚完全勾起。

5~6 拍：右脚脚尖绷住，脚背勾起，左脚脚尖勾起，脚背绷住。

7~8 拍：右脚完全绷住，左脚完全勾起。

第三、第四个八拍同第一、第二个八拍。

6. 双脚画圆（4×8 拍）

第一个八拍

1~2 拍：双脚脚趾勾住。

3~4 拍：双脚完全勾住。

5~6 拍：双脚勾脚向外侧打开。

7~8 拍：双脚绷脚同时从外侧收回加紧。

第二个八拍

1~2 拍：双脚脚趾向外侧勾住。

3~4 拍：双脚向外侧完全勾住。

5~6 拍：双脚从外侧勾脚收回加紧。

7~8 拍：双脚向下绷住。

第三、第四个八拍同第一、第二个八拍。

动作要求：

① 预备时：要求挺胸、抬头、立腰、立背、立颈、收腹、紧臀。

② 勾脚时：用力勾起双脚脚趾，脚跟用力向前；绷脚时，脚尖脚面充分绷直。

二、腿部练习（视频 10-8）

（一）单腿吸腿练习（4×8 拍）

预备姿势：上身挺直坐于地毯上，双臂打开，指尖向侧，两腿并拢、脚尖绷直（以下简称为“坐式”）。

1~4 拍：右腿脚尖沿地面吸腿，直至大腿贴紧胸部，小腿收紧。

5~6 拍：右腿脚尖沿地面慢慢伸直。

完成两个八拍后换腿再做两个八拍。

视频 10-8
腿部练习

（二）双腿吸腿练习（4×8 拍）

1~4 拍：双腿脚尖沿地面吸腿，直至大腿贴紧胸部，小腿收紧。

5~8 拍：双腿脚尖沿地面慢慢伸直。

完成两个八拍

1~4 拍：双腿脚尖沿地面吸腿，直至大腿贴紧胸部，小腿收紧，双手侧平举挺胸向后含胸同时双手掌心向内波浪环抱至胸前。

5~8 拍：双腿脚尖沿地面慢慢伸直，双手环抱胸前掌心向外打开同时挺胸，双手至侧平举。

完成两个八拍。

（三）躺地单腿 45°吸腿练习（4×8 拍）

预备姿势：身体平躺，双手打开。

第一个八拍

1~4 拍：右腿脚尖沿地面吸腿，吸至大腿接近 90°同时小腿收紧。

5~8 拍：右脚外开向斜侧 45°伸直。

第二个八拍

1~4 拍：右腿收回 90°吸腿。

5~8 拍：右脚外开向斜侧 45°伸直。

第三个八拍

1~4 拍：左腿脚尖沿地面吸腿，吸至大腿接近 90°同时小腿收紧。

5~8 拍：左脚外开向斜侧 45°伸直。

第四个八拍

1~4 拍：左腿收回 90°吸腿。

5~8 拍：左脚外开向斜侧 45°伸直。

（四）躺地单腿 90°吸腿练习（4×8 拍）

预备姿势：身体平躺，双手打开。

第一个八拍

1~4 拍：右腿脚尖沿地面吸腿，吸至大腿接近 90°同时小腿收紧。

5~8 拍：右脚外开向斜侧 90°角度伸直。

第二个八拍

1~4 拍：右腿收回 90°吸腿。

5~8 拍：右脚外开向斜侧 90°伸直。

第三个八拍

1~4 拍：左腿脚尖沿地面吸腿，吸至大腿接近 90°同时小腿收紧。

5~8 拍：左脚外开向斜侧 90°角度伸直。

第四个八拍

1~4 拍：左腿收回 90°吸腿。

5~8 拍：左脚外开向斜侧 90°伸直。

（五）躺地双腿吸腿旋转练习（8×8 拍）

预备姿势：身体平躺，双手打开（4×8 拍）。

1~4 拍：双腿脚尖沿地面吸腿，吸至大腿接近 90°同时小腿收紧。

5~8 拍：双腿慢慢向 90°伸直。

第一个八拍

1~4 拍：双腿吸至小腿弯曲贴紧大腿。

5~8 拍：双腿慢慢向 90°伸直。

第二个八拍

1~8 拍：双腿沿右侧由上至下直至小腿弯曲收紧，双腿沿左侧由下至上直至双腿伸直。

第三个八拍

1~8 拍：双腿沿左侧由上至下直至小腿弯曲收紧，双腿沿右侧由下至上直至双腿伸直。

第四个八拍同第三个。

（六）侧面吸腿伸直练习（8×8 拍）

预备姿势：身体向一侧侧躺，外侧手臂在胸前。

第一个八拍

1~8 拍：双腿吸腿至胸前，小腿收紧，同时上身含胸，手臂波浪环抱腿前。

第二个八拍

1~8 拍：双腿向后侧 45°伸直，同时挺胸，手臂波浪向后上方打开伸直。

第三、第四个八拍同第一、第二个。

（七）双腿吸腿练习（4×8 拍）

第一个八拍

1~4 拍：双腿脚尖沿地面吸腿，直至大腿贴紧胸部，小腿收紧。

5~8 拍：双腿脚尖沿地面慢慢伸直。

第二个八拍同第一个八拍

第三个八拍

1~4 拍：双腿脚尖沿地面吸腿，直至大腿贴紧胸部，小腿收紧，两臂侧平举挺胸向后含胸同时双手掌心向内波浪环抱至胸前。

5~8 拍：双腿脚尖沿地面慢慢伸直，双手环抱胸前掌心向外打开同时挺胸，两臂至侧平举。

第四个八拍同第三个八拍

要求：

① 腿部吸紧时要注意小腿必须贴紧大腿。

② 整套组合完成时脚尖必须保持绷紧外开。

③ 含挺胸必须配合呼吸。

④ 手臂动作必须加上波浪。

教法：

① 坐式挺胸状态下练习单腿或双腿的吸紧伸直练习。

② 仰卧进行单腿或双腿的 45°~90°的控腿练习。

③ 坐式练习含挺胸的同时配合手臂波浪练习。

三、手臂波浪练习（视频 10-9）

（一）单臂向前波浪练习（4×8 拍）

预备姿势：双膝跪地坐于地毯上，两腿并拢、挺胸收腹抬头，双臂打开，指尖伸向两侧（以下简称为“跪式”）。

1~4 拍：肘关节带动手腕向前方抬高至 90°以上，最后指间随着手腕上挑。

5~8 拍：肘关节带动手腕向下收回，最后指间随着手腕收回。

完成两个八拍后反手再做两个八拍。

（二）单臂向侧波浪练习（4×8 拍）

1~4 拍：肘关节带动手腕向侧方抬高至 90°以上，最后指间随着手腕上挑。

5~8 拍：肘关节带动手腕向下收回，最后指间随着手腕收回。

完成两个八拍后反手做两个八拍。

视频 10-9
手臂波浪练习

（三）单臂向前向侧波浪练习（4×8 拍）

第一个八拍

1~4 拍：肘关节带动手腕向前方抬高至 90°以上，最后指间随着手腕上挑。

5~8 拍：肘关节带动手腕向下收回，最后指间随着手腕收回。

第二个八拍

1~4 拍：肘关节带动手腕向侧方抬高至 90°以上，最后指间随着手腕上挑。

5~8 拍：肘关节带动手腕向下收回，最后指间随着手腕收回。

第三、第四个八拍同第一、第二个八拍，只是方向相反。

（四）单臂连续波浪练习（4×8 拍）

1 拍：右手由一位至二位。

2 拍：右手由二位至七位。

3 拍：右手手臂肘关节带动手腕向下波浪。

4 拍：右手手臂肘关节带动手腕向身侧 90°以上延伸。

5 拍：右手手臂肘关节带动手腕向下波浪。

6 拍：右手手臂肘关节带动手腕向身侧 90°以上延伸。

7 拍：右手手臂肘关节带动手腕向下波浪，右手手臂肘关节带动手腕向身侧 90°以上延伸。

8 拍：右手延伸后收回。

反手连续波浪八拍。

重复一次正反手连续波浪八拍。

（五）双手臂连续波浪（4×8 拍）

1 拍：双手由一位至二位。

2 拍：双手由二位至七位。

3 拍：双手手臂肘关节带动手腕向下波浪。

4 拍：双手手臂肘关节带动手腕向身侧 90°以上延伸。

5 拍：双手手臂肘关节带动手腕向下波浪。

6 拍：双手手臂肘关节带动手腕向身侧 90°以上延伸。

7 拍：双手手臂肘关节带动手腕向下波浪，右手手臂肘关节带动手腕向身侧 90°

以上延伸。

8拍：双手延伸后收回。

完成四个八拍。

（六）双手手臂大波浪（2×8拍）

1~4拍：双手由下经过侧面，肘关节带动手臂至头顶上方，双手手腕相碰。

5~6拍：双手由头顶经过侧面，肘关节带动手臂收回身体两侧。

完成两个八拍。

（七）下、中、上向侧连续手臂波浪（6×8拍）

1~4拍：双手身体两侧斜下45°连续波浪4次。

5~6拍：双手身体两侧90°连续波浪4次。

1~4拍：双手身体两侧斜上45°连续波浪4次。

5~6拍：双手波浪至头顶，经过侧面收回身体两侧。

完成六个八拍。

（八）单手臂连续波浪练习（4×8拍）

1拍：右手由一位至二位。

2拍：右手由二位至七位。

3拍：右手手臂肘关节带动手腕向下波浪。

4拍：右手手臂肘关节带动手腕向身侧90°以上延伸。

5拍：右手手臂肘关节带动手腕向下波浪。

6拍：右手手臂肘关节带动手腕向身侧90°以上延伸。

7拍：右手手臂肘关节带动手腕向下波浪，右手手臂肘关节带动手腕向身侧90°以上延伸。

8拍：右手延伸后收回。

第二个八拍同第一个。

第三、第四个八拍同第一、第二个。

（九）下、中、上向侧连续手臂波浪（6×8拍）

1~4拍：双手身体两侧斜下45°连续波浪4次。

5~6拍：双手身体两侧90°连续波浪4次。

1~4拍：双手身体两侧斜上45°连续波浪4次。

5~6拍：双手波浪至头顶，经过侧面收回身体两侧。

完成六个八拍。

要求：

① 身体姿态挺胸收腹，肩膀向下向后背开。

② 手臂波浪过程中尽量保持手臂的柔软度。

③ 手臂波浪的起伏靠肘关节、手腕、手掌、指尖来体现。

教法：

① 做正反肩的柔韧练习。

② 进行单手臂的波浪分解练习。

③ 肘关节、手腕、手掌的分解波浪练习。

四、身体波浪练习（视频 10-10）

（一）准备拍（1×8 拍）

预备姿势：双膝跪地坐于地毯上，双腿分开与肩同宽、挺胸收腹抬头，双臂打开，指尖向两侧（以下简称为“跪式”）。

1~4 拍：右手带动身体向右侧延伸，手臂波浪至侧平举。

5~8 拍：左手带动身体向左侧延伸，手臂波浪至侧平举。

视频 10-10
身体波浪练习

（二）身体前波浪（2×8 拍）

1~2 拍：双手在身后相握，胸部挺胸带动头部向下至靠近膝盖。

3~4 拍：含胸背部带动身体立直，头部最后到位。

5~6 拍：同 1~2 拍。

7~8 拍：同 3~4 拍。

完成两个八拍。

（三）身体反波浪（2×8 拍）

1~2 拍：双手在身后相握，头部向下向内含胸至靠近大腿。

3~4 拍：头部向前向上同时挺胸带动身体立直。

5~6 拍：同 1~2 拍。

7~8 拍：同 3~4 拍。

完成两个八拍。

（四）身体向侧拉伸（2×8 拍）

1~2 拍：三位手，身体及手臂向右侧 90°拉伸。

3~4 拍：从右侧 90°回到身体立直。

5~6 拍：三位手，身体及手臂向左侧 90°拉伸。

7~8 拍：从左侧 90°回到身体立直。

完成两个八拍。

（五）身体侧波浪（2×8 拍）

1~2 拍：身体向右侧倾斜 45°，同时依靠胸部向右下带动。

3~4 拍：含胸背部带动身体往左上波浪，挺胸抬头保持在左上 45°位置。

5~6 拍：身体向左侧倾斜 45°，同时依靠胸部向左下带动。

7~8 拍：含胸背部带动身体往右上波浪，挺胸抬头保持在右上 45°位置。

完成两个八拍。

（六）身体前波浪加手臂（4×8 拍）

1~4 拍：胸部挺胸带动头部向下至靠近膝盖，双手打开侧平举在身体后方，含胸背部带动身体立直，头部最后到位，双手由身后经过下方至头部前交叉。

5~8 拍：胸部挺胸带动头部向下至靠近膝盖，双手由头部前交叉向下波浪，含胸背部带动身体立直，头部最后到位，双手由下方至侧平举。

完成四个八拍。

（七）身体侧波浪加手臂（4×8 拍）

第一个八拍

1~2 拍：身体向右侧倾斜 45°，同时依靠胸部向右下带动，左手右手依次随着身体向下。

3~4 拍：含胸背部带动身体往左上波浪，挺胸抬头保持在左上 45°位置，左手右手依次向上拉至三位手，左手多划一圈。

5~6 拍：身体向左前方含胸波浪，手臂随身体向下。

7~8 拍：身体依靠背部带动立直，手臂随身体至三位。

第二个八拍

1~2 拍：身体向左侧倾斜 45°，同时依靠胸部向左下带动，右手左手依次随着身体向下。

3~4 拍：含胸背部带动身体往右上波浪，挺胸抬头保持在右上 45°位置，右手左手依次向上拉至三位手，右手多划一圈。

5~6 拍：身体向右前方含胸波浪，手臂随身体向下。

7~8 拍：身体依靠背部带动立直，手臂随身体至三位。

完成四个八拍。

（八）身体螺旋波浪（4×8 拍）

第一个八拍

1~4 拍：胸部挺胸带动头部向下至靠近膝盖，同时身体向右上方旋转，左手经过前方向下，右手经过后方向下。

5~8 拍：胸背部带动身体立直，头部最后到位，同时身体向左上方旋转，右手经过前方向上，左手经过后方向上。

第二个八拍

1~4 拍：胸部挺胸带动头部向下至靠近膝盖，同时身体向左上方旋转，右手经过前方向下，左手经过后方向下。

5~8 拍：胸背部带动身体立直，头部最后到位，同时身体向右上方旋转，左手经过前方向上，右手经过后方向上。

完成四个八拍。

（九）绕腰（4×8）

第一个八拍

1~4 拍：身体直立向前至 90°，双手贴紧耳朵，保持 90°水平位置，身体向右旋转经由侧至后方 90°，随后身体继续向右旋转，经由侧方回归至向前 90°。

5~8 拍：左腿向左侧伸直，右手撑地，身体向右方 90°延伸，左手紧贴耳朵向右方 90°打开。

第二个八拍

1~4 拍：身体直立向前至 90°，双手贴紧耳朵，保持 90°水平位置，身体向左旋转经由侧至后方 90°，随后身体继续向左旋转，经由侧方回归至向前 90°。

5~8 拍：右腿向右侧伸直，左手撑地，身体向左方 90°延伸，右手紧贴耳朵向左方 90°打开。

完成四个八拍。

（十）身体螺旋波浪（2×8）

第一个八拍

1~4 拍：胸部挺胸带动头部向下至靠近膝盖，同时身体向右上方旋转，左手经过前方向下，右手经过后方向下。

5~8 拍：胸背部带动身体立直，头部最后到位，同时身体向左上方旋转，右手经过前方向上，左手经过后方向上。

第二个八拍

1~4 拍：胸部挺胸带动头部向下至靠近膝盖，同时身体向左上方旋转，右手经过前方向下，左手经过后方向下。

5~8 拍：胸背部带动身体立直，头部最后到位，同时身体向右上方旋转，左手经过前方向上，右手经过后方向上。

完成两个八拍。

要求：

① 向下的身体波浪需挺胸依靠胸部带动，向上的身体波浪需含胸依靠背部带动。

② 所有身体波浪的末端（头部、指间）应是最后到位。

③ 身体波浪动作必须配合呼吸完成。

教法：

① 多进行“吸气、呼气”来练习身体起伏。

② 可以贴近墙壁去找身体依次波浪的感觉。

【思考题】

1. 什么是形体训练？
2. 简述形体训练的意义。
3. 简述把杆练习的内容。

下篇

啦啦操

第十一章　啦啦操概述

【内容提要】

本章主要介绍啦啦操的起源与发展，啦啦操的概念和分类，以及啦啦操的健身价值。

【教学目标】

了解啦啦操的发展简史，掌握啦啦操的概念、分类与健身价值。

第一节　啦啦操的起源与发展

一、啦啦操的起源

美国是啦啦操运动的发源地，啦啦操运动的历史可以追溯到19世纪80年代，当时美国正风行美式足球，在普林斯顿大学校园里的一场美式足球赛上，为了给足球队员加油、呐喊助威，烘托赛场气氛，第一次出现了自发的、有组织的团体表演形式，这就是啦啦操的雏形。1884年，普林斯顿大学毕业生把这种有组织的呐喊、欢呼连同足球运动一起带到了明尼苏达大学。我们今天所熟知的啦啦操创始于1898年。在一次足球比赛中，明尼苏达大学的学生约翰尼·坎贝尔激动地从人群中跳出来站在观众前面，带领他们为比赛呐喊助威，这次对啦啦操发展有重要意义的呐喊被记载在明尼苏达大学学生编发的刊物上。因为那是最后一场比赛，他们要把明尼苏达大学的热情展现给人们，于是提名6位男生带领人群呐喊助威。1898年11月12日，因此，成为啦啦操正式诞生的时间。

2013年5月31日，国际单项体育联合会在圣彼得堡投票表决，正式接受国际啦啦操联合会（ICU）进入世界单项体育组织联盟，啦啦操运动成为与足球、田径、体操等项目并列的、独立的新时期体育运动。

2016 年 12 月 6 日，在瑞士洛桑召开的国际奥委会执委会会议上，国际啦啦操联合会被国际奥委会授予为期 3 年的临时许可。目前国际啦啦操联合会总部设在美国，包括中国在内已有 110 个国家和地区成为国际啦啦操联合会会员。

二、啦啦操发展历程

（1）1898 年，啦啦操运动正式诞生。

（2）1961 年，成立全美啦啦操委员会。

（3）1982 年，全球啦啦操协会（UCA）啦啦操联盟（UDA）举办了首次全美啦啦操锦标赛，并由 ESPN 全球直播。

（4）1995 年，首次有国际队伍参加的大学生啦啦操锦标赛在奥兰多举办。

（5）2006 年，国际啦啦操联合会（ICU）成立，成为世界啦啦操的管理组织。

（6）2013 年，ICU 被国际体育单项组织联合会认可，成为啦啦操世界管理组织。

（7）2014 年，啦啦操被 FISU 国际大体协纳入世界大学生运动会项目。

（8）2016 年，ICU 和啦啦操被国际奥委会认可，成为 3 年临时项目。

（9）2020 年，啦啦操被列为我国全运会竞赛项目。

三、国际啦啦操大赛赛事（国际年度常规）（表 11-1）

表 11-1　国际年度常规赛事

时间	活动	地点	参与对象
1 月中旬	世界大学生啦啦操锦标赛	美国奥兰多	中小学、俱乐部
1 月底	世界中小学生舞蹈啦啦操锦标赛	美国奥兰多	中小学、俱乐部
2 月初	世界中小学生技巧啦啦操锦标赛	美国奥兰多	各学校、俱乐部
4 月底	世界啦啦操锦标赛、世界全明星啦啦操比赛暨世界青少年啦啦操锦标赛	美国奥兰多	各学校、俱乐部
5 月（两年一届）	国际技巧与舞蹈啦啦操锦标赛	美国夏威夷	高水平运动员、教练员
8 月初	美国暑期高水平国际啦啦操训练营	美国威斯康星	各学校、俱乐部
9 月	日本啦啦操公开赛	日本东京	各学校、俱乐部
11 月	澳大利亚国际啦啦操锦标赛	澳大利亚	各学校、俱乐部
12 月	德国啦啦操公开赛	德国霍夫	各学校、俱乐部

四、我国啦啦操的发展

啦啦操自1998年传入我国以来，经过20多年的发展，赢得了广泛的赞誉和好评。在2008年北京第二十九届夏季奥运会、2013年第十二届全运会和2014年南京第二届夏季青年奥运会上，啦啦操均作为压轴节目进行了重点展示。2009年，国家体育总局正式批准开展全国啦啦操联赛官方赛事。为了推动啦啦操运动在我国的健康可持续发展，完善全国啦啦操联赛体系，2014年1月，经国家体育总局体操管理中心批准，全国啦啦操竞赛委员会和全国啦啦操推广委员会整合后成立全国啦啦操委员会（CCA）。

目前，全国啦啦操委员会构建了全国、省、市三级委员会的管理体制，成立了31个省级啦啦操委员会，100余个地级市啦啦操委员会，这些委员会成为推动啦啦操项目快捷成长的中坚力量。

一个项目的发展壮大，离不开广阔的群众基础。为了使啦啦操运动的火种遍布全国，2013年教育部实施“啦啦操进校园”工程，并与国家体育总局体操管理中心共同出版了1套全国校园啦啦操示范套路系列教育。2014年起，教育部体卫艺同与国家体育总局体操运动管理中心合作，正式启动“送培到基层”大型公益活动，大型计划为全国大、中、小学每校培养1名国家注册的啦啦操教练员或裁判员，这一活动得到全国各省、市、自治区的响应，每年为12 000所学校培训啦啦操教练员或裁判员。此外，教育部体卫艺司还力推“一校一球一操”的江阴模式和“一校一品一操”的金水模式。

此外，全国啦啦操委员会每年还组织大学生和青少年运动员参加由国际啦啦操联合会批准的国际官方赛事及文化交流活动，为国内啦啦操运动员开阔眼界、学习先进提供宝贵的机会。我国啦啦操项目的发展需要学习国际先进经验，但更要靠自己摸索出中国式道路。近年来，全国啦啦操委员会连续多年举办的全国啦啦操科研论文报告会，有350余所全国啦啦操实验学校和50所全国啦啦操示范窗口学校的校长和教育局局长、体育局局长参加的全国啦啦操校（局）长论坛，为我国啦啦操项目的发展提供了宝贵的学术研究成果。2015年10月举办的全国青少年校园足球工作会议暨全国中小学“校园啦啦操”汇报展读和2016年举办的全国啦啦操创意展示大会等一系列活动也为我国啦啦操项目的发展注入了强大的生命力与创造力。

近年来，国家体育总局在全国一、二线城市分批建设了5 000所啦啦操星级俱乐部，全面覆盖31个省、市、自治区。为更加完善和系统地推进星级啦啦操俱乐部的建设，全国啦啦操委员会立足学校，面向社会，建立了以幼儿啦啦操为切入点的啦啦操七彩星级运动员体系和五星技术等级运动员体系。随着体系的完善，啦啦操俱乐部将逐步成为五星技术等级运动员和七彩星级运动员通级考试的考级中心或考点，具有考核和发放证书的权力。星级啦啦操俱乐部的建设和考级中心的建设将成为我国啦啦操项目发展史上的又一里程碑。

五、国内啦啦操大赛赛事

国内啦啦操大赛赛事主要有全国啦啦操锦标赛、全国啦啦操联赛总决赛、中国（城市）啦啦操公开赛、全国啦啦操冠军赛、全国啦啦操精英赛等，参加对象主要是各类学校及啦啦操俱乐部。

第二节　啦啦操的概念和分类

啦啦操，英文原名为“Cheer leading”，是在音乐或口号的衬托下，借助标语、道具等表达手段，以徒手或手持轻器械的技巧或舞蹈动作为载体，以团队展示各种具有强烈的鼓动性、感染性的动作为形式，为比赛助威，调节紧张、对抗的比赛气氛，是体现团队意识与集体主义精神，反映朝气蓬勃的精神面貌，具有竞技性、观赏性、表演性的一项体育运动。

我国啦啦操分类方式繁多，分类方法也各不相同。按活动的目的分为竞技啦啦操和表演啦啦操；按参与人群分为校园啦啦操、职工啦啦操、社区啦啦操和残疾人啦啦操、亲子啦啦操；按实施的场所分为看台啦啦操、场地啦啦操；按技术分类分为技巧啦啦操、舞蹈啦啦操。另外，还有延伸项目，如创意啦啦操、吉祥物啦啦操等。

目前，在我国按技术分类的方法最为常用（图 11-1）。

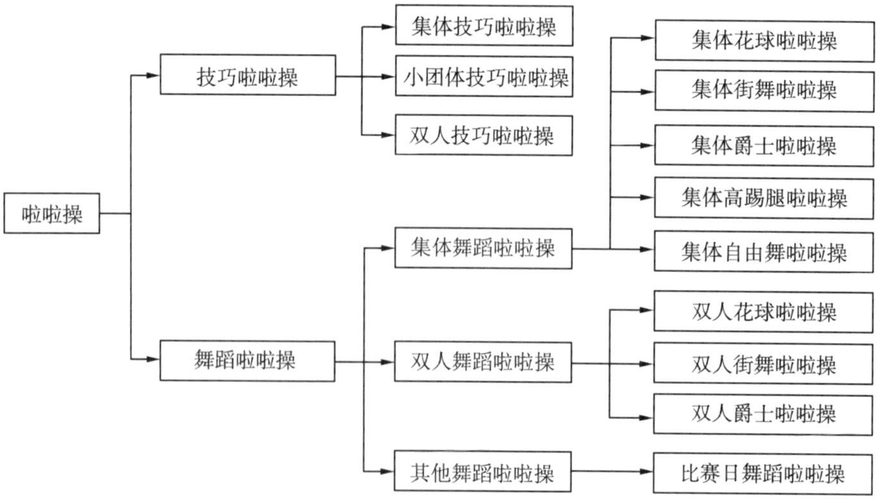

图 11-1　啦啦操的分类

一、技巧啦啦操

技巧啦啦操是在音乐的伴奏下，以跳跃、翻腾、托举、抛接和金字塔组合等技巧性难度动作为主要内容，配合口号、啦啦操基本手位、舞蹈动作及过渡连接动作等，充分展示运动员高超的技能技巧的团队竞赛项目。技巧啦啦操又可以分为集体技巧啦啦操、小团体技巧啦啦操和双人技巧啦啦操。

二、舞蹈啦啦操

舞蹈啦啦操是在音乐的伴奏下，运用多种舞蹈元素的动作组合，结合转体、跳步、平衡与柔韧等难度动作及舞蹈的过渡连接技巧，通过空间、方向及队形变化表现出不同舞蹈风格的特点，强调速度、力度与运动负荷，展示运动舞蹈技能和团队风采的体育项目。舞蹈啦啦操可以分为集体舞蹈啦啦操和双人舞蹈啦啦操。集体舞蹈啦啦操又可以分为集体花球啦啦操、集体街舞啦啦操、集体爵士啦啦操、集体高踢腿啦啦操和集体自由舞蹈啦啦操。双人舞蹈啦啦操则可以分为双人花球啦啦操、双人街舞啦啦操和双人爵士啦啦操。

1. 花球啦啦操

成套动作中，队员手持花球，结合啦啦操基本手位、个性舞蹈、难度动作、舞蹈技巧等动作元素，展现干净、精准的运动舞蹈特征及良好的花球运用技术，以及整齐一致、层次和队形不断变换等集体动作视觉效果。花球舞蹈啦啦操的技术特征主要表现为通过肢体动作的短暂加速、制动定位来实现啦啦操特有的力度感；动作完成干净利落；在运动过程中重心稳定、移动平稳，身体控制精确、位置准确，并通过动作的强度和快速发力突出运动舞蹈的特征。

2. 街舞啦啦操

成套动作以街舞风格的舞蹈动作为主，强调街头舞蹈形式，注重动作的风格特征，及身体各部位的律动与控制，要求动作的节奏与音乐和谐一致，同时也可附加一定的强度动作，如不同跳步的变换及组合或其他配合练习。街舞啦啦操的技术特征主要体现为通过肢体多关节动作短暂加速、制动定位来实现特有的力度感；动作完成干净利落、身体控制精确、位置准备准确，并通过动作松弛有度的强度突出运动舞蹈的特征。

3. 爵士啦啦操

成套动作由爵士风格的舞蹈动作、难度动作及过渡连接动作等组成，通过队形、空间、方向的变换，同时附加一定的运动负荷，表现参赛运动员的激情和团队良好的运动舞蹈能力。动作技术特征主要表现为肢体动作由内向外的延伸感；通过延伸制动实现爵士舞蹈啦啦操特有的力度感；通过动作松弛有度的强度突出运动舞蹈的特征。

4. 高踢腿啦啦操

高踢腿啦啦操成套动作注重运动员的控制、身体高度的一致性、柔韧性，以及踢腿动作与踢腿组合的例行性和多样性，强调踢腿动作的精度、定时、控制、技术和高度。高踢腿啦啦操表现出情感性及造型美与层次美的审美艺术特征。

5. 自由舞蹈啦啦操

以某种区别于爵士啦啦操、花球啦啦操、街舞啦啦操的形式出现，同时又具有啦啦操舞蹈特征的其他风格特点、形式的运动舞蹈，是具有一定的民族或地域特色的啦啦操。

第三节　啦啦操的健身价值

一、增强体质、强身健体

从事啦啦操运动，有利于肌肉、骨骼、关节的匀称与和谐发展，有利于形成正确的体态。例如，托举动作可以有效提升臂力，其他一些组合动作可以增强身体的协调性。通过啦啦操的练习，身体各部位得到有效锻炼，从而增强体质，达到强身健体、有益健康的目的。

二、愉悦身心、调节心理

啦啦操健身运动可以提升身体的精准控制力、平衡力与力量感，还可以增强参与者的自信，使情绪乐观向上。它不仅有健身功能，还有娱乐功能。参与者与同伴默契配合成功完成某些动作，可以得到心理上的满足。在自我价值得到充分体现后，参与者的自信心、自尊心与自豪感会增强。同时，在啦啦操表演的过程中，需要表演者以积极乐观的微笑面对观众，这也有利于促进表演者形成积极、乐观、开朗的心态，从而促进其心理健康。

三、提高审美能力

啦啦操由于在表演过程中融合了音乐、舞蹈和体操等表现形式，因此对于运动员的体态、动作等都有很高的要求，而且其中还有很多连贯动作需要运动员根据音乐的节拍、高标准地完成，这些都赋予啦啦操以较高的艺术性和欣赏性，也有利于培养和提升表演者的审美能力。

四、培养团队合作精神

由于在啦啦操的练习过程中，不仅很多动作需要表演者集体配合完成，而且在一些抛接动作的完成过程中，还需要表演者之间保持良好的信任和团队合作，因此，啦啦操的练习可以有效促进表演者之间的默契配合，养成良好的团队合作精神。

【思考题】

1. 简述啦啦操的起源。
2. 简述啦啦操的概念。
3. 简述啦啦操的分类。
4. 简述啦啦操的健身价值。

第十二章 啦啦操术语

【内容提要】

本章主要介绍舞蹈啦啦操和技巧啦啦的动作术语。

【教学目标】

能正确理解舞蹈啦啦操和技巧啦啦操的动作术语。

第一节 舞蹈啦啦操术语

（1）腾空（个人、双人或小组完成）：运动员与其他运动员或表演场地脱离接触的状态或技巧动作。

（2）髋部高于头的腾空翻转动作（个人完成）：翻腾技巧中髋部高于头的旋转动作，不与表演场地接触（如踺子或后手翻）。

（3）侧空翻：一种腾空的翻腾技巧，类似于车轮滚动且双手不接触地面。

（4）反身吸腿跳：旋转时，动力腿在空中画圈，支撑腿向上离开地面，使运动员在空中旋转且由支撑腿落地。

（5）后软翻：一种非腾空的翻腾技巧。运动员身体弯屈向后下腰且手落地，进行髋部高于头的旋转动作；然后运动员的躯干带动全身形成直立的姿态，双腿依次落地。

（6）Breaking：街舞的一种风格，包含武术和以技巧为主的动作与舞蹈。跳这种风格舞蹈的人被称为“B-boy”或“B-girl”。

（7）C 跳：一种跳跃方式，指的是运动员向后成弓状，使膝盖弯屈双脚延伸到身体后方呈 C 形。

（8）侧手翻：一种非腾空的翻腾技巧。运动员在一侧倒立旋转时用双手支撑身体的重量，双脚依次落地。

（9）反身跨栏跳：反身跳跃的动作。旋转中动力腿延长在空中画圈，支撑腿向上离开地面，使运动员在空中旋转，支撑腿延伸到身体后方弯屈膝盖，最后在空中完成旋转落地。

（10）项目：能体现出表演片段或整个成套的风格（如爵士啦啦操、花球啦啦操或街舞啦啦操等项目）。

（11）混合：除女性外，队伍中还有 1 名或多名男性运动员。

（12）库佩：运动员抬起一只脚贴紧踝关节的动作。

（13）连续技巧动作：在不移动、不停顿的情况下，运动员连续完成同一个技巧动作（如转体两周或两个屈体分腿跳）。

（14）Developpé：动力腿从库佩经由巴塞到延伸的过程或动作。

（15）鱼跃滚翻：一种腾空的翻腾技巧，运动员在双手双脚同时不着地的情况下完成前跃翻腾的动作。

（16）分组：能体现出参赛运动员的组成结构（例如，混合组、青年组和少年组）。

（17）落地：腾空的运动员以膝盖、大腿、臀部、前胸、后背或劈叉姿势落于表演地面，而非以双手或双脚首先承重，可缓冲落地的冲击力。

（18）被举起的动作：运动员被从低位举起上升至更高位置的动作。

（19）执行运动员：在双人或小组配合中，一名借助其他运动员的支撑力做技术动作的运动员。

（20）挥鞭转：一种转体动作，通常在一系列动作中完成，像挥鞭子一样。运动员动力腿在执行动作时，在每次旋转中不断下蹲、伸直腿提升形成巴塞姿态。挥鞭转也可在旁侧完成或在第二位置上完成。

（21）阿拉 C 杠：一种转体动作，通常在一系列动作中完成。运动员动力腿在空中画圈，主力腿在每次旋转中不断下蹲、提升，并保持与地面的平行，支撑腿与地面成 90°直角。

（22）前软翻：一种非腾空的翻腾技巧。运动员倒立屈体向前翻转，从倒立姿态成为非倒立姿态，双脚和双腿依次落地。

（23）手倒立：一种非腾空非旋转的翻腾技巧。运动员用双手垂直倒立，手臂在靠近头和耳朵处伸直。

（24）头转：通常在街舞啦啦操中表演的技巧。运动员用头部进行倒立旋转，并利用手部控制速度；双腿可呈任意姿态。

（25）前/后头手翻：一种腾空的翻腾技巧，通常在街舞啦啦操中表演。运动员既可向前表演也可向后表演。开始时运动员站立或蹲下，双手置于地面，头位于双手之间，然后双腿用力弹起，类似鲤鱼打挺起身，双脚同时落地。

（26）头位：一个特定的平均高度，指的是运动员伸直双腿、直立在地面上时头顶的高度。

特别说明：这是一个测量空间的大致高度，不随身体的弯屈、倒置等形态而改变。

（27）头倒立：一种非腾空非旋转的翻腾技巧。运动员呈垂直倒立姿态，由头部承受重量，双手置于地面并支撑身体。

（28）技巧高度：某一技巧动作开始时所在的高度。

（29）髋位：一个特定的平均高度，指的是当一名运动员伸直双腿、直立在地面上时髋部的高度。

特别说明：这是一个测量空间的大致高度，不随身体的弯屈、倒置等形态而改变。

（30）髋部高于头的翻转（单人执行）：在翻腾动作中，运动员做髋部高于头的连续翻转动作（例如后软翻或侧手翻）。

（31）髋部高于头的翻转（小组或双人执行）：在托举或双人配合动作中，执行运动员做髋部高于头的连续翻转动作。

（32）倒置：运动员的腰部、髋部和双脚均高于其头部和双肩的姿态，一般有瞬间的停顿或些微改变。

（33）倒置技巧动作（单人执行）：一种技巧动作。运动员的腰部、髋部和双脚均高于其头部和双肩的姿态，一般有瞬间的停顿或有些微改变。

（34）托举（双人或小组执行）：一名运动员被另一名或多名运动员从地面抬起并保持固定的动作。托举由执行运动员和支撑运动员共同完成。

（35）单脚起跳单脚落地的跳跃动作：运动员通过双脚轻扫地面后，单脚起跳，另一只脚腾空，最后用单脚落地的动作单脚起跳。该动作可在不同方向以不同姿态完成。

（36）鲤鱼打挺：一种腾空非旋转的翻腾技巧，通常出现在街舞啦啦操表演中。运动员通过弯屈膝盖，推动大腿靠近胸部，肩部稍向后并用力使得身体呈直立姿态，完成鲤鱼打挺。踢腿的力量使运动员抬升，且双脚同时落地。

（37）巴塞：即传递。运动员抬起并弯屈单腿，脚尖靠近支撑腿的膝盖。巴塞可在两侧髋部相互平行或垂直时执行。

（38）配合动作（双人执行）：两名运动员相互支撑完成的动作。配合动作包括支撑和执行两方面的技巧动作。

（39）垂直倒置（单人执行）：一种倒置的姿态。当运动员的头部、颈部和肩部均在一条直线上，且该直线与地面呈90°时的姿态。

（40）转体/立转：一种转体技巧。运动员一腿下蹲，并将该脚置于另一脚（四位）前方，然后提起原下蹲的腿并使身体旋转一周。转体/立转可以不同的身体姿态执行。

（41）下蹲：一种准备落地的动作。运动员屈膝并向下蹲。

（42）道具：指的是在成套编排过程中，非比赛服部分的任何物品。

特别说明 1：在花球啦啦操中，花球被视为比赛服的一部分，不是道具。

特别说明 2：在残疾和特殊舞蹈啦啦操中，所有移动设施、假肢和支撑物均被视为运动员本身的一部分。一旦被刻意移除脱离运动员或回到运动员身体之前，上述物品就被视为合规的道具。

（43）俯卧姿：运动员面朝下做俯卧的姿态。

（44）提踵：运动员提起脚跟向上的动作。

（45）释放动作（小组或双人执行）：正在表演的运动员与支撑运动员表演地面脱离接触的动作。

（46）肩倒立：运动员的肩部及上背部与地面接触，同时腰部、臀部及双脚均高于其头部和肩部的姿态。

（47）前/后单肩滚翻：一种非腾空的翻腾技巧。运动员利用后肩翻滚并保持与地面的接触，头部向侧边倾斜避免与地面的接触。

（48）肩位：一个特定的平均高度，指的是当一名运动员伸直双腿、直立在地面时肩部的高度。

特别说明：这是一个测量空间的大致高度，不随身体的弯屈、倒置等形态而改变。

（49）定格/定位：一种非腾空非旋转的翻腾技巧。通常出现在街舞啦啦操表演中。运动员在表演中瞬间停止动作，通常用一只或两只手做支撑，停在一种有趣的、倒立的、具有平衡性的动作中。

（50）支撑运动员：在小组或双人配合动作中，一名负责支撑执行运动员的重量并与其保持接触的运动员。

（51）支撑腿：在技巧动作中，支撑运动员自身重量的腿。

（52）仰卧：运动员呈背部向下、面部向上的平躺姿态。

（53）交换腿跳：一种单脚起跳、单脚落地的跳跃动作。运动员摆动动力腿以改变跳跃的姿态或方向。

（54）踢尔特：一种在跳跃动作中的技巧。动力腿向上空猛踢，支撑腿指向地面落地。

（55）屈体分腿跳：运动员伸直双腿，通过胯的转动，将腿部向上抬起的跳跃动作。

（56）抛接：一种支撑运动员释放执行运动员的动作。抛接开始时，执行运动员不与表演场地接触，舞蹈啦啦操中不可出现此技术技巧动作。

（57）翻腾：所有强调杂技或体操能力的技巧总称。翻腾的运动员通常不需要与其他运动员接触，也无须协助和支撑，翻腾动作的开始和结束都在表演场地上。

（58）垂直倒置（双人或小组执行）：支撑运动员直接承担执行运动员的重量，且执行运动员的腰部、髋部和双脚均高于其头部和双肩的姿态，一般有瞬间的停顿或些微改变的动作。

（59）大风车：一种非腾空非旋转的翻腾动作。运动员从背都开始，由上背部到胸部自转，同时双腿围绕身体呈 V 形。腿部动作提供主要动力，使身体从一个背部着地的姿态空翻成一个胸部着地的姿态。

（60）动力腿：在运动员完成技术动作的过程中，主要产生动能或呈某一姿态的那条腿。

第二节　技巧啦啦操术语

（1）尖子：托举或篮抛时的上层运动员。

（2）底座：当尖子离开地面，支撑尖子主要重量或提供尖子完成动作所需要动力的人；握住、举起或者抛起一个尖子进入托举的人。

（3）保护员：没有参与托举的动作，在托举和篮抛的旁边或后面提供保护的人员。

（4）原地站立翻腾：翻跟头技巧（系列技巧），在没有任何向前启动的情况下从站立姿势开始进行。许多在进行翻腾技巧前的向后脚步也被定义为“原地站立翻腾”。

（5）行进间翻腾：一种带助跑的行进间翻跟头技巧。

（6）拉手空翻：在前空翻或后空翻时底座抓住尖子的手臂并持续对其提供支撑的翻腾。

（7）侧手翻：一种非空翻的技术，包括臀部越过头顶的翻腾。

（8）空翻：一项空中技巧，包括在身体经过倒转位时不接触表演地面，臀部越过头的翻腾。

（9）鱼跃空翻：空中前空翻，手脚同时离开表演地面。

（10）软翻：一种非空翻的技巧，包括运动员在向前或者向后的翻腾过程中（常常是双腿呈劈叉状态）得到一个或者两个手的支撑。

（11）推起：体操术语，指在翻跟头技巧中利用本人的上肢力量离开表演地面。在推起瞬间的空中姿势在任何高度都符合要求。

（12）后点底座（后点底座保护人）：指站在技巧组合的后面主要负责在尖子做既定的下法或者落下动作中保护他的头和肩膀的人。

（13）前点底座（前点底座保护人）：处于底座为增加技巧力量或增加抛接高度的人，他们不参与支架过程。

（14）抛接：指底座将尖子抛向空中的技巧，在空中的尖子与底座没有任何接触。例如“篮子抛”和“海绵抛”，单个底座将尖子抛起到预定的托举位置这个过程不算抛接。

（15）篮子抛（轿抛）：一种底座不超过 4 个人的抛接方法，其中两个人的手腕相互扣紧。

（16）海绵抛：一种多底座的抛接方法，底座通过尖子的脚将尖子抛起到空中。

（17）摇篮抛：一种底座不超过 4 个人的抛接方法，是底座将手臂扶于尖子后背或腹部所进行的抛接。

（18）直体抛：尖子表演抛接时的身体姿势，不包括任何空中的踢，要求尖子在抛接中达到最大限度的身体直线姿势。

（19）蹬起：是将要被抛出的人的双脚一并在底座的手中时使用的一种蹬腿接力技巧。

（20）接法：从技巧或金字塔到底座接住或到表演地面的底座的手中时使用的一种蹬腿接力技巧。

（21）摇篮接：一种由 3 人组成的接法，即由左、右、后 3 名底座接。左右两侧的底座手掌向上接住尖子，一只手在尖子的背下，另一只手在尖子的大腿下，后面的底座必须接住尖子的头和肩部，尖子腾空后落下时必须面部朝上成梭子姿势落下，接时有缓冲。

（22）自由落地：指无其他人帮助或者保护的落地过程。

（23）一周：围绕额状轴进行完整的向前或向后翻转。

（24）直升飞机：一个尖子在水平位置被抛掷，然后在被底座接住前，沿着垂直轴旋转（如直升飞机螺旋桨的旋转）。

（25）水平旋转抛：尖子以水平姿势被抛起后，以与地面平行的姿势做水平转体。

（26）转移抛接：是一组底座将尖子抛向另外一组底座的抛接形式。

（27）倒置（头向下动作）：在技巧或者金字塔中进行翻转的人的重心是向下朝着地面的。

（28）前倒：一种前倒动作，托举或金字塔中尖子臀部和肩在脚以下，从脚到肩形成向下倾斜或完全颠倒的姿势。

（29）后躺：一种技巧，尖子面朝上水平躺，通常由两名或多名底座支撑，以及一名持续的后点支持。

（30）倒转：尖子的头在他本人的腰部以下，并且至少一只脚在腰部以上向前或向后的旋转。

（31）俯姿：面向下，身体呈平直姿势。

（32）跳跃：一项不包括空翻的跳跃，包括分腿跳、团身跳、屈体跳、跨跳等。

（33）托举单腿踢：尖子的身体位于垂直位置，以单脚的状态被底座托起后的单脚踢。

（34）团身踢：一腿团身，一腿踢。

（35）抛踢转体 360°：抛接中，用于包含一个踢和 360°旋转的抛接。

（36）道具：可利用的用具。

（37）下法：指底座（们）和尖子在做托举后相互脱离，尖子再次回到托举前的准备状态。

（38）回接：接到尖子后回到另一个技巧，此时尖子的一条腿先点地然后再蹬起。

（39）亮相过渡：一种在过渡技巧或托举转换中的亮相姿态。

（40）站肩托举：托举中尖子的脚站在底座肩上的托举。

（41）托举：尖子的身体重心被一人或多人托起离开地面上的所有技巧。尖子被底座主要支撑的腿的数量决定了托举是单腿托举还是双腿托举。同样，底座的数量决定了是单底座还是双底座、多底座，底座的手臂数量决定了托举是单臂托举还是双臂托举。

（42）高臂托举：使尖子的整个身体在底座头上方托起延伸的垂直位置。

（43）肩位托起：尖子被底座举到肩膀高度的动作。

（44）髋位托起：一种托举准备姿势，尖子的脚位于底座髋部高度的托举，可以单脚准备，也可以双脚准备，还可以踩在底座的大腿上。

（45）过渡托举：一个尖子从一个托举过渡到另一个托举，在过程中可以交换底座或者不交换底座。

（46）托举移动：金字塔或托举中，底座和尖子保持接触并调整队形的移动状态。

（47）单脚上推：一人或者多人的底座，底座向上推尖子的单腿或者双脚以增加其高度。

（48）金字塔造型：一个或多个尖子由一个或多个底座支撑而形成的金字塔形状的托举造型，金字塔造型的组成人员必须相互支撑，并产生相互联系。金字塔造型必须保持垂直状态，非垂直过渡动作是允许的。

（49）两人高金字塔：以身体的长度为测定标准，包括尖子脚位于底座肩部的高度，具体托举动作包括肩位托举和站肩托举。

（50）两人半高金字塔：以身体的长度为测量标准，包括底座以高臂托举的姿势托起尖子脚的高度。

（51）一人半高金字塔 ：以身体的长度为测量标准，具体包括：底座以高臂托

举的姿势托起尖子臀部的高度；尖子的脚站在底座大腿上的高度；尖子臀部位于底座肩部的高度。

（52）过渡金字塔：尖子从一个托举移动到另一个托举，在过程中可以交换底座或者不交换底座，但至少有一个二尖子或底座始终保持与尖子的不间断接触。

（53）跳步：任何类型的跳类动作。

（54）翻腾：体操或者技巧的翻腾动作。

【思考题】

1. 请列出5个舞蹈啦啦操动作术语。
2. 请列出5个技巧啦啦操动作术语。

第十三章　啦啦操基本动作及训练

【内容提要】

本章主要介绍啦啦操的基本动作、训练方法，以及啦啦操的技术特点。

【教学目标】

了解啦啦操的技术特点，掌握啦啦操的基本动作及训练方法，正确理解啦啦操难度动作的辅助练习。

第一节　啦啦操基本动作

一、基本站立姿势

1. 并腿立站姿类

（1）并腿站立：直立，两脚并拢，抬头、挺胸、收腹、肩下沉，臀部收紧、大腿内侧肌肉收紧，膝盖绷紧、脚踝夹紧，身体重心稍向前，手臂位于体侧。

（2）并腿蹲立：直立，两脚并拢，屈膝下蹲，双腿夹紧、双膝并拢、双脚脚踝并紧，抬头、挺胸，保持良好的身体姿态，两手叉腰或啦啦操手位 。

（3）并腿踮脚站立：并腿直立，踮起脚跟，前脚掌用力扒地、脚踝夹紧，肩下沉、核心收紧，保持良好的身体姿态，手叉腰或啦啦操手位。

（4）并腿踮脚蹲立：并腿下蹲，踮起脚跟，前脚掌用力扒地，脚踝收紧，肩下沉，核心收紧，保持很好的身体姿态，两手叉腰或啦啦操手位。

（5）并腿立站姿类组合练习。

2. 开腿立站姿类

（1）开腿站立：两脚开立，脚尖向前，肩下沉，抬头、挺胸、收腹、臀部收紧，手臂位于体侧。

（2）开腿蹲立：两脚开立，脚尖向前，屈膝下蹲、膝盖向前，肩下沉，抬头、挺胸、收腹、臀部收紧，两手叉腰或啦啦操手位。

（3）开腿踮脚站立：两脚开立站直，脚尖向前、踮起脚跟，前脚掌用力扒地、脚踝夹紧，肩下沉、核心收紧，保持良好的身体姿态，两手叉腰或啦啦操手位。

（4）开腿踮脚蹲立：两脚开立，脚尖向前，两膝屈膝下蹲，踮起脚跟，前脚掌用力扒地，脚踝收紧，大腿夹紧，肩下沉，核心收紧，保持很好的身体姿态，两手叉腰或啦啦操手位。

3. 弓步站姿类

（1）前弓步：两腿前后分开约一大步，前腿屈膝，后腿伸直（或稍屈膝）同时脚后跟抬起，重心在两腿之间，两手叉腰或啦啦操手位。

（2）侧弓步：两腿左右分开约一大步，左腿（右腿）屈膝约成 90°，右腿（左腿）侧伸伸直（或稍屈膝）脚尖点地，重心在两腿间，两手叉腰或啦啦操手位。

4. 交叉步站姿类

（1）双腿交叉站：两脚跳起前后交叉落地成站立姿势，脚尖向前，膝盖向前，全脚掌着地，重心在两脚之间，保持良好的身体姿势，两手叉腰或啦啦操手位。

（2）双腿交叉踮脚站立：两腿前后交叉站立，两脚脚后跟提起，两脚踝锁住（收紧），身体保持良好姿势，两手叉腰或啦啦操手位。

（3）移重心（向前）交叉站立：右腿（左腿）向左腿（右腿）前迈一步成两腿交叉，重心前移至右腿（左腿），左腿（右腿）伸直，脚尖后点地，两手叉腰或啦啦操手位。

（4）移重心（向后）交叉站立：右腿（左腿）向左腿（右腿）后迈一步成两腿交叉，重心后移至右腿（左腿），左腿（右腿）稍屈膝，脚尖前点地，两手叉腰或啦啦操手位。

5. 顶髋站姿类

（1）向前顶髋站立：右腿（左腿）向前一步，同时重心前移顶右（左）髋，左腿（右腿）稍屈膝，脚尖点地。

（2）向侧顶髋站立：右脚（左脚）向右侧（左侧）滑步至右腿（左腿）侧弓步，同时右髋（左髋）侧顶，左腿（右腿）侧伸（或稍屈膝），脚尖点地。

6. 点地站姿类

（1）并腿点地立：并腿站立，左腿（右腿）直立，右腿（左腿）屈膝，脚尖在左踝（右踝）内侧点地，保持良好身体姿势。

（2）开腿点地立：两腿开立，重心移到右腿（左腿），右腿（左腿）屈膝，左腿（右腿）伸直或稍屈膝脚尖侧点地。抬头、挺胸，啦啦操手位。

二、常用手型及规范

（1）胜利：握拳，食指和中指伸直成 V 字形。
（2）力量：拇指握于四指。
（3）喝彩：十指用力张开。
（4）酷：中指和无名指弯曲，其他三指自然张开。
（5）团结：双手在虎口处相握。
（6）真棒：四指相握，拇指竖起。
（7）勇往直前：握拳，食指伸出。
（8）自信张扬：四指并拢，拇指张开。

三、啦啦操基本手位

基本手位是啦啦操特有的动作。基本手位在成套编排中起核心作用，是啦啦操编排最基础的组成部分，体现了啦啦操项目的特征。在啦啦操教学、训练的第一次课，都会进行啦啦操手位的学习，因此，啦啦操手位是啦啦操项目中最基本、最基础、最重要的技能之一。完成啦啦操手位时要做到快、准、稳，在最短时间内达到最大距离。下面介绍啦啦操的 36 个手位（表 13-1、图 13-1~图 13-12、视频 13-1）。

表 13-1　啦啦操 36 个基本手位

下 A	上 A	上 V	下 V
加油	T	短 T	W
上 L	下 L	斜线	K
侧 k	弓箭	小弓箭	短剑
侧上冲拳	侧下冲拳	斜下冲拳	斜上冲拳
高冲拳	R	上 M	下 M
屈臂 X	上 X	前 X	下 X
X	上 H	小 H	屈臂 H
下 H	前 H（持烛式） （拳心相对） 前 H（提桶式） （拳心向下）	后 M	O

预备：两腿开立，下 H 手位。

（1）下 A：两臂胸前下举，两手拳心并拢，大臂夹紧身体，大拳眼向前。

（2）上 A：两臂上举，两手拳心并拢，大臂贴紧脸颊处，眼看拳。

下H　　下A　　上A

图 13-1　啦啦操手位之一

视频 13-1
啦啦操基本手位

（3）上 V：两臂侧上举握拳，两臂之间夹角为 60°～90°，拳心向外，大拳眼向前，肩下沉。

（4）下 V：两臂侧下举握拳，两臂之间夹角为 60°～90°，拳心向外，大拳眼向前，两臂在体侧稍前。

（5）加油：两大臂紧贴身体体侧，小臂内收，拳心相对并拢，小拳眼向前，拳的高度在下巴以下、锁骨位置，拳与身体为一拳距离。

上V　　下V　　加油

图 13-2　啦啦操手位之二

（6）T：两臂侧举，握拳，拳心向下，大拳眼向前，肩下沉。

（7）短 T：两臂胸前平屈握拳，拳心向下，小拳眼向前。

（8）W：两臂肩上屈，肘关节成 90°，握拳，拳心相对，小拳眼向前。

T　　短 T　　W

图 13-3　啦啦操手位之三

（9）上 L：一臂上举，大臂贴紧脸颊，拳心向内，小拳眼向前，另一臂侧举握拳，拳心向下，大拳眼向前，肩下沉。

（10）下 L：一臂侧前下举握拳，拳心向内，大拳眼向前，另一臂侧举握拳，拳心向下，大拳眼向前。肩下沉。

（11）斜线：一臂侧上举，握拳（大拳眼向前），一臂侧下举，握拳（大拳眼向前），两臂成一斜线。

上L　　下L　　斜线（右）

图 13-4　啦啦操手位之四

（12）K：一臂前上举，拳心向下（大拳眼向前），另一臂前下举，拳心向下（小拳眼向前），两臂夹角为 90°。

（13）侧 K：一臂侧上举，握拳拳心向下（大拳眼向前），一臂前斜下举，拳心向下（小拳眼向前）。

（14）弓箭：一臂侧举握拳，拳心向下（大拳眼向前），一臂胸前平屈握拳，拳心向下（小拳眼向前）。

（15）小弓箭：一臂侧举握拳，拳心向下（大拳眼向前），一臂胸前屈，拳心向内，大臂紧贴身体，小拳眼向正前方，大拳眼向肩。

（16）短剑：右手叉腰为例，右手叉腰，拳心向下，小拳眼向前，左臂胸前屈，拳心向内，大臂紧贴身体，小拳眼向正前方，大拳眼向肩。

（17）侧上冲拳：右手叉腰为例，左臂侧上冲拳，拳心向外，大拳眼向前。

K　　侧K　　弓箭

小弓箭　　短剑　　侧上冲拳

图 13-5　啦啦操手位之五

（18）侧下冲拳：右手叉腰为例，左臂做下 V 的一半，大拳眼向前。

（19）斜下冲拳：右手叉腰为例，左臂右前下举，拳心向下，小拳眼向前。

（20）斜上冲拳：右手叉腰为例，左臂右前上举，拳心向下，小拳眼向前。

测下冲拳　　斜下冲拳　　斜上冲拳

图 13-6　啦啦操手位之六

（21）高冲拳：右手叉腰为例，左臂上举冲拳，大臂紧贴脸颊，小拳眼向前。

（22）R：一手臂斜下冲拳，拳心向下，另一手臂以 X 位置，头后屈臂（大臂上抬）。

（23）上 M：两臂肩上屈，手握拳触肩，肘关节朝外，小拳眼向前。

高冲拳　　R　　上M

图 13-7　啦啦操手位之七

（24）下 M：两手叉腰，握拳，拳背向上，小拳眼向前。

（25）屈臂 X：两臂交叉于胸前（小臂交叉），小拳眼向前。

（26）上 X：两臂交叉于头前上方（小臂交叉），小拳眼向前。肩下沉。

下M　　曲臂M　　上X

图 13-8　啦啦操手位之八

（27）前 X：两臂交叉于体前（小臂交叉），拳心向下。

（28）下 X：两臂交叉于体前下方，拳心向斜下。

（29）X：两臂肩上头后屈，两拳心贴紧后脑勺，大臂上抬，肘外展。

前X　　下X　　X

图 13-9　啦啦操手位之九

（30）上 H：两臂上举，大臂紧贴脸颊，小拳眼向前。

（31）小 H：一臂上举，大臂紧贴脸颊，小拳眼朝前，另一臂胸前屈，拳心向内，大臂紧贴身体，小拳眼向正前方，大拳眼向肩。

（32）屈臂 H：两臂胸前屈，拳心向内，大臂紧贴身体，小拳眼向正前方，大拳眼向肩。

上H　　小H　　屈臂H

图 13-10　啦啦操手位之十

（33）下 H：两臂前下举，拳心相对，大臂加紧身体，大拳眼向前。

（34）前 H：两臂前举，握拳，拳心相对（持烛式）或拳眼相对（提桶式）。

下H　　前H(持蜡式)　　前H(提桶式)

图 13-11　啦啦操手位之十一

（35）后 M/起式位：两臂腰间屈，握拳，小拳眼紧贴腰侧，肘关节向后，大拳眼向外，拳心向上。

（36）O：两臂上举，手臂成弧形，两手在头顶上方握拳，拳面并拢。小拳眼向前。

后M

O

图 13-12 啦啦操手位之十二

第二节 啦啦操基本动作训练方法

一、上肢技术训练方法

（一）游戏熟练法

主要目的是让学生熟练动作，熟记名称。

1. 快速反应法

教师说出动作名称，全体同学快速反应做出相应的动作，教师再根据出现的问题强调动作规格。

要求：发力正确，反应灵敏。

2. 依次衔接法

学生成圆环形站立，每名学生代表一个基本手位的动作名称。从某一同学开始，边做边说出自己所代表的动作名称，做完再加一个下蹲的动作，完成后随意喊出一个动作名称，代表该动作的同学接力开始做该动作，以此类推。例如，“倒 V 蹲，倒 V 蹲上 H”；接下来，开始做动作上 H。

要求：所有动作及名称精准配合。

（二）手臂位置控制训练

主要目的是使学生掌握准确的手臂位置，明确发力方式。

1. 单个手位的耗时控制练习

例如，手臂斜线，手臂摆在正确位置 2~3 分钟，每次做 3 组。

要求：在控制的同时感觉肌肉力量，形成肌肉记忆。

2. 相邻手位的连接发力练习

例如，加油接高 V，两次动作发力连接的准确性、控制力和美感练习。练习时可以向着正前方、左前方、右前方等 3 个面来做动作。熟练后可以配着口号来加强手臂的控制。

要求：动作短促有力，衔接有美感。

3. 慢拍感受手臂的发力方式

例如，T，确定了动作的准确位置后，用清晰的路线把手臂动作做到位。每次都体会慢动作时的肌肉感觉。

要求：不能让慢动作影响身体的控制。

4. 徒手对镜子练习

例如，选择一组动作，对着镜子进行分解练习，以增加动作的精准性。

要求：注意发力的感觉。

5. 手持器械负重练习

例如，上 H，双手握小哑铃，用同样的发力感觉来做上 H，每次间隔 2~3 秒，一组做 8 次，做 5 组。

要求：不能因为手拿器械，动作就变形。

6. 让肌肉感受不同的控制力量

例如，上 A 和下 M，先做一个手臂动作，间隔 3~5 秒，再做另外一个手臂动作，感受不同的控制。

要求：不同的手臂动作要有同样稳定的身体控制状态。

7. 变换节奏的练习动作

例如，加油、斜线、X、手臂还原，这四个动作分别进行 4 拍、2 拍和 1 拍变换动作的节奏。

要求：动作准确、发力连续。

二、下肢技术训练方法

1. 腿部控制练习

半蹲姿态控制练习。例如，双腿分开比肩宽，屈膝成半蹲，上体直立，两臂侧举。每组坚持 3 分钟，一次 5 组，间歇 2~3 分钟。

要求：重视运动后的拉伸练习。

2. 平稳移动练习

运用小组合练习，强化重心平稳移动。例如，指定 4 个八拍的小组合，先练习第一个八拍的单拍动作，然后连接起来，再用同样方法练习下一个八拍的动作，最后，将 4 个八拍进行递加连接，节奏逐渐加快。

要求：避免弹动的发力方式。

3. 跳步练习

三连跳练习即三个不同姿态的跳步动作连贯完成。例如，团身跳加 C 跳加屈体分腿跳。先做团身跳，保证单独做一个动作的准确性，再分别做另外两个动作，然后练习前两个动作的连接跳，再练习后两个动作的连接跳，最后三个动作进行连接，反复进行练习，间隔 5 秒钟左右。

要求：爆发力跳起，落地缓冲。

4. 绑沙袋步伐练习

两腿绑沙袋做下肢技术练习的动作。例如，两腿绑上沙袋后，做脚下步伐组合练习，用递加法。间歇 3~5 分钟，再进行练习，共 6 组，每组 3 遍。

要求：重视运动后的拉伸练习。

5. 肌肉控制练习

无支撑控腿。例如，控腿每次坚持 2 分钟，然后换另外一条腿。间歇 5~8 分钟。共做 5 组。

要求：重心稳定。

6. 变换节奏练习

相同的动作，由慢变快。例如，找一组 4 个八拍的动作，先慢慢地喊拍，逐渐加快速度，然后变成击掌，击掌速度越来越快，最后配上音乐练习。每天练习两组动作。

要求：保持正确技术。

三、啦啦操手位组合练习

基本手位是花球舞蹈啦啦操特有的技术特征，也是花球舞蹈啦啦操成套动作的核心内容，合理运用 36 个基本手位，可以创编出丰富多样的花球舞蹈啦啦操成套动作。

（一）啦啦操手位组合练习一（视频 13-2）

1. 第一个八拍

1~2 拍：右、左脚原地踏步，同时两臂侧上举成上 V。

3~4 拍：右、左脚原地踏步，同时两臂胸前交叉成屈臂 X。

5~6 拍：右、左脚原地踏步，同时两臂侧下举成下 V。

7~8 拍：两脚踏成开立，同时两臂成加油姿势。

视频 13-2
手位组合
练习一

2. 第二个八拍

1~2 拍：左脚向前迈步，同时两臂经屈至侧举成 T 字。

3~4 拍：右脚向右迈步成右侧弓步，左脚脚尖点地，同时两臂成右斜线。

5~6 拍：左侧弓步，右脚脚尖点地，同时两臂成左斜线。

7~8 拍：两脚踏成直立，同时两臂经屈至下成下 H。

3. 第三个八拍

1~2 拍：两脚跳成开立，同时两臂屈臂向前成前 X。

3~4 拍：两脚跳成直立，同时两臂胸前平屈成短 T。

5~6 拍：两脚跳成半蹲，上体前屈低头同时两臂扶两侧大腿。

7~8 拍：两脚保持不动，同时两臂经屈至侧上成上 V。

4. 第四个八拍

1~3 拍：右脚开始踏步同时上体右转 360°，左臂上举，右臂侧举成 L。

4 拍：直立，同时两臂胸前屈成加油姿势。

5~6 拍：左脚向左一步成前弓步，右腿屈膝，前脚掌着地，同时两臂成 K。

7~8 拍：两脚跳成直立，同时左臂胸前平屈，右臂侧平举成弓箭。

5. 第五个八拍

1~2 拍：直立，同时左手叉腰，右臂成侧下冲拳。

3~4 拍：右臂成侧下冲拳两次。

5~7 拍：左脚向左一步，同时右臂由外向内绕至侧上成侧上冲拳。

8 拍：开立，同时左手叉腰，右臂成侧上冲拳。

6. 第六个八拍

1~2 拍：右、左脚原地踏步，同时两手置于头后成 X 字。

3~4 拍：右、左脚原地踏步，同时两臂前举成提桶式。

5~6 拍：两脚跳成左右开立，同时两臂侧下举成下 V。

7~8 拍：两脚跳成直立，同时两臂肩上侧屈成 W。

7. 第七个八拍

1~2 拍：右脚向右一步，同时两臂成下 M。

3~4 拍：两脚跳成直立，同时两臂成下 M。

5~6 拍：两脚跳成左右开立，两臂屈肘胸前搓成花球。

7~8 拍：两脚垫步成并拢，两臂头上转动花球成上 A。

8. 第八个八拍

1~2 拍：右、左脚原地踏步，同时两臂上举成 H。

3~4 拍：右、左脚原地踏步，同时两臂胸前成加油姿势；

5~6 拍：右、左原地踏步，同时两臂在头上屈肘成 O。

7~8 拍：两脚跳开成左右开立，同时左手叉腰，右臂成高冲拳。

（二）啦啦操手位组合练习二（视频 13-3）

视频 13-3
手位组合
练习二

1. 第一个八拍

1~2 拍：直立，两臂成加油。

3~4 拍：左右臂交替做小 H。

5~6 拍：左右臂交替做弓箭。

7 拍：屈臂成 H。

8 拍：下 H 。

2. 第二个八拍

1~2 拍：右脚、左脚向后一步，同时两臂经短 T 至 T。

3~4 拍：右脚向后一步并于左脚，两臂胸前平屈重叠（左臂在上）。

5~6 拍：开立，双手转动花球。

7 拍：向右做侧 K。

8 拍：右脚还原，两臂成加油手位。

3. 第三个八拍

1~2 拍：左、右脚向前一步同时两臂经短 T 至 T。

3~4 拍：左脚并右脚，两臂胸前平屈重叠（右臂在上）。

5~6 拍：开立，同时双手搓花球。

7 拍：向左做侧 K。

8 拍：左脚还原加油手位。

4. 第四个八拍

1~2 拍：两脚开立，两臂成 W 手位。

3 拍：屈臂成 X。

4 拍：还原至 W 位。

5 拍：由 W 成上 A 手位。

6 拍：半蹲低头含胸，两手屈肘扶于大腿前侧。

7~8 拍：直立，两臂成下 H。

5. 第五个八拍

1 拍：左脚向左一步，同时左臂侧上举，右臂屈肘于脑后。

2 拍：手臂动作同上 1 拍，但方向相反。

3 拍：上体左转，腿微屈，手臂成 R 位。

4 拍：还原成直立。

5 拍：右脚向右一步，同时右臂侧上举，左臂屈肘于脑后。

6 拍：手臂同 5 拍但方向相反。

7 拍：上体右转向右侧转动做 R 位。

8 拍：还原成直立，两臂成下 H。

6. 第六个八拍

1~2 拍：左脚、右脚依次向前一步，两臂成 K 位。

3~4 拍：左脚上步并右脚，两臂成加油位。

5 拍：两脚跳成开立，两臂右斜线，头向右侧屈。

6 拍：两臂成加油位。

7~8 拍：两臂成上 V。

7. 第七个八拍

1~2 拍：左腿直立，右腿在左腿后交叉，两臂成 O。

3~4 拍：右脚向侧一步成右侧弓步，两臂成下 H。

5 拍：右臂向前冲拳。

6 拍：左臂向前冲拳。

7~8 拍：两臂经短 T 成下 H。

8. 第八个八拍

1~2 拍：右侧弓步，左臂侧上冲拳，右臂肩侧屈，手抚头后。

3~4 拍：还原成直立，两臂成下 H。

5 拍：两臂成上 V 位。

6 拍：两臂成上 A。

7 拍：两臂成上 V 位。

8 拍：两臂成下 H。

（三）啦啦操手位组合练习三（视频 13-4）

视频 13-4 手位组合练习三

1. 第一个八拍

1~2 拍：两脚跳开成左右开立，两臂侧上举成上 V。

3~4 拍：两脚跳成并立，两臂胸前屈成加油位。

5~6 拍：左、右脚原地踏步，两臂胸前平举交叉成前 X。

7~8 拍：向右跳转 90°，同时左手置于腰间，右臂胸前屈成短剑。

2. 第二个八拍

1 拍：左脚向左迈步，两臂侧举成 T。

2 拍：右脚向左迈步，同时上体左转 90°，两臂胸前平屈成短 T。

3~4 拍：左、右脚踏步，同时上体左转 270°，两臂上举成上 H。

5 拍：左脚向前一步成半蹲立，同时两臂经胸前屈肘成下 V。

6 拍：重复 5 拍手臂动作。

7~8 拍：两脚跳成并立，同时左臂侧举，右臂侧上举成上 L。

3. 第三个八拍

1 拍：左脚向后踏步，左臂屈肘置于脑后，右臂侧上举成上 V。

2 拍：右脚向后踏步，右臂屈肘置于脑后，左臂侧上举成上 V。

3~4 拍：左右脚踏步，两臂屈肘置于脑后成 X 手位。

5 拍：左脚向右前一步，两臂胸前屈臂交叉成屈臂 X。

6 拍：右脚向右侧摆，两臂侧举成 T，头右侧屈。

7~8 拍：两脚跳成半蹲立，两臂下举成下 H。

4. 第四个八拍

1~2 拍：左、右脚踏步，两臂侧上举成上 V。

3 拍：右腿侧踢，两臂侧下举成下 V。

4 拍：两脚跳成并立，两臂成下 H。

5 拍：两脚跳成开立，同时左臂侧上举，右臂侧下举成左斜线。

6 拍：右臂侧上举，左臂侧下举成右斜线。

7~8 拍：半蹲，体前屈，两臂屈肘置于右大腿上，拳心向下。

5. 第五个八拍

1~2 拍：两脚跳成并立，两臂上举成上 A。

3~4 拍：两脚跳成开立，两膝微屈，两臂胸前平屈成短 T。

5 拍：两腿直立，右臂侧上举，左臂侧下举成右斜线。

6 拍：左臂侧上举，右臂侧下举成左斜线。

7 拍：两脚跳成并立，两臂胸前屈成加油位。

8 拍：左脚向左一步，同时上体左转 90°，两臂成 K 位。

6. 第六个八拍

1 拍：两脚还原成直立，同时上体右转 90°，左臂侧举，右臂胸前平屈成弓箭。

2 拍：右脚向后一步，左臂侧下举，右臂胸前屈。

3 拍：左脚向后一步，右臂侧下举，左臂胸前屈。

4 拍：右脚并左脚，两臂胸前平屈成短 T。

5~8 拍：左右脚依次踏步，同时向左 360°，两臂侧下举成下 V。

7. 第七个八拍

1 拍：左脚向前一步，左臂置于体侧，右臂侧上举成侧上冲拳 。

2 拍：右脚向前一步，左臂侧上举，两臂成上 V。

3~4 拍：左右脚依次踏步，两臂体前交叉成上 V。

5 拍：左腿前踢，两手握拳置于腰间成下 M。

6 拍：左腿还原成直立。

7 拍：右腿前踢。

8 拍：右腿还原成直立。

8. 第八个八拍

1 拍：两脚跳成左右开立，两膝微屈，两臂体前交叉成下 X。

2 拍：两臂侧下举成下 V。

3~4 拍：两脚跳成并立，两臂成下 H。

5~6 拍：左右脚踏步，两臂经内向外绕环成上 V。

7~8 拍：两脚跳成并立，两臂胸前屈成加油位。

（四）啦啦操手位组合练习四（视频 13-5）

1. 第一个八拍

视频 13-5
手位组合
练习四

预备姿势：两腿直立，两臂胸前成加油，低头。

1 拍：两脚跳成开立，同时两臂侧上举成上 V。

2 拍：两臂胸前成屈臂 X。

3 拍：两臂侧下举成下 V。

4 拍：两脚跳成直立，同时两臂胸前屈成加油。

5~6 拍：左脚向左侧点地，同时左臂侧上举屈伸两次，右臂成下 M。

7 拍：两脚还原成开立，同时两臂侧举成 T。

8 拍：向右做 K（左脚跟离地左臂在下）。

2. 第二个八拍

1~2 拍：左脚并右脚成蹲立，左臂成下 M，右臂侧举，眼看右手方向。

3 拍：上体左转 45°，右脚侧点地，同时两臂经屈成前 H（持烛式）手位，拳心相对。

4 拍：还原成直立，两臂胸前平屈成短 T 手位。

5~8 拍：左右脚依次踏步。5 拍右臂上举成高冲拳，左臂置于体侧；6 拍同 5 拍，方向相反；7 拍胸前屈臂重叠；8 拍双臂成下 H 手位。

3. 第三个 8 拍

1 拍：左脚向侧一步（稍宽），前半拍左臂侧举，右臂胸前平屈成弓箭手位，后半拍，左臂胸前平屈，右臂侧举成弓箭手位。

2 拍：左腿屈膝，右脚向左后一步。手臂与 1 拍前半拍动作相同。

3~4 拍：右脚向右侧一步，同时沉右髋，左脚尖点地。右手叉腰，左小臂向内做绕环一周至侧举。

5 拍：左脚收回成直立，两臂成前 X。

6 拍：右脚侧点地。左臂于体侧，右臂胸前平屈，头向左侧屈。

7 拍：右腿前吸，前半拍两臂侧上举成上 V；后半拍还原成直立，两臂成加油手位

8 拍：右脚向侧一步成右侧弓步，两臂侧下举成下 V。

4. 第四个八拍

1~4 拍：左右脚依次踏步。1 拍，两臂经屈成左手在上的斜线手位；2 拍同 1 拍动作相同，方向相反；3 拍两臂成 X 手位；4 拍两臂上举成上 H 手位。

5 拍：上体左转 45°，两脚跳成左前弓步，左臂胸前平屈，右臂向斜下冲拳。

6 拍：两脚跳成直立，两臂成加油手位。

7 拍：上体左转 90°，右脚向右后一步（屈膝，前脚掌着地），重心在左脚，两

臂成左手在上的 K 手位。

8 拍：两脚成开立，左手叉腰，右臂经左向上绕至侧下举成下 V。

5. 第五个八拍

1 拍：左脚向前迈步。两臂成加油手位。

2 拍：左腿屈膝，右腿侧点地。两臂成右下 L 手位。

3~4 拍：同 1~2 拍动作相同，方向相反。

5 拍：左脚向后迈步。左臂侧上举成上 V，右手扶后脑勺。

6 拍：同 5 拍动作相同，方向相反。

7~8 拍：左右脚依次踏步。两臂成下 M。

6. 第六个八拍

1 拍：左脚向左一步，两臂成上 A。

2 拍：左脚并右脚成蹲立，两臂成加油手位。

3~4 拍：同 1~2 拍，动作同 1~2 拍，但方向相反。

5 拍：两脚跳成开立，两臂成上 V。

6 拍：两臂成下 V。

7 拍：半蹲，两臂成 W。

8 拍：两脚跳成直立，两臂成下 H。

7. 第七个八拍

1~4 拍：左右脚依次踏步。1 拍两臂成 W 手位；2 拍两臂成屈臂 X（右手在前）；3 拍两臂胸前平屈重叠，低头，右手在上；4 拍右臂上提至额前，左臂下拉至腹前，抬头。

5 拍：左脚向左侧出一步成开立，左臂侧举，右臂胸前平屈成弓箭手位。

6 拍：上体右转 45°，左臂胸前平屈，右臂斜下冲拳。

7~8 拍：上体向左转 45°，左臂侧下举，右臂肩侧屈臂（大臂与小臂夹角 45°，拳心向内，小臂内旋）。

8. 第八个八拍

1 拍：两脚跳成交叉立（右脚在前），两臂侧举成 T 手位。

2 拍：两臂成 W 手位。

3 拍：右臂前举，大拳眼向上。

4 拍：左臂前举成 X 手位（大拳眼向上）。

5 拍：半蹲，上体前屈，两手扶大腿，拳心向外（小拳眼向前）。

6 拍：两脚拍跳成直立，两臂成上 A 手位。

7~8 拍：左右脚踏步两臂经屈至前举（两拳并拢），拳心相对。

8 拍：两臂经屈向下成下 H。

第三节　舞蹈啦啦操难度动作训练

舞蹈啦啦操的难度动作是成套舞蹈啦啦操的重要组成部分，也是展示舞蹈啦啦操能力的重要标志。一套舞蹈啦啦操难度动作分为三类——转体类、跳跃类和平衡与柔韧，难度等级由 0 级到 6 级。

一、转体类

转体类是身体绕垂直轴的转体或保持单足站立姿势停止 2 秒。转体过程中脚跟高提，身体重心平稳。

（1）吸腿转体 360°：直立，一腿支撑另一腿前吸，大腿与地面平行，踝关节紧张绷脚，双臂胸前交叉，提踵转体 360°。参见视频 13-6。

（2）吸腿转体 720°：直立，一腿支撑另一腿前吸，大腿与地面平行，踝关节紧张绷脚，双臂胸前交叉，提踵转体 720°。参见视频 13-7。

（3）库佩转体 360°：直立，一腿支撑另一腿抬起脚尖贴紧支撑腿的踝关节，提踵转体 360°。参见视频 13-8。

（4）铅笔转体 360°：直立，一腿支撑，另一腿向前抬起，踝关节紧张绷脚与支撑腿脚尖贴紧支撑腿的踝关节，提踵转体 360°。参见视频 13-9。

视频 13-6
吸腿转体 360°

视频 13-7
吸腿转体 720°

视频 13-8
库佩转体 360°

视频 13-9
铅笔转体 360°

（5）阿提秋转体 360°：直立，一腿支撑，另一腿后屈抬起，大腿与地面接近平行，踝关节紧张绷脚，双臂胸前交叉，提踵转体 360°。参见视频 13-10。

（6）搬腿转体 180°：直立，一腿支撑另一腿直腿向前抬起，双手搬踝关节，搬腿开度成 180°，提踵转体 180°。参见视频 13-11。

（7）平转：双臂侧举，双腿内侧肌夹紧，中段收紧，朝一个方向转体。参见视频 13-12。

（8）阿拉 C 杠：以右腿为例，左腿支撑右腿左摆重心下降，提踵，右腿侧摆转体，双手胸前交叉或短 T。参见视频 13-13。

视频 13-10
阿提秋转体 360°

视频 13-11
搬腿转体 180°

视频 13-12
平转

视频 13-13
阿拉 C 杠

二、跳跃类

跳跃类动作是体现运动员极度充分的爆发性动作，跳和跃的起跳和落地可单脚也可双脚，双脚落地时，两脚夹紧落地缓冲。

（1）分腿小跳：重心下降，两腿用力蹬地垂直向上跳起，同时两腿左右分开，直膝绷脚，两臂侧上举握拳。参见视频 13-14。

（2）猫跳：双腿依次前蹬地空中进行交换，保持膝盖外开，脚后跟带动发力，可以变化直腿、弯腿、向后。参见视频 13-15。

（3）垂直跳转 360°：重心下降，一臂上举另一臂侧举，两腿用力蹬地垂直跳转 360°直膝绷脚，跳起时两臂胸前交叉。参见视频 13-16。

（4）团身跳：重心下降，两腿用力蹬地跳起同时屈膝抱腿绷脚，大腿平行于地面。参见视频 13-17。

视频 13-14
分腿小跳

视频 13-15
猫跳

视频 13-16
垂直跳转 360°

视频 13-17
团身跳

（5）C 跳：重心下降，两腿用力蹬地起跳同时两腿后屈双臂伸直，细脚，身体成 C 形。参见视频 13-18。

（6）莲花跳：重心下降。两腿用力蹬地垂直向上跳起，同时两腿前后屈小腿尽量与地面平行，绷脚，两臂侧上举握拳。参见视频 13-19。

（7）跨栏跳：重心下降，两腿用力蹬地垂直向上跳起，一腿直腿前上踢，另一腿后屈，绷脚，两臂握拳自然摆动。参见视频 13-20。

（8）横跨跳：重心下降，两腿用力蹬地起跳同时成横跨，直膝绷脚，双臂前举。参见视频 13-21。

视频 13-18　C 跳　　视频 13-19　莲花跳　　视频 13-20　跨栏跳　　视频 13-21　横跨跳

（9）纵跨跳：重心下降，两腿用力蹬地起跳同时成纵跨，直膝绷脚，一臂前举一臂侧举。参见视频 13-22。

（10）反身纵跨跳：反身重心下降，两腿用力蹬地蹬起同时成纵跨，绷脚，双臂侧上举握拳。参见视频 13-23。

（11）屈体分腿跳：重心下降，两腿用力蹬地垂直向上跳起，同时两腿左右分开成屈体跳，直膝绷脚。参见视频 13-24。

（12）科萨克跳：重心下降，两腿用力蹬地垂直向上跳起，同时一腿直腿，另一腿弯曲脚尖绷直。膝盖加紧。参见视频 13-25。

视频 13-22 纵跨跳　　视频 13-23 反身纵跨跳　　视频 13-24 屈体分腿跳　　视频 13-25 科萨克跳

（13）交换腿跳：以右腿为例，左脚蹬地，右腿向前上踢摆跳起，同时空中交换腿成纵劈腿，落地时左腿支撑，右腿后举，双臂前举。参见视频 13-26。

（14）同类双连跳：如连续两次分腿大跳等。参见视频 13-27。

（15）异类双连跳：由两种不同类跳步组成，如屈体跳和跨栏跳。参见视频 13-28。

（16）同类三连跳：由三种同类型跳步组成，如连续 三次屈体跳。参见视频 13-29。

（17）异类三连跳：由三种不同类跳步组成，如屈体跳、跨栏跳和屈体分腿跳。参见视频 13-30。

视频 13-26 交换腿跳　　视频 13-27 同类双连跳　　视频 13-28 异类双连跳　　视频 13-29 同类三连跳　　视频 13-30 异类三连跳

三、平衡与柔韧类

1. 踢腿类

踢腿应展示出运动员充分的爆发力，所有的踢腿动作必须在空中完成（吸踢腿除外）。

（1）吸踢腿：直立，向前吸腿一次再踢腿一次，踢腿时直膝绷脚，开度大于 90 小于 180°，双臂侧下举握拳。参见视频 13-31。

（2）前高踢腿：向前高踢腿，开度成 180°，绷脚，两臂侧平举握拳。参见视频 13-32。

（3）侧高踢腿：向侧高踢腿，开度成 180°，绷脚，两臂侧上举握拳。参见视频 13-33。

（4）里合腿：一腿支撑另一腿经侧向内踢摆，绷脚，双臂侧平举。参见视频 13-34。

视频 13-31　吸踢腿　视频 13-32　前高踢腿　视频 13-33　侧高踢腿　视频 13-34　里合腿

（5）外摆腿：一腿支撑另一腿经内向外踢摆，绷脚，双臂侧平举。参见视频 13-35。

（6）同类四次高踢腿组合（前）：一腿支撑另一腿向前大踢，开度成 180°，双臂侧平举握拳，连续踢腿 4 次。（可一腿连续踢 4 次，也可两腿交换踢 4 次）。参见视频 13-36。

（7）异类四次高踢腿组合：由两种以上的不同类型的踢腿 动作组成，每组 4 次。参见视频 13-37。

视频 13-35
外摆腿　视频 13-36
同类四次高踢腿组合（前）　视频 13-37
异类四次高踢腿组合

2. 平衡类

（1）搬腿平衡：一腿支撑，一腿向前或侧举起由双手（单手）抱住脚踝，静止 2 秒。

（2）搬腿转体360°：一腿支撑，一腿向前或侧举起由双手（单手）抱住脚踝完成360°转体。

第四节　技巧啦啦操难度动作训练

技巧啦啦操的难度动作是成套技巧啦啦操的重要组成部分，也是展示成套啦啦操等级的重要标志。技巧啦啦操共分为0至6级，不同难度级别对应要求完成的难度有所不同。技巧啦啦操以翻腾类、抛接类、托举类、金字塔类等动作为主要难度。

一、翻腾类难度

翻腾属于技巧动作，主要包括各种滚动、滚翻、手翻和空翻、转体等。技巧啦啦操中的翻腾动作分为原地翻腾和行进间翻腾两类。

（1）原地翻腾：一个翻腾技巧，指的是从站立的姿势开始且在没有任何前进动作的情况下开始动作。

（2）行进间翻腾：翻腾时为了获取一个技巧的动力，含向前迈步或跳跃。任何在翻腾技巧之前的前进动作都将视为“行进间翻腾”。

教学中应尽可能地使用弹跳板、蹦床、弹跳器等辅助器械。实践证明，通过这类器械的训练，能够帮助学生建立正确的空间概念和时间概念，加速运动技能的形成和技术的提高。

（一）滚翻类

滚翻是身体各部位依次接触地面，并经过头部翻转的动作。从身体的形态上有团身、屈体、挺身；翻转方向有向前、向后、向侧。滚翻是一种比较简单的基础动作，也是一种自我保护的方法。因此在对少年儿童的初期训练中，就应重视滚翻的教学。由于这类动作在技术上都是通过身体依次接触地面的滚动来完成的，因此在教学上应抓住滚动这个特点，帮助学生建立各种方向的滚动概念和技能。

1. 前滚翻动作教学举例（视频13-38）

（1）动作要领：由蹲撑开始，身体前移，两腿蹬直离地，同时屈臂，低头含胸经后脑、背、腰、臀部依次向前滚动，当腿至前上方约45°时（腿与地面夹角），迅速屈膝抱腿，同时上体紧靠大腿成蹲立。

视频13-38
前滚翻

（2）动作规格：滚动圆滑、有直腿过程。

（3）教学方法：

① 原地滚动。

② 原地滚动抱腿成蹲立。

③ 利用斜面，由高往低做前滚翻。

④ 在帮助下完成整个动作。

保护帮助者开腿跪立在练习者的侧前方（近侧腿跪，远侧腿立），手压其颈部，另一手压其大腿后部帮助团身前滚，当前滚过背部后顺势推其背部帮助其成蹲立；当练习者动作初步学会但滚动速度小时，可直接推其背部。

（4）易犯错误：

① 滚动不圆滑。

纠正方法：强调低头，以后脑着地及腰部适度紧张，采用教法④纠正。

② 滚动速度小，团身不紧。

纠正方法：强调先蹬地后屈臂动作，采用教法②纠正；明确抱腿团身时机，采用教法②纠正。

③ 方向不正。

纠正方法：强调两臂同时屈臂；低头要正。

④ 收腿成蹲立时，脚掌打地。

纠正方法：强调主动先收大腿自然收小腿，采用教法②纠正。

2. 后滚翻动作教学举例（视频 13-39、视频 13-40）

视频 13-39　后滚翻

视频 13-40　后滚翻与保护帮助

（1）动作要领：

由蹲撑地，身体稍前移，接着直臂顶肩推手，低头拱背团身后滚，两手迅速屈臂抬肘，翻腕置于肩后（掌心向后）。当后滚至肩部手触及地时，两手用力推起翻转，抬头成蹲撑。

（2）动作规格：团身紧，滚动圆滑。

（3）教学方法：

① 由坐地做团身前后滚动，同时两手置于肩上做后撑地动作。

要求：滚动幅度大，前滚时积极跟上体，后滚时积极倒上体，两手置肩上不仅要抬肘，而且要内夹肘，手掌尽量向后做撑地动作。

② 利用高低做团身滚动推手翻转成蹲撑。

要求：做团身滚动在高处，翻转落至低处成蹲撑，其高低相差约 10 厘米。

③ 利用斜面做由高往低的后滚翻。

要求：在约 20°的斜面上练习，始终保持收腹团身（可在帮助下完成）。

④ 在同学帮助下完成

（4）易犯错误：

① 没有主动向后移重心，后倒速度小。可采用教法②纠正。

② 团身不紧，滚动不圆滑，用教法①③④纠正。

3. 鱼跃前滚翻动作教学举例（视频 13-41）

（1）动作要领：由半蹲两臂后举开始，两臂向前摆起的同时，两脚蹬高地并积极向后上方摆起，使身体向前上方跃起，空中保持含胸、紧腰、梗头。当两手撑地后顺势屈臂低头做前滚翻。

（2）动作规格：腾空时臂部应达腰水平高度，髋关节弯屈角度大于 90°且腿在水平角度以上，滚动圆滑。

视频 13-41
鱼跃前滚翻

（3）教学方法：

① 练习手撑远处前滚翻。

② 做双脚蹬地跳起两手撑地的连续跳起动作（兔跳）。

③ 由高处向低处做前滚翻。

④ 越过障碍物做前滚翻。

⑤ 教练员站在运动员的侧前方，运动员跃起后，一手托其腹部，另一手托其腿，帮助完成动作。

（4）易犯错误：做动作时不敢跃起，过早低头，用教法②④纠正。

（二）手翻类

手翻是经手或头、手支撑的一种翻转动作。从形式上它可以向前、向后或向侧来做。手翻类动作可用以连接空翻类动作，组成高难度的连接成串的技巧动作。因此，它是直接关系到发展和提高动作难度的一个重要基本动作，必须在训练中认真抓好。教法上要抓住：经过手倒立部位；在方向正、速度快的风格上下功夫。

1. 手倒立动作教学举例（视频 13-42、视频 13-43）

手倒立是翻腾动作基本功的重要内容之一，很多动作都要通过倒立姿势来完成，同时它又是提高专项身体素质的一项有效手段。这类动作的技术共性是：要控制身体总重心，使其落在支撑面内。

（1）动作要领：从两腿前后站立开始，上体前倾，两臂与肩同宽，五指分开，含胸撑地，同时一腿后摆、一脚蹬地，当臀部至垂直面时，蹬地腿向摆动腿并拢成手倒立。

练习时应注意，手倒立时肩角要顶开，身体要正直，摆腿时紧腰。

（2）动作规格：脚、臀、肩、手在同一垂直面上。

视频 13-42　手倒立　　　视频 13-43　手倒立保护与帮助

（3）教学方法：

① 在其他人的帮助下练习。

② 靠墙或器械练习。

③ 帮助者站在练习者前面，先用两手扶其髋部帮助提臀摆腿，后换扶两腿帮助控制重心。

④ 自我保护。在前翻失去平衡时，可采用以下自我保护动作：（A）屈臂低头向前滚翻；（B）放一手顺势向前转体收髋落下。

（4）易犯错误：

① 摆倒立时冲肩或顶肩制动腿迟，采用教法①纠正，或强调掌握顶肩制动腿的时机。

② 手倒立时屈髋或塌腰，强调先摆腿后撑地，再前腿蹬地并腿，并且后摆腿与身体保持伸展。采用教法①手倒立塌腰时，帮助者可扶持其手倒立进行纠正。

2. 前软翻动作教学举例（视频 13-44、视频 13-45）

（1）动作要领：由两腿前后站立、两臂前上举的姿势开始，重心前移，上体前倒，两手撑地，同时两腿依次向后上摆腿、蹬地，经前后分腿倒立，顶肩（并稍后移）、抬头前翻。接着摆动腿与地面垂直落地，同时顶肩、推手、顶髋、立腰，蹬地腿伸向前上方后于体前点地，成两臂斜上举的站立姿势。

练习时应注意，要经过前后分腿倒立后顶肩（并稍后移）前翻；摆动腿与地面垂直落地。

（2）动作规格：手倒立时前后腿夹角大于 170°，起立时蹬地腿伸腿方向高于 135°。

视频 13-44　前软翻　　视频 13-45　前软翻保护与帮助

（3）教学方法：

① 摆起分腿倒立成桥，一腿上举。

② 由桥开始顶肩、推手、顶髋、立腰、伸腿成站立。

③ 教练员站在运动员侧面，一手扶肩，另一手扶腿，帮助完成动作。

（4）易犯错误：

① 倒立分腿开角不够，前举腿不高。应加强顶功、腿功及腰功训练。

② 前后分腿不正，造成前软翻歪。用教法①②纠正。

③ 没有分腿倒立、顶肩向后移，就直接摆腿下腰。用教法③纠正。

3. 后软翻动作教学举例（视频 13-46、视频 13-47）

（1）动作要领：开始姿势同前软翻，向上顶髋，向后下腰，两手向里撑地，同时一腿摆起，一脚蹬地，经分腿倒立后翻，接着摆动腿落地，推手立腰，蹬地腿后控。

练习时应注意，经前后分腿手倒立，顶肩提臀落地，另一腿后控。

（2）动作规格：手倒立时两腿夹角大于 170°，起立时后控腿高于 110°。

视频 13-46　后软翻　　视频 13-47　后软翻保护与帮助

（3）教学方法：

① 向后下腰成单腿桥。

② 由单腿桥开始一脚蹬起后翻成分腿倒立，起立后蹬地腿控制在一定高度。

③ 做完整练习。教练员一手扶腰，一手扶后控腿。

（4）易犯错误：

① 摆臂过晚，不顶髋，没分腿倒立过程。用教法③纠正。

② 蹬地腿过早离地，向后下腰时头不正。可采用下桥练习和教法③纠正。

4. 前手翻动作教学举例（视频 13-48、视频 13-49）

（1）动作要领：趋步后，上体主动下压，同时一腿后摆，另一脚蹬地。接着两手撑地，由肩、腕用力做短促迅猛的顶肩推手动作，使身体向上腾起。腾空后，蹬地腿迅速向摆动腿并拢，梗头、立腰，翻转后用前脚掌着地，臀部夹紧，成两臂斜上举的站立姿势。练习时应注意，整个过程注意紧腰。

（2）动作规格：两腿于垂直线后 15°左右完成并腿，推手后有明显腾空。

视频 13-48　前手翻　　视频 13-49　前手翻保护与帮助

（3）教学方法：

① 帮助者站在练习者侧前方或前方，当其蹬、摆腿至接近倒立部位时，两手托其腰髋部上提，帮助其在倒立前并腿推手、向上腾起。

② 帮助者站在练习者侧前方，当其蹬、摆腿至接近倒立部位时，手托肩，一手托腰帮助推手、翻转，完成手翻。

③ 由高向低做手翻，体会腾空、翻转、着地动作。由低向高做手翻，以加强蹬摆腿、顶肩、推手的速度和力量。

（4）易犯错误：

① 手撑地时肩前倾，影响推手腾起。可让运动员在地上或对墙，做两臂肩角拉开、前伸顶肩推手练习。

② 并腿晚、推手慢，影响腾空高度和翻转速度时，可多做教法①和③，体会推手并腿时间。

5. 后手翻动作教学举例（视频 13-50、视频 13-51）

（1）动作要领：两臂前举站立开始，然后重心后移，利用后移重心所得速度，迅速向后甩臂，同时挑腰、挑髋、两腿伸直，接着两手前伸撑地，经倒立后立即顶肩、推手、提腰、屈髋，两腿迅速前插，同时立腰，含胸抬臂起立。

此法可连续接做后手翻。如要接后空翻时，则在经倒立后，两腿主动下压稍屈髋（脚离手距离比接后手翻的稍远些落地），同时推手向上领臂跳起。

练习时应注意，重心要迅速后移，以加快向后翻转速度。

（2）动作规格：身体充分展开，有倒立过程。

视频 13-50　后手翻

视频 13-51　后手翻保护与帮助

（3）教学方法：

① 原地向后摆臂，下腰成桥并迅速顶肩推起还原。

② 帮助者站在练习者侧面，一手托其腰，一手托其大腿后侧，帮助其后翻成倒立。

（4）易犯错误：

① 重心没有迅速后移，造成向上冒。向前卷时，可在帮助下多做后移重心、同时向后甩臂的练习。

② 撑地时低头、肩前冲、收髋过早或过晚，没有提腰、影响推手和插腿时，用教法②或手倒立后推手、提腰、插腿的练习给以纠正。

6. 侧手翻动作教学举例（视频 13-52、视频 13-53）

（1）动作要领：由站立始，两臂向前上方摆起，左腿前举向前跨出一大步成弓步，接着后腿向后上方摆起，前脚蹬地摆起，同时上体积极下压，左手在两腿延长线前手掌外展 90°撑地并带动肩、头、身体向左转体 90°，右手依次向前撑地经分腿倒立，接着左右手依次顶肩推手，一腿落地屈膝蹬直，另一腿侧伸落地成两臂侧举分腿站立姿势。

（2）动作规格：空中一个“面”地上一条“线”，快速连贯。

视频 13-52　侧手翻　　视频 13-53　侧手翻保护与帮助

（3）教学方法：

① 帮助其侧起，成分腿手倒立，依次推手起立。

② 帮助者站在练习者侧面，两手扶其腰，帮助翻转起立。

③ 连续侧手翻。

（4）易犯错误：

① 当手脚的支撑和落地不在一条直线上时，可在地上画一条直线进行练习。

② 出现肩前冲、挺胸、塌腰或收髋时，让练习者面对或背对墙进行练习，或采用教法①进行纠正。

7. 踺子动作教学举例（视频 13-54、视频 13-55）

（1）动作要领：趋步后含胸，上体下压，一手向前撑地（手掌在撑地前稍外展），一腿后摆，一脚蹬地，同时身体以支撑臂为轴，以肩、头带动向内转体 90°，接着另一手撑地，经倒立后猛力推手，蹬地腿向摆动腿靠拢，提腰、屈髋、迅速插腿，脚落地后马上立腰，抬臂起立。

练习时应注意，转体要正，推手要迅猛。

（2）动作规格：过垂直面完成并腿。

视频 13-54　踺子　　视频 13-55　踺子保护与帮助

（3）教学方法：

① 帮助者站在练习者转体方向同侧，当其蹬摆腿后两手依次扶其两腿，帮助做经单臂支撑转体 90°成倒立。此练习也可自己面对器械或对墙做。

② 两脚依次着地的侧翻内转练习。

③ 帮助者站在练习者转体方向同侧，当转体成倒立时一手托其胸腹，帮助提腰、插腿起立，另一手扶背部防止后倒。

④ 由高向低做侧翻向内转体 90°，体会推手插腿起立。由低向高做侧翻向内转

体 90°，以加强推手插腿起立的速度和力量。

（4）易犯错误：

① 由于趋步不正，转体过早；撑手不正，造成歪斜，横扫时，可划一直线做趋步和原地侧翻内转，用教法①纠正。

② 由于并腿晚、推手不及时、没有提腰，造成脚插不进，上体立不起。屈膝下坐时用教法①和倒立推手插腿练习纠正。

8. 踺子接后手翻动作教学举例（视频 13-56、视频 13-57）

（1）动作要领：侧手翻向内转体 90°后，立上体，两臂迅速经上向后甩，同时两腿绷直，脚不可离地，挑腰，挑髋；身体尽量后屈，两手靠近脚跟撑地，眼看两手，经倒立后，借身体的反弹，两手用力推离地面，顶肩、提腰、屈髋“掼”腿，上体抬起。

此动作主要是两个单个动作的连接，关键在侧手翻向内转体 90°技术的好坏，要尽量获得较高的水平速度。

（2）动作规格：连接快速、圆滑。

视频 13-56　踺子接后手翻

视频 13-57　踺子接后手翻保护与帮助

（3）教学方法：

① 在帮助下做侧手翻向内转体 90°接后手翻，由慢到快。

② 倒立，推、“掼”腿后接后手翻（可以在地上、垫子上、小弹板上做倒立推、“掼”腿）。

③ 做侧手翻向内转体 90°接做向后甩臂，躺在海绵包上或垫上（垫子远近要合适）。

④ 在保护下完成。教练员站在侧面，在练习者做侧手翻向内转体 90°后，一手托其下腰，一手托其腿，帮助其挑髋、腰和翻转。

（4）易犯错误：

① 侧手翻向内转体 90°完成得不好，急于连接后手翻。用教法①纠正，或多做侧手翻向内转体 90°。

② 侧手翻向内转体不正，接做后手翻不正。用教法①②纠正，或多做侧手翻向内转体 90°。

③ 侧手翻向内转体 90°，没有充分“掼”腿，造成后手翻屈膝、上冒或前拱。用教法②纠正。

④ 侧手翻向内转体 90，推手抬上体不够，没有后倒，做后手翻先甩头、挺胸，后甩臂。采用教法④练习。

⑤ 推手、“摆”腿力量不够。可在帮助下做连续后手侧手翻向内转体 90°接团身后空翻。

（三）空翻类

空翻是动作过程中没有中间支撑的一种翻转动作。它可以原地做和助跑做，更多的是用动作连接做。从起跳形式上有单脚起跳、双脚起跳；从身体姿势上有团身、屈体、直体等；从翻转方向有向前、向后、向侧。

空翻是技巧中的一种基本难度动作，目前空翻已发展到围绕身体横轴转动的两周和空翻的同时并围绕身体纵轴旋转的转体 360°、720°、1080°的水平，以及难度动作的成串连接。这类动作的技术共性是：翻转过程中没有中间支撑，因此必须尽可能地提高总重心的位置，以便有充裕的时间在空中进行翻转。

教学上，在充分向上跳起、快速翻转、轻飘落地这三个环节中，要狠抓充分向上跳起这一关键。弹跳板、蹦床等辅助器械能够帮助向上腾起，充分体会跳起和翻转的技术。这项训练在培养灵敏、协调能力，提高前庭分析器功能及帮助建立空中概念和动作技术中有一定的作用，所以在空翻教学中应尽量多采用。因空翻时身体无支撑，容易失去平衡和控制，因此在教学中必须加强保护及自我保护，以消除顾虑，防止发生伤害事故。

1. 团身前空翻动作教学举例（视频 13-58、视频 13-59）

团身前空翻可由向前上领臂、向后上领臂和屈肘举于头上等三种不同开始姿势起跳来做。它们的技术基本上相同，下面介绍的是第三种做法。

（1）动作要领：助跑单跳双落，两脚超过上体，同时两臂屈肘上举于头后，接着小臂向前上摆，手掌做拇指上顶、四指下压的“刀手”动作，同时梗头、含胸、提背向上跳起。随着迅速提臂、屈膝，两手紧抱小腿向前团身翻转。当翻转至 3/4 周时，两臂上领、提气，伸展落地。

如做双脚依次落地时，则在翻转近一周时随着身体的伸展两腿前后分开依次落地。

练习时应注意，跳起时要梗头、含胸、提背、提臀以助翻转。

（2）动作规格：空中翻转时，要注意团身，臀部高于头；在身体充分伸展后落地。

视频 13-58 团身前空翻

视频 13-59 团身前空翻保护与帮助

（3）教学方法：

① 起跳练习。

② 在帮助下原地练习。帮助者站在练习者侧面，一手托其腹部，一手托背部，帮助其提臀翻转。

③ 在弹跳板上或助跳板上练习。

（4）易犯错误：

① 起跳时身体前倾、挺胸，两腿没有充分蹬直，造成前冲、影响高度时，用教法①加以纠正。

② 跳起后没有充分含胸、提背、提臀，团身不紧，影响翻转时，用教法①和②加以体会纠正。

2. 团身后空翻动作教学举例（视频 13-60、视频 13-61）

（1）动作要领：由站立姿势开始，两腿猛力蹬地跳起（稍向后上方），两臂积极摆至前上方时，并立即制动，同时立腰、梗头、提气，接着提膝团身，使大腿靠近胸，两手抱小腿、翻臀，翻转 3/4 周时，带臂上举、伸腿、提气、身体伸展，用前脚掌落地成站立姿势。

（2）动作规格：空中翻转时身体要团紧，臀部高于肩；翻转后身体伸开落地。

视频 13-60　团身后空翻　　视频 13-61　团身后空翻保护与帮助

（3）教学方法：

① 在帮助下做带臂跳起、提膝、梗头、抱腿动作。

② 运动员由仰卧姿势开始，快速做抱腿翻臀动作，要求上身不离地面。

③ 在帮助下在弹板上练习后空糊。站在运动员侧后方，当运动员起跳后一手托腰，一手托腿，帮助翻转，落地前托腿的手托腰，另一手扶腰背部。

（4）易犯错误：

① 领臂不充分或甩臂、甩头。采用教法①纠正。

② 上体后甩或后驼背，造成后倒。用教法②纠正。

③ 抱腿不紧或抱腿时上体前倾。用教法②纠正，或在帮助下做原地后空翻练习。

3. 踺子接团身后空翻动作教学举例（视频 13-62、视频 13-63）

（1）动作要领：侧手翻向内转体 90°、推手、脚落地时，迅速含胸、梗头、两臂上领，伸直身体向上跳起，接着迅速提膝、翻臀，接向后团身空翻。

练习时应注意，侧翻向内转体 90°要快速，蹬跳要及时有力。

（2）动作规格：空翻高度臀部超过头。

视频 13-62　踺子接团身后空翻

视频 13-63　踺子接团身后空翻保护与帮助

（3）教学方法：

① 站在练习者侧面，当侧手翻向内转体 90°跳起时，两手扶其腰部上提帮助其跳起，提膝靠胸、团身、抱腿。

② 站在练习者侧面，当侧手翻向内转体结束时，一手托腹部，另一手托背部，上提帮助跳起和翻转。

（4）易犯错误：连接过早，造成空翻前卷，上体后仰、团身不紧，影响空翻高度和翻转速度，均用教法①给以纠正。

4. 踺子接直体后空翻动作教学举例（视频 13-64、视频 13-65）

（1）动作要领：侧手翻向内转体 90°，要含胸、梗头、两臂上领跳起，然后两臂由上向侧压，并以肩为轴紧腰向后翻转，两手放于体侧。当身体翻至 2/3 周时，向上领臂、展胸、提气落地。

练习时应注意，侧翻内转结束时要及时有力地跳起，保持紧腰翻转。

（2）动作规格：翻转时身体伸直，腾空时肩的高度超过肩。

视频 13-64　踺子接直体后空翻

视频 13-65　踺子接直体后空翻保护与帮助

（3）教学方法：

① 在弹跳板上练习直体后空翻。

② 在帮助下练习。帮助者站在练习者侧前方，当侧手翻向内转体 90°跳起时，一手托其背部，一手托其大腿后部，帮助其翻转。

（4）易犯错误：

连接过早，造成空翻前卷，上体后仰、挺胸，会影响空翻高度和翻转速度，均用教法①加以体会纠正。

5. 踺子后手翻接直体后空翻转体 360°动作教学举例（视频 13-66、视频 13-67）

（1）动作要领：侧手翻向内转体 90°后手翻跳起后，迅速领臂立腰、梗头、含胸，左臂由侧上举摆至胸前，带动左肩向后，同时右臂由侧上举屈臂经头向左肩方向摆，用右手“抱”左肩，向左梗头收下颏，以头、肩、臂动作带动整个身体转动。在翻转的同时转体，身体保持伸直紧腰，当翻转到 3/4 周时，两臂向上方伸、制动，伸展身体，稍收腹，用前脚掌落地。

转体时的手臂动作，也可做成左臂上举，右臂弯曲经胸前向左侧摆，或两臂抱于胸前。

（2）动作规格：空翻高度需胸超过肩，转体身体正直，伸展落地。

（3）教学方法：

① 侧手翻向内转体 90°，跳起转体 180° 、360°、540°、720°练习。

② 帮助做原地直体后空翻转体 360°。帮助者站在练习者转体方向一侧，于练习者体前以两手扶腰、髋，帮助其跳起翻转，并顺转体方向，两手以旋转方式用力帮助其转体 360°。

视频 13-66　踺子后手翻接直体后空翻转体 360°

视频 13-67　踺子后手翻接直体后空翻转体 360°保护与帮助

③ 在弹跳板上做空翻转体 360°。

④ 站在练习者转体方向异侧，当侧手翻向内转体 90°跳起时，两手托其腰部两侧上提，同时向转体方向作旋转，用力帮助翻转和转体。

（4）易犯错误：

① 转体过早造成转体歪，或转体过晚使转体不足，用教法②③纠正。

② 空翻转体时抬头、挺胸、塌腰或过多收髋，造成转体困难，需要重点改进直体后空翻或用弹跳板来改进动作。

6. 踺子后手翻接直体空翻转体 720°动作教学举例（视频 13-68、视频 13-69）

（1）动作要领：直体后空翻转体 720°动作技术和教法基本同转体 360°，要求空翻更高，转体时间略早，转体速度快、有力，身体要直，髋、腿要夹紧。

（2）教学方法：

① 原地跳起做转体 720°练习。

视频 13-68　踺子后手翻接直体后空翻转体 720°

视频 13-69　踺子后手翻接直体后空翻转体 720°保护与帮助

② 弹板上在保护帮助下完成直体空翻转体 720°。

（3）易犯错误：

① 起跳后上体后倒，后甩，上方领臂跳起，转体时抬头挺胸，两臂没有贴紧上体。可多做直体后空翻或做教法①②体会动作。

② 转体时，只转上体，上下脱节，髋、腿没有夹紧。可练习弹板直体后空翻或转体，体会直体紧腰翻转技术。

③ 转体过晚，造成落地后向后倒。可做倒立推起跳转体 720°，或侧手翻向内转体 90°，接着做跳起转体 720°动作。

二、托举类难度

托举是由一人或多人组成的底座把尖子托离地面，在不同的高度空间完成不同姿态的动作造型过程。托举有单底座托举、双底座托举和多底座托举等三种形式，如图 13-13 所示，底座数量越少，对应托举的难度也越高。

单底座托举　　双底座托举　　多底座托举

图 13-13　托举

托举的位置分为地面位、髋位、肩位、高位和火炬式，如图 13-14 所示。

地面位　　髋位　　肩位　　高位　　火炬式

图 13-14　托举的位置

托举的过程分为上法、空中姿态、下法等三个过程。

上法：使尖子进入托举的方法。

托举造型：尖子在托举中展示的动作或身体姿态。

下法：使尖子离开托举或回到地面的方法。

释放动作：从一个托举动作转换到另一个托举动作中而腾空的动作。

（一）上法

1. 单底座上法（视频 13-70）
2. 多底座上法（视频 13-71）

视频 13-70　单底座上法

视频 13-71　多底座上法（高位双脚托举）

3. 转体上法（视频 13-72）

多底座转体托举　单底座转体托举

视频 13-72　转体上法

4. 空翻上法（视频 13-73）

a. 多底座空翻上法　b. 单底座自由空翻上法

视频 13-73　空翻上法

（二）下法（视频 13-74）

a. 直体下法　b. 托举直体抛摇篮接下法　c. 270°前空翻下法

视频 13-74　下法

（三）托举动作范例

1. 单底座髋位托举（坐姿）（图 13-15，视频 13-75）
2. 单底座髋位托举（跪姿）（图 13-16，视频 13-76）

图 13-15 单底座髋位托举（坐姿）

视频 13-75 单底座髋位托举（坐姿）

图 13-16 单底座髋位托举（跪姿）

视频 13-76 单底座髋位托举（跪姿）

3. 单底座髋位托举（双脚站姿）（图 13-17，视频 13-77）
4. 单底座髋位托举（吸腿站姿）（图 13-18，视频 13-78）

图 13-17 单底座髋位托举（双脚站姿）

视频 13-77 单底座髋位托举（双脚站姿）

图 13-18 单底座髋位托举（吸腿站姿）

视频 13-78 单底座髋位托举（吸腿站姿）

5. 多底座肩位托举（仰卧并腿姿）（图 13-19，视频 13-79）
6. 多底座肩位托举（仰卧吸腿姿）（图 13-20，视频 13-80）

图 13-19 多底座肩位托举（仰卧并腿姿）

视频 13-79 多底座肩位托举（仰卧并腿姿）

图 13-20 多底座肩位托举（仰卧吸腿姿）

视频 13-80 多底座肩位托举（仰卧吸腿姿）

7. 多底座肩位托举（仰卧举腿姿）（图 13-21，视频 13-81）

8. 多底座肩位托举（俯撑姿）（图 13-22，视频 13-82）

图 13-21　多底座肩位托举（仰卧举腿姿）

视频 13-81　多底座肩位托举（仰卧举腿姿）

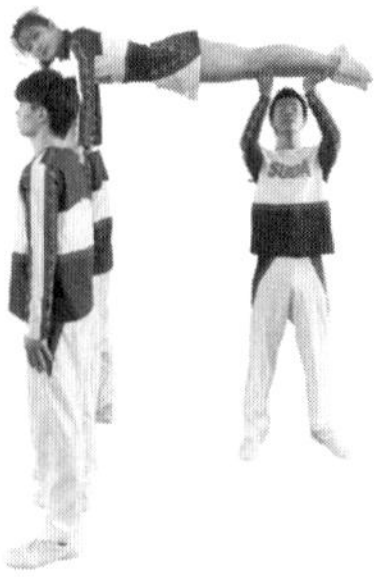

图 13-22　多底座肩位托举（俯撑姿）

视频 13-82　多底座肩位托举（俯撑姿）

9. 多底座肩位托举（蝎姿）（图 13-23，视频 13-83）

10. 多底座肩位托举（分腿站姿）（图 13-24，视频 13-84）

图 13-23　多底座肩位托举（蝎姿）

视频 13-83　多底座肩位托举（蝎姿）

图 13-24　多底座肩位托举（分腿站姿）

视频 13-84　多底座肩位托举（分腿站姿）

11. 多底座高位托举（分腿站姿）（图 13-25，视频 13-85）

12. 多底座肩位托举（吸腿站姿）（图 13-26，视频 13-86）

图 13-25　多底座高位托举（分腿站姿）

视频 13-85　多底座高位托举（分腿站姿）

图 13-26　多底座肩位托举（吸腿站姿）

图 13-86　多底座肩位托举（吸腿站姿）

三、金字塔类难度

金字塔是一个或多个尖子由一个或多个底座支撑而形成的金字塔形状的托举造型（图 13-27）。金字塔造型的组成人员必须相互支撑，并产生相互联系，金字塔造型必须保持垂直状态，非垂直过渡动作是允许的。金字塔形成过程有上架、成金字塔、下架等三个步骤。

金字塔造型的组成人员有尖子、尖子主要支撑者、尖子次要支撑者。

图 13-27　金字塔托举范例

1. 三层 2.5 人高金字塔（图 13-28、图 13-29，视频 13-87、视频 13-88）

图 13-28
金字塔 1

视频 13-87
金字塔 1

图 13-29
金字塔 2

视频 13-88
金字塔 2

2. 释放移动（图 13-30~图 13-33，视频 13-89~视频 13-92）

图 13-30　释放 1

视频 13-89　释放 1

图 13-31　释放 2

视频 13-90　释放 2

图 13-32　释放 3（原底座）

视频 13-91
释放 3（原底座）

图 13-33　释放 4

视频 13-92
释放 4

四、抛接类难度

（一）抛接

抛接是尖子由底座从髋位开始抛至空中，在空中完成不同姿态的造型或翻转、转体动作后，再由底座接住的动作过程。抛接过程有抛、空中姿态、下落、接等四个步骤。

抛接根据抛的方式不同可分为#字抛（轿抛）、摇篮抛和膝抛（图 13-34）。

井字抛（轿抛）　　摇篮抛　　膝抛

图 13-34　抛接

尖子的空中姿态分为非空翻和空翻两类。非空翻姿态，如直体、屈体分腿、屈体并腿、踢腿、美女等（图 13-35）。

直体　屈体分腿　屈体并腿　踢腿　美女

图 13-35　尖子的空中姿态（非空翻类）

空翻姿态，如直体、团身、前飞鸟、团身转体、屈体挺身、踹 X、转体 360°等。在空中技巧的前后加入任何一个技巧动作都会增加其难度（图 13-36）。

直体　团身　前飞鸟　团身转体

屈体挺身　踹 X　转体 360°

图 13-36　尖子的空中姿态（空翻类）

（二）抛接动作范例

1. 直体抛接（图 13-37～图 13-40，视频 13-93～视频 13-96）

图 13-37　四底座直体抛（轿抛）

视频 13-93 四底座直体抛（轿抛）

图 13-38　三底座直体抛（膝抛）

视频 13-94 三底座直体抛（膝抛）

图 13-39　双底座直体抛

视频 13-95 双底座直体抛

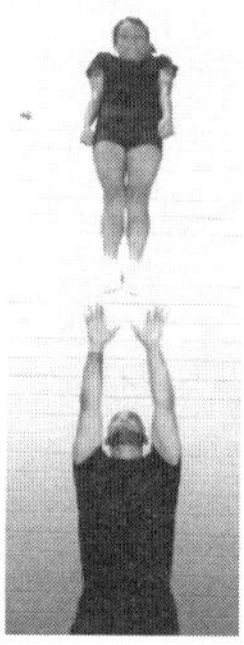

图 13-40　单底座直体抛

视频 13-96 单底座直体抛

2. 直升飞机 180°抛接（图 13-41，视频 13-97）

3. 直体转体 360°抛接（图 13-42，视频 13-98）

图 13-41　直升飞机 180°抛接

视频 13-97 直升飞机 180°抛接

图 13-42　直体转体 360°抛接

视频 13-98 直体转体 360°抛接

4. 踢腿转体 360°抛接（图 13-43，视频 13-99）

5. 踹 X 抛接（图 13-44，视频 13-100）

图 13-41　踢腿转体 360°抛接

视频 13-99
踢腿转体 360°抛接

图 13-42　踹 X 抛接

视频 13-100
踹 X 抛接

6. 团身后空翻抛接（图 13-45，视频 13-101）

图 13-45　团身后空翻抛接

视频 13-101
团身后空翻抛接

第五节　啦啦操的技术特点

啦啦操至今已有一百多年的历史，其因独特的技术风格和热情奔放的表演，受到世界各国人民的青睐。与其他体育项目相比，啦啦操具有以下特点：

（1）啦啦操上肢的发力点在前臂，手臂的 36 个基本手位均在肩关节前制动，发力速度快，制动时间短，制动之后没有延伸，身体控制精确，位置准确。

（2）啦啦操动作内容丰富，所有的手臂动作都必须严格按照36个基本手位的标准来完成，没有固定的基本步伐。

（3）啦啦操动作重心较低，在做动作的过程中膝关节不完全伸直，保持微微弯屈的状态，重心稳定，移动平稳。

（4）啦啦操动作完成干净利落，具有清晰的开始和结束动作，肢体运动中直线动作曲直分明，弧线动作蜿蜒流畅，具有较高的欣赏价值和艺术价值。

（5）啦啦操三维空间高低起伏突出，队形变化多样，能够充分利用场地空间。

（6）啦啦操音乐风格多样，旋律优美，气氛热烈，节奏快慢有致，强弱有别。

（7）啦啦操服装款式各异，绚丽多姿。

（8）啦啦操区别于其他项目最显著的特点是：团队精神。

【思考题】

1. 简述啦啦操36个手位的动作名称及做法。
2. 请自编8×8拍啦啦操手位组合。
3. 简述技巧啦啦操难度动作的分类。
4. 简述舞蹈啦啦操难度动作的分类。
5. 简述啦啦操技术特点。

第十四章　啦啦操的创编

【内容提要】

本章主要介绍啦啦操的创编依据、原则、要素，以及方法和步骤。

【教学目标】

掌握啦啦操动作的具体创编原则、要素和方法，了解啦啦操创编的步骤。

创编一套较为理想、科学性强，能够引人入胜、争金夺银的啦啦操需要经历一个较为复杂的过程，要求创编者不仅具备扎实的啦啦操理论基础和丰富的实践经验，还应具备一定的舞蹈、音乐、美学修养，尤其对当前啦啦操的发展动向和新的信息应了如指掌，在此基础上根据啦啦操本身的规律及创编原则进行创编。成功的啦啦操可以使练习者百练不厌，使观赏者赏心悦目，使参与者心情舒畅。一套舞蹈啦啦操必须包含舞蹈动作组合、难度动作、过渡与连接等内容，因此，舞蹈啦啦操的创编应主题鲜明，突出舞蹈风格特点及技术特征，动作素材及难度的选择一定要符合舞蹈啦啦操的项目特征，同时要求舞蹈动作组合与难度动作必须均衡分布。一套技巧啦啦操成套主要包括难度动作的选择、上法和下法，技巧啦啦操创编主要体现为安全性，在展示托举、金字塔、抛接等高难度动作时，既能带来令人叹为观止的视觉冲击，又存在一定的危险性，因此，技巧啦啦操在成套编排选择难度动作的过程中，首先要考虑运动员完成技术技巧动作的实际能力，其次要权衡团队的整体水平，以免影响成套动作完成的质量，防止造成运动员身体伤害。

第一节　啦啦操创编的依据

创编啦啦操是一个复杂的创造性过程，需要将丰富多样的舞蹈动作、技巧动作、过渡与连接动作、道具、口号与音乐、服装、队形等进行完美结合，形成具有审美价值并体现团队合作精神的成套和组合动作。在进行啦啦操创编时，编排者首先要明确表演的目的、任务，从本队队员的实际情况出发，综合考虑将要进行表演的场地与环境设施，构思操的主题与风格。竞技性啦啦操的编排还必须遵循竞赛规则。

一、依据比赛和表演任务创编

随着啦啦操项目的推广和普及，全国各省、市、区每年都有相应规模的啦啦操比赛，全国啦啦操联赛、锦标赛、冠军赛更是规模大且人数多。很多学校对啦啦操运动也给予大力支持，使学生有机会参加啦啦操比赛。啦啦操赛事推动着该项目的快速进步及发展。

因此，啦啦操的编排显得尤为重要。一是竞赛目的，比赛类型啦啦操的创编应严格按照竞赛规则与规程要求进行；二是表演目的，表演性啦啦操不受规则限制，主要是以表达主题、烘托气氛、感染观众、增加表演效果为目的，应根据主题、场地、空间及参与对象水平等实际情况进行有效创编（技巧啦啦操还可融入口号的设计与观众进行互动）。

二、依据学生特点进行创编

啦啦操的创编必须针对不同年龄段学生的特点进行设计。在编排一套动作时，应考虑教学任务与要求、学生的身体素质基础、学生已掌握的动作技术、学生人数等实际，创编出适合学生特点、既有针对性又有实效性的成套动作。

三、依据场地设施创编

编排啦啦操不仅要考虑目的任务，还要考虑比赛、表演的场地设施，尤其在编排一些难度动作时，必须全面考虑抛接时的高度、地面的滚翻动作、场地上能表演的人数等，才能保证比赛表演的安全性。

第二节 啦啦操创编的原则

一、针对性原则

针对性原则是啦啦操创编的一项关键性原则。贯彻针对性原则是指，在啦啦操的成套创编中针对学生的年龄特点，设计不同类型的动作风格和难度负荷。需要不同，啦啦操的创编内容也不同。如果是创编体育课间活动（课间操）套路，应编排相对简单、整齐划一、青春动感的动作；如果是创编专门比赛套路，应编排有难度系数、有队形、有托举配合，符合比赛要求的动作；如果是创编表演型套路，则应编排有主题、有冲击力、相对简单、幅度较大的动作。

二、全面性原则

全面提高身体素质是啦啦操运动的宗旨。啦啦操运动蕴含着团结、青春、积极、勇敢、拼搏等体育精神，作为大型集体类项目，啦啦操文化不断吸引、鼓励更多的人加入。随着该运动的不断进步与发展，啦啦操所特有的保健、医疗、健身、健美、娱乐等实用价值受到越来越多的重视。不论是技巧啦啦操还是舞蹈啦啦操，成套创编中都包含手臂动作、步伐动作、跳跃动作、托举动作等，通过啦啦操运动，练习者能全面均衡地锻炼身体各部位肌肉。成套啦啦操运动有一定的运动负荷，能很好地锻炼和增强练习者的心、肺等器官的功能。

三、合理性原则

啦啦操创编的合理性原则主要体现在合理选编动作、合理设计动作顺序、合理安排运动负荷等方面。在创编的动作选取上，要考虑到啦啦操与各年龄段学生特点的有效衔接，注意区别对待不同年龄段学生的身心发展特点，选取难度适宜的动作。选择啦啦操动作元素要合理，从动作结构、发力、运动轨迹到路线都要符合人体解剖及生理学特点，应尽可能使动作先后顺序合理，成套动作流畅、衔接紧凑、过渡自然、搭配灵巧，动作的强度、频率、快慢等应符合机体运动规律。另外，无论是竞赛还是表演，都要合理、严格地把握运动负荷，使心率变化由低向高逐渐呈波浪式上升，然后慢慢下降，逐渐恢复到安静状态。

四、安全性原则

啦啦操尤其是技巧啦啦操往往有一些惊险动作，如抛接、金字塔等。这些动作在给人们带来视觉冲击的同时，也存在给啦啦操队员的身体带来伤害的潜在危险。

国内外每年都有啦啦操队员受伤事故的报道，甚至有队员因此而失去了年轻的生命。因此，在进行啦啦操编排时，一定要从每个队员的实际水平出发，从安全的角度出发，编排在队员技术能力范围之内、适于队员完成的动作，切实防止伤害事故的发生。

五、创新性原则

创新性原则又称原创性原则，是啦啦操评分细则中的一项指标，也是体现创编者实力的重要指标，更是评价整个团队是否优秀的重要指标。创新性原则要求啦啦操的编排必须立意新颖、风格突出，既要有发展的前瞻性，还要体现出时代气息，在主题的设计、动作的选择、音乐的编辑、队形的转换、难度动作的探索等方面都要进行创新。只有不断创新，啦啦操这个体育大家族中的年轻成员才能有持久和旺盛的生命力。

六、艺术性原则

啦啦操不仅是一项体育运动项目，也是一门艺术，是体育与艺术的结合。它以人的身体动作作为表现的手段，通过动作、声音、色彩等来表达情意，使人在视觉、听觉方面得到美的享受，在心理上产生共鸣。在啦啦操编排过程中，要注重整体结构设计的艺术性，注意节奏感（音乐节奏与动作节奏的协调配合），使整套操张弛有序、高潮迭起。

第三节　啦啦操创编的方法

啦啦操是视觉的艺术，也是听觉的艺术。啦啦操的创编既包括具有视觉审美价值的动作、服装、道具等的编排，还包括关系到听觉美的音乐、口号等的编排。一套好的啦啦操，既要能吸引观众的注意力，还要能抓住观众的耳朵，使观众全身心融入其中。啦啦操创编的要素可以归纳为七个方面，动作要素、音乐要素、人员要素、空间要素、时间要素、服装要素、道具要素七个要素之间相互联系、相互影响、相互制约、相互依存，共同构成完整的啦啦操成套动作。

一、啦啦操创编的要素

1. *动作要素*

动作要素是啦啦操编排的基础，串联着啦啦操编排的全过程，它不仅影响着运动员的发挥和表演的整体效果，也影响着竞赛的成绩。啦啦操动作包括技巧类动作、舞蹈类动作、过渡与连接类动作、操化类动作及配合动作等，创编者在进行动作的创编时首先要考虑动作要素，如基本动作的创编、第二风格动作的选择、难度动作的采用，以及托举动作、配合动作的设计等。啦啦操动作的力度、幅度、角度等因素都影响着成套操的质量，要考虑不能失去啦啦操运动原本动静分明、干净利落的动作特征和制动快、轨迹短、发力强的发力特征，无论进行怎样的创作编排，都要体现出这项运动原本给人的力量感。

2. 音乐要素

音乐是啦啦操套路创编的灵魂。音乐能激发啦啦操创编者的思维和想象力，引发创编者与练习者思想上的共鸣，使创编者有更好的编排思路、练习者有更饱满的热情并加深对创编的理解。一套成功的啦啦操动作必须以独特的创编和有特色的音乐为前提。啦啦操音乐是啦啦操的重要组成部分，它的主要作用是烘托现场气氛，使音乐的“声”与动作的“形”同步传播、同时作用，共同向人们传达操的主题思想。在啦啦操编排过程中，音乐选编的出发点在于音乐要能够衬托出队员的动作特征，与队员的表演风格相适应，并且能够引起观众的共鸣。

3. 人员要素

人员数量在啦啦操创编中也是必须关注的一大要素，当然，人数在创编前就要确定，只有确定了人数才能进行下一步的编排。参加人数多的成套啦啦操项目具有震撼力强、层次更多、队形变化复杂、观赏性强等优点；也存在一致性难度增大、创编时需考虑的因素更多等局限。相反，参加人数少的成套啦啦操项目有整齐度高、队形创编较简单且好实施等优点，但也有震撼度低、无死角隐藏等缺点。

4. 空间要素

队形变换和空间要素是成套啦啦操创编中的点睛之处，在舞蹈啦啦操的创编中，这一点尤其重要。好的创编不仅仅是动作的编排、音乐的选择、难度的采用，队形变换和空间转换也非常重要。

啦啦操空间要素包括地面空间的运用和垂直空间的运用两个方面。地面空间的运用通过队员的移动和队形的变化来实现。空间变化是指身体在某一空间（腾空、站立、地面）做动作时引起的身体姿态变化与所处的空间位置变化。在创编空间变化时，可以通过啦啦操中的各种跳跃类难度或舞蹈中的各种跳姿变化实现从站立到腾空的空间转换；通过舞蹈中的滑动、滚动、翻转、小技巧等动作完成从站立到地面、从地面到站立相互的空间转换。空间变化选用的过渡动作应是多样的，应给人以自然、连贯、流畅、跌宕起伏的空间立体感。

5. 时间要素

啦啦操编排的时间要素，主要指成套动作总体时间、各部分所占时间的比例以及动作的时间结构。时间是人类用以描述物质运动过程或事件发生过程的一个参数，反映物质运动过程的持续性、间隔性和顺序性，它是一种客观存在形式，具有方向性和不可逆性。啦啦操竞赛与表演是从开始走向高潮再到结束的一个时间过程，在这个时间过程中充满了动作、音乐、队形、服装、道具、口号等内容，因此，我们也可以说，啦啦操的编排就是将以上这些内容进行合理组合，从而形成一个个精彩瞬间的过程。

6. 服装要素

服装也是啦啦操编排的一个要素，有时候甚至举足轻重。据调查，我国啦啦操教练员、教师及啦啦操爱好者均认为得体而有个性的服装能够吸引裁判、观众的注意，有助于啦啦操表演主题的表达，从而取得更好的表演效果。

与啦啦操的动作和音乐一样，啦啦操服装是有“灵魂”的，它通过款式、色彩和图案搭配来表达它的思想，并将其贯穿到操的主题中。材料、款式、色彩是构成服装的三个要素，在设计啦啦操服装时要综合考虑。同一材料不同款式、不同色彩搭配，其风格可以完全不一样；甚至同一材料、同一款式，当配色方式不一样时，服装的风格也会大相径庭，产生完全不同的效果。

7. 道具要素

在啦啦操竞赛和表演中，道具的使用越来越频繁，道具的种类也越来越多，喇叭筒、丝巾、标志牌、吉祥物、标语、彩球、旗帜等，都被应用到啦啦操中。道具的有效运用，不仅可以丰富啦啦操的内容，也可以起到画龙点睛的作用。道具的使用与音乐的配合可以更好地调动现场气氛，激发队员与观众的热情。

二、啦啦操创编的方法

啦啦操所有的创编方法都与创编要素有着紧密的联系，其中最重要的是音乐要素。下面介绍三种以音乐要素为前提创编方法。

1. 段落创编

段落创编是指将整套啦啦操的时长分割成几个小段落进行创编。段落创编也是啦啦操最常用的一种创编方法。在段落创编时要考虑与下一段落的动作连接和音乐连接等问题，段落创编在最后的各段落整合上要花很大精力。

（1）先选择段落音乐，再根据音乐进行段落创编。这种方法用得最多，成品率也较高，创编者可以有充分的时间将动作与音乐或歌曲中的歌词相关联，不断地听音乐找灵感。只有这样，创编出的动作才能与音乐相融合。

（2）先创编出动作，再根据动作去寻找相匹配的音乐。这种方法对创编者的创编能力要求更高，需要创编者有非常多的素材积累。当然，这种方法可以更多地运用到难度动作、配合动作、托举动作的编排中，根据这些动作去选取合适的音乐，创编会更有亮点。

（3）段落的整合。段落创编的整合部分必须先确定音乐，因为动作的问题可以继续编排调整，或者进行段落与段落之间的顺序调整，但如果音乐突兀、无法衔接就会出现大问题。

2. 主题创编

主题创编实际是基于对艺术的欣赏与理解，可以说是创编中最简单而又最难的一种方法。可以通过音乐、歌曲（例如电影主题曲、赛事主题曲等）进行主题创编，也可以用一段故事进行创编（例如勇敢救人的故事、战争类故事等），这些都是以演绎的方式进行创编。当然，主题创编要求创编者与练习者的思想必须高度统一、默契，这样不仅可以提高创编的质量，也能降低创编和执行的难度。

3. 多节奏创编

多节奏创编是较简单又较易出彩的一种实用性较强的创编方法。当然，这种方法对节奏感的掌握与控制的要求也较高。任何一段音乐或歌曲，都可以将一个8拍的节奏分裂出多种节奏：可以是脚下8拍、手4拍，脚下4拍、手8拍，脚下4拍、手4拍，脚下8拍、手8拍；高难度的可以将一个8拍再分割为前4拍/后4拍，中间再穿插打拍；更高难度的则是将各拍之间的间隔进行调整再加上以上编排方法，又或是直接根据音乐、歌曲的变奏进行多节奏创编。

多节奏创编方式有多种，创编者可根据练习者的能力基础、对节奏的把控度，以及音乐、动作的选择进行相应的创编，使成套啦啦操层次更丰富、更具感染力。

三、啦啦操创编的步骤

1. 准备工作

创编前的准备工作主要包括以下几个方面：首先，必须确定创编的目的、规格及要求；其次，必须大量观看视频资料，可以是同项目的完整套路，也可以是同项群的视频资源；再者，必须了解练习者的人数、男女比例、专业基础等；最后，必须先选定队形变换、空间元素的基本框架和难度。

2. 选择音乐与编排动作

（1）先选择音乐，再根据音乐创编动作。

（2）先创编动作，再根据动作去选择适合的音乐。

（3）按照创编段落选择先编排动作或先选定一段音乐。

不同的套路所选音乐的风格也不同。花球啦啦操套路可以选用节奏感强但节奏相对固定的歌曲。爵士啦啦操套路可以采用的音乐类型更多，可以选择多节奏变换的音乐，或有针对性地选择主题音乐。街舞啦啦操可以根据街舞的风格和舞种选用音乐。技巧啦啦操主要根据成套音乐的结构对各类难度动作进行选择、设计与编排。

音乐的制作也非常重要，因为一个好的成套啦啦操的每个环节都是精益求精。音乐更是一个成套啦啦操的灵魂，成套啦啦操中的亮点部分大多是采用音乐制作特效再创编出相应的动作，从而使啦啦操更具观赏性，也更具震撼力。

3. 练习与调整

任何好的作品都需要在演练实践中不断改进，最后再确定成品。啦啦操成套的创编也和艺术家创作作品一样，在成套啦啦操的创编过程中，创编者要不断练习、不断改善、不断尝试、不断磨合，直到成套作品成为精品。

4. 撰写文字说明与绘图

将修改完善的成套啦啦操用文字和图示的方法记写并绘制出来，以便长期保存、研究、推广和交流。

第四节　啦啦操套路鉴赏

一、花球啦啦操赏析（视频 14-1）

2022 年全美大学生啦啦操锦标赛俄亥俄州立大学花球成套动作为例。

视频 14-1　花球啦啦操成套动作赏析

音乐 BRM 为 145，根据编排风格，有多次变奏，呈现节奏变化的多样性。成套动作内容丰富饱满，动作变化快，动作完成干净利索。难度动作的编排，整体与局部相间，元素丰富，完成质量高。转体类难度出现了原地单个转体、原地复合及移动复合转体等动作，单个转体动作有丰富的手臂变化。一组由慢到快阿拉 c 杠集体展示令人印象深刻，非常稳，一致性也好。横分腿跳、反身跨跳、纵跨跳、横跨跳等跳步的运用非常巧妙，丰富了空间层次。场地、空间的利用充分，队形变化快速多样，第二风格的呈现清晰，是一个很好的成套，有很多值得学习的地方。（视频 14-1）

二、街舞啦啦操赏析（视频 14-2）

2022 年全美大学生啦啦操锦标赛孟菲斯大学街舞啦啦操成套动作为例。

视频 14-2　街舞啦啦操成套动作赏析

成套动作主打 hiphop 舞种，融合了 street jazz、breaking 元素，大致分为 5 个音乐段，大情境中有小情景。编排内容根据音乐的节奏和旋律，对 bounce、wave、rock、roll、slide 等元素进行了巧妙地组合，动作的复杂性强，变化快，展现了运动员极佳的身体控制。场上的队伍调动，队形变化快速高效，一些翻腾动作，巧妙的空中位移设计，flow 和 freeze 的衔接和切换，动作节奏的变化多样，动作内容的卡点设计，使得成套动作具有极佳的视觉效果。

三、爵士啦啦操赏析（视频 14-3）

视频 14-3　爵士啦啦操成套动作赏析

2022 年全美大学生啦啦操锦标赛俄亥俄州立大学爵士啦啦操成套动作为例。

音乐是啦啦操成套动作的灵魂。俄亥俄州立大学爵士啦啦操成套创编的动作跌宕起伏与音乐完美配合。开场的托举配合极具艺术之美，接二连三的小托举，体现了队员之间的紧密配合，团队协作能力。成套中不断地出现单人高难度转体以及柔韧平衡难度动作，突出了编排的层次感更体现了个人能力。随着音乐的起伏全员完成阿拉 C 杠 4+2/1+2/2+2 的多花样变相转体连接着一个地面动作，不但体现了整个队伍的难度实力更是突现了成套编排的空间意识。全员齐舞配合着音乐的节奏变化，加入站立与地面动作的层次，体现了成套的一致性，空间性。后半段再次全员完成高难度转体动作，在能力快速下降的同时还是采用全员共同完成，足以说明该队伍的整体实力。整个成套的创编与音乐紧密结合，多次在舞蹈动作中加入柔韧平衡动作、地面技巧动作以及托举配合，突出队伍能力的同时也更具观赏性。最后的聚拢队形全员用肢体传递着一个唯美又不失勇敢的故事。

四、技巧啦啦操赏析（视频 14-4）

视频 14-4　技巧啦啦操成套动作赏析

2022 年全美大学生啦啦操锦标赛阿拉巴马大学技巧啦啦操成套动作为例。

成套动作的开始，队伍采用了口号里带有托举和金字塔的形式，内容丰富且多样。托举采用了集体展示的方式，上法则采用了倒置和翻腾的连接。金字塔的上下法和过渡连接增加了空翻和转体动作。翻腾都是全队共同参与且增加了空翻转体，动作完成干净利落，有很强的视觉冲击力和艺术感染力。

【思考题】

1. 简述啦啦操创编的依据。
2. 简述啦啦操创编的原则。
3. 简述啦啦操创编的要素。
4. 简述啦啦操创编的方法。
5. 简述啦啦操创编的步骤。

参考文献

单亚萍．健美操教学与训练［M］．杭州：浙江大学出版社，2003.

马鸿韬．健美操运动教程［M］．北京：北京体育大学出版社，2007.

吴晓红，丛燕君，江山．跳动音符：健美操［M］．南京：江苏科学技术出版社，2006.

赵栩博，崔海燕．健美操套路教与学［M］．北京：北京体育大学出版社，2006.

易淑梅，郑吾真．培养大学生健美操创编能力的实验研究［J］．北京体育大学学报，2000，23（1）.

黄宽柔，姜桂萍．健美操 体育舞蹈［M］．北京：高等教育出版社，2006.

黄宽柔，姜桂萍．舞蹈与健美操［M］．北京：高等教育出版社，2001.

陈瑞琴，陈艳．第 8~10 届世界健美操锦标赛六人操队形变化分析［J］，苏州大学学报（自然科学版），2009，25（3）.

周建社，方奇．竞技健美操的艺术审美与客观评判研究［J］，北京体育大学学报，2008，31（5）.

郑重，马鸿韬，孟宪君．关于优秀健美操运动员表现力的研究［J］．北京体育大学学报，2004，27（1）.

刘金娣．音乐：健美操教学效果的关键［J］．北京体育大学学报，2005，28（4）.

焦春梅．音乐健身学［M］．北京：中国社会出版社，2009.

朱瑛．健美操教学中的音乐选择及其作用［J］．山东体育科技，2003（1）.

易晶．花球舞蹈啦啦操成套动作队形创编的研究［D］．湖南师范大学硕士学位论文，2015.

许波．啦啦操教程［M］．陕西：陕西人民出版社，2015.

王洪．啦啦操教程［M］．北京：人民体育出版社，2013.

常薏，刘渤海，常莼．形体训练教程［M］．北京：北京体育学院出版社，1993.

陈瑞琴，周杏芬，注康乐，大学生健美操［M］．苏州：苏州大学出版社，2012.

王洪．竞技健美操训练方法［M］．北京：人民体育出版社，2009.

匡小红．健美操［M］．北京：高等教育出版社，2019.

肖光来．健美操［M］．北京：人民体育出版社，2004.

国家体育总局职业技能鉴定指导中心组编．健美操［M］．北京：高等教育出版社，2005.

童昭岗．体操［M］．北京：高等教育出版社，2010.

李育林，李亚楠．啦啦操运动［M］．北京：高等教育出版社，2021.

健美操竞赛网

中国健美操协会官网

教学视频来源：YOUTUBE 网站 UNITED GLOBAL CHEER 频道

世界啦啦操联合会成套视频鉴赏来源：YOUTUBE 网站